21世纪高职高专

精品教材·人力资源管理专业

# 招聘与录用实务

## 第二版

刘葵　主　编

陈平　范荟　副主编

东北财经大学出版社

Dongbei University of Finance & Economics Press

大连

**图书在版编目（CIP）数据**

招聘与录用实务/刘葵主编．—2版．—大连：东北财经大学出版社，2016.2（2018.1重印）

（21世纪高职高专精品教材·人力资源管理专业）

ISBN 978-7-5654-2242-3

Ⅰ．招… Ⅱ．刘… Ⅲ．企业管理–人力资源管理–高等职业教育–教材 Ⅳ．F272.92

中国版本图书馆CIP数据核字（2016）第023062号

东北财经大学出版社出版

（大连市黑石礁尖山街217号　邮政编码　116025）

教学支持：（0411）84710309

营　销　部：（0411）84710711

总　编　室：（0411）84710523

网　　　址：http：//www.dufep.cn

读者信箱：dufep@dufe.edu.cn

大连图腾彩色印刷有限公司印刷　　　东北财经大学出版社发行

幅面尺寸：185mm×260mm　　　字数：291千字　　　印张：13.25

2016年2月第2版　　　2018年1月第3次印刷

责任编辑：杨慧敏　张爱华　　　　　责任校对：贺　荔

封面设计：冀贵收　　　　　　　　版式设计：钟福建

定价：26.00元

# 第二版前言

《招聘与录用实务》第一版自 2012 年 6 月出版以来，承蒙广大教师与学生的厚爱，被全国多所高职高专院校人力资源管理专业选为相关课程的教材。在多年的使用过程中，编写小组成员仍感到有许多需要完善的地方，根据东北财经大学出版社和使用本书的同仁提供的反馈意见，再结合我们自身使用教材的经验、学生的评价及目前招聘市场的实际情况，经过反复多次的研讨、酝酿，对本书进行了合理修订，力求新版的内容能够更好地满足广大师生学习的需求。

本次修订沿袭了第一版教材的特色和体系。本书经过师生多年使用和市场的检验证明，初版所设计的框架结构、学习内容体系是科学的，其任务驱动学习模式也是得到师生认可的，所以本次的修订我们在第一版的特色、框架结构和内容体系基础上，只是对书中局部内容做了些调整，努力在案例、教学资料、学生就业可能涉及工作内容等方面有所更新和充实。修订的具体内容表现为以下几个方面：一是对第一版中有关排版、编辑、内容等方面存在的纰漏进行订正。通过修订，力求做到概念准确、表述正确、数字精确。二是对有关章节的导入案例、案例分析、小思考、知识链接等栏目进行更新。通过更新，力求达到资料翻新、个案全新、思考创新，以激发学生的学习兴趣，拓展学生的思维空间。三是对有关章节的内容进行调整、充实、改写，力求突出以能力为本位、突出职业技能的养成，同时兼顾学生的素质教育、知识教育，让学生学习更加容易。四是对教材配套的多媒体教学课件、影音视频资料、电子书籍进行补充。通过补充，力求做到教学便易、自学容易、分享简易。

本次教材修订工作主要由广州城市职业学院刘葵主持统稿、定稿，广州城市职业学院吕凤亚老师参与了部分修订工作，第二版教材保留了第一版广州城市职业学院陈平老师和范荟老师编写的内容。在本书第二版的修订过程中，得到了东北财经大学出版社、学校同仁、校外职业测评师的支持与帮助，在此向他们表示衷心的感谢。另外，在修订过程中我们参阅了大量国内专家、学者的著作，也参考了同行的相关教材和网络案例资料（或在书中列出，或在主要参考文献中列出），在此也一并致谢。由于笔者水平有限，加上时间比较仓促，书中出现不妥、错误与疏漏之处在所难免，敬请同行专家和读者批评指正。如果各位读者有对本书内容改进的建议，可直接发至邮箱 liuxx_908@163.com。

编　者

2016 年 1 月

# 目 录

## 基 础 篇

## 实 施 篇

## 评　估　篇

基　础　篇

# 招聘与录用工作的准备

## 知识目标

了解工作分析的内容和作用；了解人力资源规划的含义和内容；掌握工作分析的方法；掌握工作说明书的编制；掌握人力资源规划的预测方法及应用；掌握人力资源规划书的编制。

## 能力目标

熟练使用工作分析的方法；编制工作说明书；熟练使用人力资源规划预测技术；编制人力资源规划。

## ● 任务一　工作分析

**任务导入**

A公司是我国中部省份的一家房地产开发公司，近年来，随着当地经济的迅速增长及房产需求的不断增长，公司的规模持续扩大，逐步发展成为一家中型房地产开发公司。随着公司的发展和壮大，员工人数大大增加，众多的人力资源管理问题逐步凸显出来。例如，在公司的人员招聘方面，人力资源部给出的招聘标准比较含糊，招聘主管无法准确地理解，这使得招来的人大多不尽如人意。许多岗位不能做到人事匹配，员工的能力无法得到充分发挥，这严重挫伤了员工的士气，影响了员工工作的效果。公司员工的晋升以前由总经理直接做出，而现在公司规模扩大了，总经理几乎没有时间与基层员工及部门主管打交道，基层员工及部门主管的晋升只能根据部门经理的意见来做出，这使得在晋升过程中，上级和下属之间的私人感情成为影响晋升的决定性因素，许多优秀的员工由于不能获得晋升而另寻高就。面对上述种种问题，公司领导责成人力资源部进行人力资源管理的变革。变革首先从工作分析开始，而工作分析究竟如何开展，如何抓住工作分析过程中的关键点，是摆在A公司面前的首要难题。

**任务分析**

A公司的迅速发展使得公司的人力资源管理活动发生了质的变化，即改变了过去单纯依靠人的管理模式，由经验式管理转变为规范的制度化管理。而公司人力资源管理的规范化、制度化的基础，就是工作分析。为此，公司应该成立专门的工作小组，有计划地对公司的关键岗位进行科学的工作分析，明确工作职责范围、工作标准和用人条件等，并在此基础上建立有效的人力资源管理体系。

**知识支撑**

一、什么是工作分析

工作分析也称职位分析或岗位分析，是对组织内某个特定工作职务的目的、任务或者责任、权力、隶属关系、工作条件、任职资格等相关信息进行收集与分析，以便对该职务的工作内容，以及完成该工作所需要的行为、条件、人员等做出明确的规定。

二、工作分析的内容

一般来说，工作分析包括两个方面的内容：工作描述和工作规范。工作描述即确定工作的具体特征；工作规范即找出工作对任职人员的各种要求。

1.工作描述

工作描述具体说明了某一工作职位的物质特点和环境特点，主要包括以下几个方面：

（1）职位名称。这是指组织对一定工作活动所规定的名称或代号，以便对各种工作进行识别、登记、分类，从而确定组织内外的各种工作关系。

（2）工作活动和工作程序。这包括要完成的工作任务、工作责任、使用的原材料和机器设备、工作流程、与其他人的正式工作关系、接受监督，以及监督的性质和内容等。

（3）工作条件和物理环境。这包括工作地点的温度、光线、湿度、噪音、安全条件、地理位置，以及是室内还是室外等。

（4）社会环境。这包括工作群体的人数、完成工作所要求的人际交往程度、各部门之间的关系、工作地点内外的文化设施、社会习俗等。

（5）聘用条件。这包括工时数、工资结构、支付工资的方法、福利待遇、该工作在组织中的正式位置、工作的季节性、晋升的机会、进修的机会等。

2.工作规范

工作规范用来说明从事某项工作的人员必须具备的一般要求、生理要求及心理要求。

（1）一般要求。这包括年龄、性别、学历、工作经验等。

（2）生理要求。这包括健康状况、体力、运动的灵活性等。

（3）心理要求。这包括观察能力、记忆能力、理解能力、学习能力、解决问题能力、语言表达能力、数学能力、决策能力、气质、性格、兴趣爱好等。

三、工作分析的方法

1.访谈法

访谈法又称为面谈法，是一种应用最为广泛的工作分析方法，即工作分析人员就某一职务或者职位面对面地询问任职者、主管、专家等人对工作的意见和看法的方法。在一般情况下，工作分析人员可以以标准化的访谈格式进行记录，目的是便于控制访谈内容，便于对同一职务的不同任职者、主管、专家等的回答进行比较。

2.问卷调查法

问卷调查法是工作分析中最常用的一种方法，即先由有关人员设计出一套关于工作分析的问卷，再由从事该项工作的员工来填写问卷，也可由从事该项工作的员工口述、工作分析人员代为填写，最后由工作分析人员将问卷加以归纳分析，做好详细的记录，并据此写出工作描述的方法。

3.观察法

观察法是一种传统的工作分析方法，即工作分析人员直接到工作现场，对特定对象（一个或多个任职者）的作业活动进行观察，收集并记录有关工作的内容、工作间的相互关系、人与工作的关系，以及工作环境、条件等信息，并用文字或图标的形式记录下来，最后进行分析与归纳总结的方法。

4.工作日志法

工作日志法又称工作写实法，即任职者按时间顺序详细记录自己的工作内容与工作过程，然后通过归纳、分析，达到工作分析目的的一种方法。

5.资料分析法

为了降低工作分析的成本，工作分析人员应当尽量利用原有资料，如岗位责任制等人事文件，对每项工作的任务、责任、权利、工作负荷、任职资格等有一个大致的了解，从而为进一步的调查、分析奠定基础。

6.关键事件法

关键事件法要求工作分析人员、管理人员、本岗位员工将工作过程中的"关键事件"进行详细的记录，在收集了大量信息的基础上，对岗位的特征及要求进行分析研究。关键事件是指使工作成功或失败的行为特征或事件，如盈利与亏损、高效与低产等。

四、工作说明书的编写

工作说明书是工作分析人员根据某项工作的物质和环境特点，对工作人员必须具备的生理要求和心理要求进行的详细说明。它是工作分析的结果，是经过工作分析形成的书面文件。

1.工作说明书的编写要点

（1）清晰。整个工作说明书对工作的描述应清晰透彻，任职人员读过以后，可以明白其工作内容，无须再询问他人或查看其他说明材料。工作说明书应避免使用原则性的评价，难懂的专业词汇必须解释清楚。

（2）具体。在措辞上，工作说明书应尽量选用一些具体的动词，如"安装"、"加工"、"传递"、"分析"、"设计"等，指出工作的种类及复杂程度，任职者应具备的具体技能、技巧，以及应承担的具体责任等。一般来说，由于基层员工的工作更为具体，因此工作说明书中的描述也应更具体、更详细。

（3）可简可繁。工作说明书的内容应根据工作分析的目的进行调整，既可以简单，也可以繁杂。

2.工作说明书的编写形式

工作说明书不存在标准格式，每个组织的工作说明和内容都不相同，一般应说明所执行的工作、职务的目的和范围、员工做什么工作及如何工作。

工作说明书一般用表单形式编制，表单通常分为八大部分：一是基本信息，包括岗位名称、岗位编号、所在部门、岗位定员、直接上级、职系、所属下级、所辖人员、岗位分析日期等；二是岗位设置的目的和意义；三是职责与工作任务；四是权力；五是工作协作关系；六是任职资格；七是其他，包括使用的工具设备、工作环境、工作时间特征、所需记录的文档等；八是备注。表1-1为人事行政助理工作说明书，表1-2为薪酬绩效主管工作说明书。

表1-1

<h2 align="center">人事行政助理工作说明书</h2>

| 岗位名称 | 人事行政助理 | 岗位编号 | ×××× |
|---|---|---|---|
| 所在部门 | 办公室 | 岗位定员 | 1人 |
| 直接上级 | 办公室主任 | 职系 | 主管职系 |
| 所属下级 | 无 | 所辖人员 | 无 |
| 岗位分析日期 | 2015年9月1日 | | |

岗位设置的目的和意义：

负责公司人力资源规划和人力资源管理中的各项事宜，保证公司的人力资源供给和人力资源的高效利用

职责与工作任务：

| | | 职责表述：协助公司人力资源战略的规划与执行 | 工作时间百分比：20% |
|---|---|---|---|
| 职责一 | 工作任务 | 根据公司发展战略组织制定人力资源战略规划，协助考虑干部和技术人员的梯队建设 | |
| | | 定期组织收集有关招聘、培训、考核、薪酬等方面的信息，为公司人事决策提供信息支持 | |
| | | 根据公司的情况，协助组织制定公司的人事管理制度、劳动工资制度、人事档案管理制度、员工手册、培训大纲等，并组织实施 | |
| | | 根据公司的发展规划，提出机构设置方案和岗位职责设计方案，并对公司的组织结构设计提出改进方案 | |
| | | 职责表述：负责人力资源管理的各项事务 | 工作时间百分比：50% |
| 职责二 | 工作任务 | 在公司内外寻找和发现公司需要的人才，并及时向公司有关部门推荐 | |
| | | 组织实施招聘工作，并参与对应聘人员的面试筛选 | |
| | | 制订公司员工的培训和发展计划，组织安排对员工的培训 | |
| | | 组织公司员工的考核，处理员工针对考核结果的申诉 | |
| | | 组织公司员工的职称评定工作 | |
| | | 组织公司的劳资管理工作，编制公司年度劳资计划及薪资调整方案，审核公司员工每月的薪酬 | |
| | | 代表公司与员工签订各种劳动合同，处理各种与劳动合同相关的事宜 | |
| | | 建立公司内部的沟通机制，及时了解员工的思想动态 | |

| | | 职责表述：负责其他人事事务 | 工作时间百分比：20% |
|---|---|---|---|
| 职责三 | 工作任务 | 监督部门员工进行各类人事档案的归档保管工作 | |
| | | 负责有关人事调动、户口管理的事宜 | |
| | | 代表公司与政府、其他单位的对口部门进行沟通和交流 | |
| 职责四 | 职责表述：完成办公室主任交办的其他工作 | | 工作时间百分比：10% |

权力：

对公司编制的内部招聘制度的审核权

对公司员工出勤的监督权

对公司员工手册的解释权

对员工考核数据和事项的核实权

工作协作关系：

| 内部协调关系 | 公司各部门、下属项目部 |
|---|---|
| 外部协调关系 | 人力资源和社会保障局、高等院校、公安部门、总公司等相关部门 |

任职资格：

| 教育水平 | 大学专科及以上 |
|---|---|
| 专业 | 人力资源管理等相关专业 |
| 培训经历 | 人力资源管理培训及行政管理培训 |
| 工作经验 | 三年以上相关工作经验 |
| 知识 | 精通人力资源管理知识，掌握行政管理、法律等知识，了解房地产开发领域的专业知识，熟练使用办公软件，具备基本的网络知识，具有较强的阅读能力、写作能力和表达能力 |
| 技能技巧 | 具有很强的领导能力、判断与决策能力、人际交往能力、沟通能力、影响力、计划与执行能力 |

其他：

| 使用的工具设备 | 计算机、一般办公设备、录音录像设备等 |
|---|---|
| 工作环境 | 办公场所 |
| 工作时间特征 | 正常工作时间，偶尔加班 |
| 所需记录的文档 | 通知、简报、汇报材料、工作总结、公司文件 |

备注：

表1-2 **薪酬绩效主管工作说明书**

| 岗位名称 | 薪酬绩效主管 | 岗位编号 | ×××× |
|---|---|---|---|
| 所在部门 | 人力资源部 | 岗位定员 | 1人 |
| 直接上级 | 人力资源部经理 | 所属下级 | 薪酬福利专员、绩效专员 |
| 岗位分析日期 | | 2015年12月 | |

岗位设置的目的和意义：

协助部门经理组织实施薪酬福利和绩效管理工作，制订薪酬福利方案，根据绩效考核流程组织开展公司的绩效考核工作，完成员工的工资、奖金及社会保险费用的核定和结算工作

职责与工作任务：

| 职责一 | 工作任务 | 职责表述：制度建设与完善 |
|---|---|---|
| | | 协助部门经理制定完善的薪酬管理制度、绩效管理制度，理顺业务流程 |
| 职责二 | 工作任务 | 职责表述：年度计划的制订 |
| | | 根据公司年度计划，协助部门经理制订年度薪酬福利计划、绩效管理计划，包括人工成本、工资、奖金、福利的测算、分配和调整，以及绩效目标的确定、考核实施、评估等内容，提交上级审核批准后执行 |
| 职责三 | 工作任务 | 职责表述：薪酬福利管理 |
| | | 根据公司人员的分布状态，制订公司薪酬福利管理方案，提交上级审核批准后组织实施 |
| | | 负责新员工、新岗位薪酬级别的确定，指导下属完成日常的工资发放工作 |
| 职责四 | 工作任务 | 职责表述：绩效管理 |
| | | 协助人力资源部经理完成年度绩效指标的分解落实 |
| | | 在人力资源部经理的指导下，负责具体的绩效考核实施工作，确保公司按进度完成考核工作 |
| | | 协助人力资源部经理根据绩效考核结果制订奖金分配方案 |
| | | 根据绩效考评结果组织开展优秀员工的考评工作 |
| 职责五 | 工作任务 | 职责表述：协助部门经理开展年度工作总结及人工成本测算 |
| | | 协助部门经理完成人工成本的测算，提出薪酬调整方案，指导薪酬专员开展薪酬福利工作 |
| | | 协助部门经理进行年度工作总结，负责年度固定薪酬总额、年度奖金的测算和分析，并提交部门经理 |
| 职责六 | | 职责表述：完成人力资源部经理交付的其他任务 |

| 权力： | |
|---|---|
| 对员工薪酬调整的建议权 | |
| 对考核结果的核实权 | |
| 工作协作关系： | |
| 内部协调关系 | 公司各部门 |
| 外部协调关系 | 人力资源和社会保障局、股份公司等相关部门 |
| 任职资格： | |
| 教育水平 | 大学专科及以上 |
| 专业 | 人力资源管理等相关专业 |
| 培训经历 | 人力资源管理培训 |
| 工作经验 | 两年以上工作经验 |
| 知识 | 通晓相应的人力资源管理知识，掌握有关人力资源管理的各项规章制度，具有行政管理知识 |
| 技能技巧 | 熟练使用各种办公室软件，具备基本的网络知识，具有较强的阅读能力、写作能力、表达能力、判断与决策能力、人际能力、沟通能力、计划与执行能力 |
| 其他： | |
| 使用的工具设备 | 计算机、一般办公设备 |
| 所需记录的文档 | 通知、简报、汇报材料、工作总结、公司文件、工资表、职工台账、报表 |
| 备注： | |

**任务实施**

　　A公司进行工作分析的具体步骤为：

　　第一步，确定组织结构和部门职责。

　　开展工作分析的前提条件是：企业的组织结构已确定且相对稳定；企业的生产工艺流程稳定；每个部门应有的工作职位也已明确。而A公司在对人力资源体系进行变革时，没有与其他组织系统联系起来。如果在不具备条件的情况下，单独对人力资源体系进行变革，就会使工作分析，以及其后的工作评价、绩效考核与薪酬体系的效果大打折扣。所以在进行工作分析前，首先要进行组织机构的调整、部门职责和部门职位的确定。部门职责梳理的方法与工作分析的方法类似。

　　第二步，建立工作小组，并制订工作分析实施计划。

　　工作分析涉及企业的所有部门，只有得到各部门的充分重视和支持才能顺利完成任务。所以最好建立由最高领导牵头，各部门主要领导参与的领导小组，在领导小组下再设置具体操作的工作小组。工作小组成员由人力资源部的部分成员及各主要部门（如管理、研发、生产、销售）的人员组成，必要时最好能够聘请外部的专家参与相关的工作。工作分析实施计划应根据公司需要及任务量来确定。

第三步，设计工作说明书模板，并进行工作分析和工作说明书编写的培训。

工作说明书模板的设计应注意以下几个方面：首先，明确本次工作分析的主要目标。由于我国大多数企业过去没有做过工作分析，因此第一次进行这项工作时很难达到完美，也不应该过分追求完美。工作说明书模板应根据企业的实际情况进行设计，对需要填写的项目应有所选择，删除关系不大的项目。其次，对要参加工作分析访谈和工作说明书编写的员工进行相关培训，由专家对工作分析的特点进行讲解和统一规定，并对有疑问的地方进行讨论。

第四步，工作说明书的编写。

在培训之后，组织参加培训的人员在规定时间内编写工作说明书初稿，由外部专家对工作说明书的初稿进行审核，对发现的问题进行总结，并针对发现的问题再次进行纠错培训。

第五步，再次对工作分析的结果和工作说明书进行讨论。

针对公司内比较重要的一些岗位，由外部专家主持，进一步分析、访谈及讨论。

第六步，检查、完善工作说明书。

# ● 任务二　人力资源规划

**任务导入**

何明是某科技公司人力资源部的经理助理。11月中旬，公司要求人力资源部在两个星期内提交一份公司明年的人力资源规划初稿，以便在12月初的公司计划会议上讨论。人力资源部经理王盛将此任务交给了何明，并要求何明必须考虑和处理好公司现存的问题。公司现有生产及维修工人850人，文职人员56人，工程技术人员40人，中层与基层管理人员38人，销售人员24人，高层管理人员10人。统计数字表明，近5年来，生产及维修工人的离职率高达8%，销售人员的离职率为6%，文职人员的离职率为4%，工程技术人员的离职率为3%，中层与基层管理人员的离职率为3%，高层管理人员的离职率只有1%，预计明年不会有大的改变。按企业已定的生产发展规划，文职人员要增加10%，销售人员要增加15%，工程技术人员要增加6%，而生产及维修工人要增加5%，高层、中层与基层管理人员可以不增加。何明的任务有以下两个方面：一是在考虑上述问题的基础上为明年提出合理可行的人员补充规划，其中要列出现有的、可能离职的，以及必须增补的各类人员的数目；二是编制这份人力资源规划。

**任务分析**

该科技公司人力资源部经理王盛认为，人力资源规划是一项系统的战略工程，它以公司发展战略为指导，以全面核查现有人力资源、分析公司内外部条件为基础，预测组织未来对人员的供需情况。人力资源规划的编制应包括以下方面：首先，以公司现状为基础，利用工具预测公司对不同层次员工需求的具体数据。其次，通过相关预测手段确定公司未来人员供给的数量，进行人力资源供需方面的分析比较。最后，制定有关人力资源供需方面的政策和措施。

**知识支撑**

一、人力资源规划的含义

狭义的人力资源规划是指企业从战略规划和发展目标出发，根据其内外部环境的变化，预测企业未来发展对人力资源的需求，以及为满足这种需求提供人力资源的活动过程。

广义的人力资源规划是指企业各类人力资源规划的总称。人力资源规划按期限划分，分为长期规划（五年以上）、短期规划（一年及以内），以及介于两者之间的中期规划；人力资源规划按内容划分，分为战略发展规划、组织人事规划、制度建设规划、员工开发规划。

二、人力资源规划的内容

人力资源规划应包括人力资源总计划、职务编制计划、人员配置计划、人员需求计划、人员供给计划、教育培训计划、人力资源管理政策调整计划、投资预算等内容。

人力资源总计划：陈述人力资源规划的总原则、总方针、总目标。

职务编制计划：陈述企业的组织结构、职务设置、职务描述和职务资格要求等。

人员配置计划：陈述企业每个职务的人员数量、人员的职务变动、人员空缺数量等。

人员需求计划：通过人力资源总计划、职务编制计划、人员配置计划得出，陈述需要的职务名称、人员数量、希望到岗时间等。

人员供给计划：人员需求计划的对策性计划，陈述人员供给的方式、人员内部流动政策、人员外部流动政策、人员获取途径和获取实施计划等。

教育培训计划：陈述教育培训需求、培训内容、培训形式、培训考核等。

人力资源管理政策调整计划：陈述计划期内人力资源政策的调整原因、调整步骤和调整范围等。

投资预算：上述各项计划的费用预算。

三、编制人力资源规划的步骤及相关政策措施

1.编制人力资源规划的步骤

一个企业应当根据其整体发展战略目标和任务来制定其人力资源规划。在企业人力资源部正式制定人力资源规划之前，应该收集企业整体战略规划、企业组织结构、财务规划、市场营销、生产规划、各部门年度规划等信息资料。企业人力资源规划专职人员负责从以上资料中提炼出所有与人力资源规划相关的数据信息，为制定有效的人力资源规划提供基础。

具体说，一个企业组织的人力资源规划的编制要经过以下几个步骤：

（1）外部环境分析。分析企业所处的外部环境及行业背景，找出影响企业生存发展的各类因素，有针对性地探究这些因素对企业未来人力资源可能产生的影响和变化。

（2）人力资源现状分析。对企业内部现有的各种人力资源情况进行清查，即对企业员工进行质量、数量、结构等的静态分析和企业员工流动性分析，主要包括：各种人员的年龄、性别、工作和受教育经历、技能等方面的资料，目前企业各个工作岗位所需要的知识和技能，以及各个时期内人员变动的情况；员工的潜力、个人发展目标、工作兴趣、爱好等方面的情况，有关员工技术、知识、经验、发明、创造以及发表的学术论文或所获专利等方面的资料。

（3）人力资源需求预测。企业的人力资源需求预测主要是基于企业的发展实力和发展战略目标来规划的。人力资源部门在了解了企业的发展实力和发展战略目标之后，合理预测各部门的人员需求情况。在做人力资源需求预测时，应注意将预测中需求的职务名称、人员数量、希望到岗时间等详细列出，形成一个标明有员工数量、招聘成本、技能要求、工作类别以及员工层次等的人员需求表，依据该表有目的地实施日后的人员补充计划。

（4）人力资源供给预测。企业的人力资源供给预测主要有两种方式：一是内部供给预测；二是外部供给预测。如果采取第一种方式，人力资源部要充分了解企业各部门员工的数量、质量、结构等情况。内部供给预测的优势是内部员工基本上已经接受了企业的文化，所以省去了适应企业的环节。如果是提升内部员工，还容易使员工得到某种满足，激发其工作的热情和积极性。外部人力资源供给预测考虑因素包括本地区人口总量与人力资源比率、本地区人力资源总体构成、本地区的经济发展水平、本地区的教育水平、本地区同一行业劳动力的平均价格与竞争力、本地区劳动力的择业心态与模式、本地区劳动力的工作价值观、本地区的地理位置对外来劳动力的吸引力、外来劳动力的数量与质量、本地区同行业对劳动力的需求等。

（5）人力资源供需的分析比较。将企业人力资源需求的预测数与同期内企业本身仍可供给的人力资源数进行对比分析，可以测算出企业对各类人员的净需求数。如果这个净需求数是正的，则表明企业需要招聘新的员工或对现有的员工进行有针对性的培训；如果这个净需求数是负的，则表明企业这方面的人员是过剩的，应精简人员或对人员进行调配。这个"净需求"既包括人员数量，又包括人员结构、用人标准，即既要确定"需要多少人"，又要确定"需要什么人"，数量和标准需要对应起来。通过以上对比分析，可以得出企业需要的员工应具有哪些方面的知识和技术，从而有针对性地物色或培训员工，并为企业制定有关人力资源供需方面的政策和措施提供依据。

（6）人力资源规划的编制。这主要包括制定晋升规划、补充规划、培训开发规划、绩效管理规划、薪酬规划等。规划中既要有指导性、原则性的政策，又要有可操作性的具体措施。

（7）人力资源规划的评估。人力资源规划的评估是及时为企业提供人力资源规划执行情况的信息反馈。成功的人力资源规划可以在一个较长的时期内，使企业的人力资源状况始终与企业经营活动基本保持一致。

2.制定有关人力资源供需方面的政策和措施

对人力资源供需方面进行分析比较以后，企业应制定相应的政策和措施，并将有关的政策和措施交给最高管理层审批。

（1）制定解决人力资源短缺的政策和措施。

解决人力资源短缺的政策和措施有：

①培训企业员工，对受过培训的员工据情况择优提升补缺，并相应提高其工资等方面的待遇。

②进行平行性岗位调动，适当进行岗位培训。

③延长员工工作时间或增加工作负荷量，对于超时或超工作负荷的员工给予奖励。

④重新设计工作，以提高员工的工作效率。

⑤雇用全日制临时工或非全日制临时工。

⑥改进技术或进行超前生产。

⑦制定招聘政策，面向社会进行招聘。

⑧采用正确的政策和措施调动现有员工的积极性。

（2）制定解决人力资源过剩的政策和措施。

解决人力资源过剩的政策和措施有：

①永久性地裁减或辞退职工。

②关闭一些不盈利的分厂或车间，或临时性关闭。

③实行提前退休政策。

④通过人力消耗缩减人员（劳动力转移）。

⑤重新培训，将员工调往新的岗位，或适当储备一些人员。

⑥减少工作时间（工资亦随之相应地减少）。

⑦由两个或两个以上人员分担一个工作岗位，并相应地减少工资。

四、人力资源预测的方法

1.经验预测法

经验预测法是人力资源预测中最简单的方法，适用于较稳定的小型企业。经验预测法就是用以往的经验来推测未来的人员需求。不同的经验预测可能存在偏差，但可以通过多人综合预测或查阅历史记录等方法提高预测的准确率。需要注意的是，经验预测法只适用于一定时期内企业的发展状况没有发生方向性变化的情况，对于新的岗位或者工作方式发生变化的岗位该办法不合适。

2.现状规划法

现状规划法的前提是假定当前的岗位设置是恰当的，并没有职务空缺，所以不存在人员总数的扩充，人员的需求完全取决于人员退休等情况的变化。所以，人力资源预测就相当于对人员退休等情况的预测。人员退休是可以准确预测的，而人员的离职，包括人员的辞职、辞退、重病等情况是无法预测的。因此，只有通过对历史资料进行统计和分析，才能够更为准确地预测离职人数。现状规划法适用于中、短期的人力资源预测。

3.模型法

模型法是通过数学模型对真实情况进行预测的一种方法。模型法的步骤如下：首先，对企业自身和同行业中其他企业的相关历史数据进行分析并建立数学模型；然后，根据数学模型确定销售额增长率和人员数量增长率之间的关系；最后，根据企业未来的销售额增长率预测未来人员数量的增长。模型法适用于大、中型企业的长、中期人力资源预测。

4.专家意见法

专家意见法适用于技术型企业的长期人力资源预测。在现代社会，技术的更新非常迅速，使用传统的人力资源预测方法已经很难准确预测企业未来对技术人员的需求。相关领域的技术专家由于掌握了技术发展的趋势，因此能够更准确地对该领域的技术人员状况做出预测。为了增加预测的可信度，企业还可以采用二次讨论法。在第一次讨论中，各技术专家独立拿出自己对技术发展的预测方案，管理人员将这些方案进行整理，编写成企业的技术发展方案；第二次讨论主要是根据企业的技术发展方案来进行人力资源预测。

### 5.定员法

定员法适用于大型企业和历史久远的传统企业。由于这类企业的技术更新比较缓慢，发展思路非常稳定，因此企业中的每个职务和人员编制也相对确定，可以根据企业人力资源的现状来预测未来的人力资源状况。在实际应用中，定员法包括设备定员法、岗位定员法、比例定员法和效率定员法等几种方式。

**任务实施**

针对人力资源部经理的要求，何明的工作一般包括以下几个步骤：

第一步，根据企业所处的行业，了解影响企业经营的外部因素。例如，经济环境、法律法规政策、外部劳动力市场等，分析这些外部因素对企业人员需求产生的影响。

第二步，盘点企业现有人力资源。何明主要需要核查企业人力资源的数量、质量、结构及分布状况。这项工作也可以结合人力资源管理信息系统和工作分析的有关信息来进行。

第三步，人力资源需求预测。这项工作与人力资源核查可以同时进行，主要是根据企业的发展战略规划和企业的内外部条件选择预测技术，然后对人力资源需求的结构、数量、质量等进行预测。人力资源需求预测的方法可以分为两类，即直觉预测（定性预测）和数学方法预测（定量预测）。

第四步，人力资源供给预测。人力资源供给预测也称人员拥有量预测，是人力资源预测的重要环节。只有进行人员拥有量预测并把它与人员需求量进行对比之后，才能制定各种具体的规划。人力资源供给预测包括两个部分：一是企业内部人力资源拥有量预测，即根据现有人力资源及其未来变动情况，预测和规划各时间点上的人员拥有量；二是企业外部人力资源供给量预测，即预测在规划时间点上各类人员的可供给量。

第五步，人力资源供需的分析比较。何明可以将企业人力资源需求数与企业内外部可以提供的人力资源数进行分析比较，得出一个企业人力资源净需求数，无论企业的人力资源是处于供不应求，还是处于供过于求，何明都要考虑如何制定有关人力资源管理政策和措施来解决相关问题。

第六步，人力资源规划的编制。何明既要制定企业人力资源总体规划，还要制定人力资源的各项规划，如制定晋升规划、补充规划、培训与开发规划、绩效管理规划、薪酬规划等。规划中既要有指导性、原则性的政策，又要有可操作性的具体措施。

第七步，人力资源规划的评估。企业在一段时期内执行了有关人力资源规划之后，要对有关人力资源规划执行工作进行评估，收集企业人力资源规划执行信息，为企业人员需要的满足提供强有力的支撑作用。

## 知识题

1.什么是工作分析？工作分析的内容主要包括哪些？

2.请详细说明工作分析的具体方法。

3.什么是人力资源规划？人力资源规划的主要内容由哪些方面构成？

4.请说明编制人力资源规划的流程。

5.请说明人力资源预测的方法。

## 案例题

（一）某大型保险公司经常需要招聘代理人员。一般来说，该公司的招聘流程为：HR人工挑选简历—目标岗位专业知识测试—面试—录用。该公司的招聘工作存在以下问题：招聘需求信息发布以后，投递简历的应聘者往往数以百计，这些堆积成山的简历挑选起来很费力；代理人员的需求量很大，需要经常招聘，因此直接影响了人力资源部门的工作效率；应聘者的简历内容差别非常大，挑选时很难找到与职位要求相关的信息；面试的问题和程序也没有相应的规章制度，基本上是随意进行，不能很好地考查应聘者对代理职位的胜任情况，从而使得最终录用的人员往往不能胜任，员工流动性很大，这进一步加大了招聘的工作量。久而久之，该公司的招聘工作形成了恶性循环。

问题：

1.该公司的招聘工作为什么会形成这样的恶性循环？你认为应该如何改进？

2.你认为招聘工作应做好哪些方面的准备？

分析提示：

该公司招聘工作中存在的问题主要是因为招聘工作的效率低下且准确性不高。一方面，该公司对招聘工作没有周详的计划安排，只是将招聘工作作为事务性的工作进行处理，从而导致招聘人员对应聘者的筛选停留在初始阶段，没有办法找到合适的人员；另一方面，该公司的用人标准不清晰，或者说该公司不知道如何挑选符合标准的代理人员，从而导致选到的人不合适，只能再次选择。

（二）某高新技术企业根据业务的不同，成立了3个针对不同产品的事业部，各事业部下设研发团队、销售团队和技术支持团队，各部门的业务收入和成本都是独立核算的，但需要平摊后勤部门（行政部、人力资源部和财务部）所产生的成本。目前，该公司共有138人，其中事业部为104人，后勤部门为30人，高层领导为4人。由于该公司的成立时间还不到3年，客户资源还不够稳定，所承接的业务量波动较大。因此，在工作任务繁重时，有些员工尤其是研发人员和技术人员会抱怨压力过大，各事业部经理也会抱怨合格的人手太少，招聘来的人不能立即适应工作的需要；但在工作任务相对较少的时期，经理们又会抱怨本部门的人力成本太高，导致利润率下降。

问题：

1.该公司在人员供需状况上遇到了什么问题？

2.请你为该公司提供解决问题的办法。

分析提示：

第一，该公司主要面对的是人员供求平衡的问题，存在人员紧缺（供不应求）和人员冗余（供大于求）两种不同情况。

第二，从总体上看，该公司应首先掌握人员供求关系在时间上的变化规律，以提前为供需变化做准备。

第三，应对人员紧缺时采取的措施：

（1）修改招聘的标准，增加某些岗位全面适应的要求。

（2）制订临时人员雇用计划，但这些人应有一定的稳定性，熟悉公司的开发流程，能够尽快进入角色。

（3）平时加强对员工的跨专业技术培训，提高员工的应变能力。

（4）将技术人员和研发人员相互作为对方的人才储备库，在日常培训中要注意两个职位的相互替代性，使两个职位都能临时适应对方的工作要求。

（5）短缺情况不严重时，可用加班方式来处理，但要制定延长工时增加报酬的制度。

（6）改进项目管理方法，从管理机制的角度来提高效率。

（7）将项目外包，在外寻求合作伙伴。

第四，应对人员冗余时采取的措施：

（1）改进人员评估方法，辞退能力差、工作表现差的员工。

（2）控制公司的相对规模，可以考虑将后勤部门外包，或合并精简后勤部门的人员。

（3）对员工进行有针对性的业务培训。

（4）减少员工的工作时间，适当降低工资水平。

（5）多个员工分担一个人或几个人的工作任务，减少员工的工作量，降低工资成本。

# 实训题

实训项目1：岗位分析练习

实训目的：通过在企业一线岗位进行调查，熟悉工作分析的方法，掌握工作分析的主要内容，学会编写规范的工作说明书。

实训步骤：

步骤一：以小组为单位联系一家企业，或者多家企业。

步骤二：以企业的一线工作岗位为调查对象，运用工作分析方法收集信息。

步骤三：咨询一线工作岗位的任职人员、主管人员，进一步收集信息。

步骤四：初步形成一份工作说明书。

步骤五：将初步形成的工作说明书与一线工作岗位的任职人员、主管人员进行核对，收集相关的信息资料，然后根据这些信息资料修改工作说明书。如果有必要，可以如此循环往复，直到符合要求为止。

实训成果：

编制一份工作说明书，将工作说明书与企业的相关资料进行对比，总结实训活动所获得的成果。

实训项目2：找错游戏

实训目的：通过找错游戏，熟悉工作分析的主要内容，掌握规范的工作说明书的编写形式。

实训步骤：

步骤一：以小组为单位，小组成员分工协作，选出主发言人。

步骤二：为学生提供若干份从内容到编写形式都存在一些错误的工作说明书，让学生在规定的时间内找出错误。

步骤三：每个小组以写答题板的方式找出工作说明书中的错误，用时最短、答案正确的小组获胜。

步骤四：给获胜的小组颁发奖品。

实训成果：

整理出一份正确的工作说明书。

# 招聘计划的制订

## 知识目标

了解招聘的意义；掌握招聘需求的确定；掌握招聘时间和地点的选择；掌握招聘渠道的选择；掌握招聘成本预算的编制；掌握招聘计划的制订。

## 能力目标

能够确定招聘需求；能够选择招聘时间和地点；能够选择招聘渠道；能够核算招聘成本；能够制订招聘计划。

## ● 任务一　招聘需求的确定

**任务导入**

重科微电子有限公司是国家高新技术企业和国家工信部认定的集成电路设计企业，公司具有一支高水平的集成电路数字、模拟芯片和算法设计的人才队伍，先后承接了多项国家科技重大专项、863计划项目、省及地方多项科研任务，拥有多项核心自主知识产权。该公司招聘主管肖婕认为，公司现有560多人，隶属于11个部门，公司整体人员素质比较高，年龄结构也比较合理。近年来，由于公司不断致力于新市场的开拓，力求为客户提供更加全面、周到的产品和服务，公司决定在技术中心成立一个新产品开发小组，并要求明年正式启动这个项目。该项目由公司现有的技术骨干老徐、小杨等人牵头，除此之外，还需要补充至少6名技术人员。技术中心希望能够找到合适的人员。肖婕收到技术中心张主任的人员需求之后，迅速考虑如何解决技术中心的招聘需求问题，同时，由于快近年底，还要考虑如何应对全公司招聘需求的确定工作。

**任务分析**

公司的快速发展带来的人员需求的增加是企业经营管理中常见的现象。对于招聘需求的确定，人力资源部和用人部门的工作有着极大的差别。用人部门是否存在空缺岗位、存在多少空缺岗位、需要什么样的人员来填补空缺岗位等，用人部门都十分清楚，而人力资源部却不一定十分清楚。但是，当一线经理发现岗位空缺需要补充人员时，他又必须通过人力资源部去人才市场寻找需要的人员。所以,人力资源部和用人部门在确定招聘需求时,起着不同的作用。

**知识支撑**

一、影响招聘需求确定的因素

企业的招聘工作会受到许多因素的影响,概括起来,主要包括外部环境因素和内部环境因素两大类。

1.外部环境因素分析

外部环境因素具体地说就是经济环境、技术环境、文化与习俗环境、劳动力市场环境、政策法规环境等因素。这些因素对于企业来说,是不可控制的因素,对于招聘工作来说,其作用是不容忽视的。

(1)经济环境。

经济环境对企业招聘工作的影响表现在以下几个方面:一是经济形势对招聘工作的影响。社会经济持续较快发展,企业对人才的需求就会有所增加;如果社会经济发展缓慢,企业的生产就会不足,自然也就会导致企业的人员需求下降。二是经济制度对招聘工作的影响。经济制度对招聘工作的影响主要体现在劳动力供求的调节机制上。三是经济政策对招聘工作的影响。例如,某些地区大力发展区域特色产业,那么对支撑产业快速发展的人才就会有一些引进政策,以推动特色产业的发展。

(2)技术环境。

科技进步对企业招聘工作的影响是非常明显的,这主要表现在三个方面:一是科技进步会引起招聘职位分布及职位技能要求的变化;二是科技进步会引起招聘人员数量的变化,机器替代人力导致企业对人员需求的减少;三是科技进步对应聘者素质的要求越来越高。

(3)文化与习俗环境。

文化背景、地方习俗和行为习惯对招聘工作也具有较大的影响。不同文化背景的经营管理者在用人的价值观及理念方面存在较大的差别,不同文化背景的一线员工对工作的态度和行为也会存在较大的差别。

(4)劳动力市场环境。

在劳动力市场上,企业对不同工种的需求存在着很大的差异。一般而言,低技术含量的工作岗位的劳动力供给比较充分,而高技术含量的工作岗位的劳动力供给则相对不足。另外,劳动力市场是外部配置人力资源的主要渠道,劳动力市场本身的运行特点可以直接反映到招聘工作中去。

(5)政策法规环境。

企业的招聘工作也会受到国家政策法规的影响。例如,2008年1月1日开始实施的《中华人民共和国劳动合同法》就对企业招聘活动的许多方面进行了规范。

2.内部环境因素分析

企业本身的许多因素也同样制约着企业的招聘工作。

(1)企业所处行业的发展前景和自身的性质。

企业所处行业的发展前景影响着企业未来的发展及其对人员的需求。一般而言,发展快速的企业对人员的需求量较大;反之,如果企业处于萎缩状态,则其对人员的需求量就会大大减少。此外，不同性质的企业对人员的需求也是不相同的。

（2）企业的地理位置。

企业的地理位置对招聘工作也有很大影响。我国由于经济发展不平衡，导致人才分布也极不均衡。经济发达的区域，人才比较集中；而真正需要人才的一些经济不发达的区域却难以招到人才，反过来又制约了经济的发展。

（3）企业的发展战略和阶段。

企业的发展战略决定着企业的人力资源需求，也决定着企业招聘策略的选择。企业的发展阶段不同，对人员的需求和调整也不同。

（4）企业的社会形象。

企业的良好社会形象对应聘者有着巨大的吸引力。社会形象良好的企业在社会上有强大的认同感，人们都希望自己能够成为该企业的一员，并以能够成为该企业的员工而感到自豪。所以，有良好社会形象的企业往往很容易吸引到大批的应聘者。

（5）企业文化。

企业文化是指企业在市场经济的实践中逐步形成的，为全体员工所认同、遵守，并且带有本企业特色的价值观念、经营准则、经营作风、企业精神、道德规范、发展目标的总和。因此，企业文化这种核心价值观自然会影响到企业的招聘工作。企业文化直接决定了企业应招聘什么样的人才，也决定了企业招聘的方式和途径。

（6）企业的各种政策。

企业内部的人事政策决定了企业的招聘政策和招聘活动。例如，企业的人事制度规定，当企业出现岗位空缺时，首先要考虑企业内部的调整，那么企业就会为员工创造更多的轮换和晋升机会。企业的招聘政策同样影响着招聘人员的选择方法。此外，企业的薪酬政策、培训政策等都直接决定了企业在市场中的竞争力。

（7）招聘职位的性质。

招聘职位的性质决定了企业应该去哪个劳动力市场寻找合适的人员。例如，如果企业需要的是比较特殊的技术人才，那么招聘方向肯定不是一般的人才市场，而应该在该技术领域的人群空间中挖掘。所以，招聘职位的性质也是影响招聘需求确定的因素之一。

二、提出招聘需求的具体步骤

第一，企业各个部门根据企业统一的人力资源规划及自己的实际工作需要，提出招聘需求。

第二，人力资源部填写"公司人员需求申请表"。"公司人员需求申请表"应根据工作说明书制定，包括人员需求部门、需求职位、需求人数及应聘资格等。

第三，人力资源部对招聘需求进行审核，对公司人员需求的相关资料进行确认，提出是否受理的具体意见，并报送主管经理审批。

**任务实施**

肖婕所在的公司进行招聘需求确定的具体步骤如下：

第一步，年度招聘计划的制订。

首先，部门内部招聘需求的沟通。例如，技术中心会提出以下问题：今年本中心的年度目标是什么？本中心现有的人员变动情况怎么样？有什么样的人员需求？对人员需求有无特殊的要求？针对这些问题，本中心内部的人员进行沟通，沟通的内容包括：对本中心人员的现状进行分析；由于业务的发展，需要增设哪些职位，需要增设多少人；是否需要对绩效不合格的人员进行调整；由于员工职业生涯发展而需要流动的人员等。沟通完毕，本中心负责人应填写"部门用人计划申请表"，见表2-1。

表2-1                                         部门用人计划申请表

| 部门 | | 负责人 | | 编制日期 | | | |
|---|---|---|---|---|---|---|---|
| 序号 | 职务编号 | 现有人数 | 拟增人数 | 类别 | 需求原因 | 其他要求 | 备注 |
| | | | | | | | |
| | | | | | | | |
| | | | | | | | |
| | | | | | | | |
| 累计增加人数 | | | | | | | |
| 部门负责人意见 | | | | | | | |
| 人力资源部意见 | | | | | | | |
| 总经理意见 | | | | | | | |

填写说明：
（1）"职务编号"：新增设岗位的"职务编号"可暂空，需要同时提交该岗位的工作说明书
（2）"类别"：A为正式员工；B为临时员工；C为兼职
（3）"其他要求"：工作说明书之外的其他要求或限制条件

其次，人力资源部审核"部门用人计划申请表"。人力资源部在收到用人部门递交的"部门用人计划申请表"之后，需要对以下几个方面展开进一步的了解：招聘需求是否有必要？对应聘人员的具体要求是什么？是否附有相关说明资料（如工作说明书等）？人力资源部负责招聘的工作人员与用人部门进行联系，倾听和审核用人部门对招聘需求的说明，以及对所需人员的具体要求。

再次，人力资源部汇总分析各个部门的招聘需求。各个部门的招聘需求应在规定的时间内汇报给人力资源部，然后由人力资源部对这些招聘需求进行分析。分析的内容主要包括：分析企业的战略经营目标，审核各个部门的用人需求是否符合企业的战略目标；关注企业的人力资源战略和有关政策，分析各个部门的招聘需求是否符合企业的发展方向和发展规模，是否符合企业人力资源规划的要求，是否与企业的薪酬体系相互匹配，是否符合企业招聘的成本预算等。

最后，人力资源部形成"公司招聘需求年度计划表"并交由公司高层领导审批。人力资源部在汇总分析各个部门招聘需求的基础上，形成"公司招聘需求年度计划表"，见表2-2，然后上报给公司高层领导进行审批，高层领导再将审批结果传达给人力资源部。经高层领导同意后，人力资源部可以正式展开招聘工作。

表2-2 　　　　　　　　　　　　　　**公司招聘需求年度计划表**

填单日期：　　　年　　月　　日

| 职位名称 | 现有人数 | 年度缺编人数 | 年度计划减员人数 | 下年度储备人数 | 下年度拟招聘人数 |
|---|---|---|---|---|---|
|  |  |  |  |  |  |
|  |  |  |  |  |  |
|  |  |  |  |  |  |
|  |  |  |  |  |  |
|  |  |  |  |  |  |
|  |  |  |  |  |  |
|  |  |  |  |  |  |
|  |  |  |  |  |  |

| 计划安排 | 时　间 | 工作内容 |
|---|---|---|
|  |  |  |
|  |  |  |
|  |  |  |

| 费用预算 | 项　目 | 金　额 |
|---|---|---|
|  |  |  |
|  |  |  |
|  | 合　计 |  |

| 人力资源部意见 | 主管签字：　　　　　日期： |
|---|---|

| 总经理意见 | 总经理签字：　　　　　日期： |
|---|---|

| 备　注 |  |
|---|---|

第二步，追加补充用人计划。

首先，技术中心提出追加补充用人计划的申请。由于项目小组在工作中出现了新的情况，资源调配不能满足工作需求，因此技术中心张主任正式向人力资源部提出追加补充用人计划，并填写"公司人员增补申请表"，见表2-3、表2-4。"公司人员增补申请表"用于下级部门向主管部门申请增加员工，并使主管部门了解增加员工所具备的条件及增员原因。

表2-3

## 公司人员增补申请表 （一）

填单日期： 年 月 日

| 申请部门 | | 增补职位 | | 增补人数 | |
|---|---|---|---|---|---|
| 申请增补理由 | □扩大编制 □人员储备<br>□离职补充 □短期需要 | 希望到职日期 | | | |
| 应具资格条件 | | | | | |
| 性 别 | | 婚姻状况 | | 年 龄 | |
| 学 历 | | 外语语种及等级 | | 个 性 | |
| 工作经历 | | | | | |
| 具备技能 | | | | | |
| 增加人员的工作内容 | | | | | |
| 申请人 | | 部门主管 | | | |

人力资源部意见：

总经理批示：

表2-4　　　　　　　　　　　　　　　公司人员增补申请表（二）

| 申请部门 | 技术中心 | 申请人 | | 申请日期 | |
|---|---|---|---|---|---|

申请增补理由：

☐扩大编制　　☐离职补充　　☐人员储备　　☐其他（注明原因）：＿＿＿＿＿＿＿＿＿＿

☐临时或兼职（注明原因）：＿＿＿＿＿＿＿＿＿＿

| 招聘职位1 | 高级市场策划 | 人数 | 1人 | 是否在编制内 | 是 | 拟到职日期 | 5月30日前 |
|---|---|---|---|---|---|---|---|

详细要求（职责、任职资格、薪酬福利）：

职责：

1.针对行业和产品方案进行市场营销策划

2.承担产品的市场支撑工作，规划和执行行业战略

3.参与经营单位新产品的市场评估工作

4.承担经营单位的市场工作，包括行业市场分析、产品方案可行性分析、项目信息整理、市场机会分析、产品方案市场营销策划、产品方案市场支撑等

5.配合部门经理贯彻市场营销体系的执行，负责市场营销体系的指导和管理工作

6.负责公司宣传资料的更新、设计、制作，协助各经营单位进行宣传资料的设计和制作

7.负责公司品牌的规划，以及VI（视觉识别）体系的建立

8.负责公司层面的媒介宣传、市场活动策划和执行

任职资格：

1.具有大专及以上学历，市场营销、企业管理、计算机应用等相关专业毕业（条件优异者，可适当放宽限制），28周岁以上

2.具有信息化技术及公司产品、业务流程等方面的知识

3.具有市场信息收集、分析和管理，以及市场营销策划、市场调研分析等相关方面的知识

4.能够独立完成针对行业和产品方案的市场分析及市场营销策划

5.具有组织市场培训，承担市场活动、市场宣传等的能力

6.具有较好的文字功底，语言表达简练，逻辑性好

7.具有良好的协调沟通能力

8.具有3年以上信息化企业市场策划经理岗位的工作经历

9.具体负责过行业和产品方案的市场营销策划工作

薪酬福利：

工资6 000～8 000元/月

| 招聘职位2 | 商务拓展经理 | 人数 | 1人 | 是否在编制内 | 是 | 拟到职日期 | 6月3日前 |
|---|---|---|---|---|---|---|---|

详细要求（职责、任职资格、薪酬福利）：

职责：

1.负责公司的行业合作，以及商务拓展的规划、组织、实施

2.及时把握行业的市场动态，不断优化市场拓展业务体系，建立商务合作的关系网络

3.定期组织及策划相关的商务活动，并落实到商务合作的年度计划、季度计划及月度计划中

4.定期提交商务合作及业务拓展的分析报告

任职资格：

1.具有本科及以上学历，市场营销、企业管理专业优先

2.熟悉互联网行业，受过市场营销、公共关系、产品知识等方面培训的优先

3.具有较强的市场感知能力，能够敏锐地把握市场动态及市场方向

4.具有良好的亲和力、优秀的适应能力、独立的学习能力及良好的团队合作精神，形象好，气质佳

5.具备较强的营销策划、市场拓展、渠道建设、商务谈判技巧及实战经验

薪酬福利：

底薪5 000～6 000元/月，另有提成（奖金）

| 本部门意见 | | | |
|---|---|---|---|
| | | | 签字： |
| 人力资源部意见 | | 分管副总经理意见 | |
| 总经理批示 | | | |

　　其次，人力资源部收到技术中心的追加补充用人计划后，对该计划的必要性和可行性进行核实。人力资源部应了解该计划能否并入已经形成的年度用人计划。如果能够合并，应尽量合并；如果不能合并，则应考虑用人计划是否可以不立即执行，能否纳入下个年度用人计划。如果追加补充用人计划必须立刻解决，则人力资源部应尽快着手解决该问题。

　　再次，人力资源部将追加补充用人计划上报公司高层领导审批。人力资源部应该对技术中心申报的招聘职位、拟招聘人数、申请增补理由，以及不能并入年度用人计划的原因等进行相关的说明，然后列出所需的"追加补充用人计划表"。

　　最后，公司高层领导审批之后，人力资源部形成最终的"追加补充用人计划表"。

# ● 任务二　招聘时间和地点的选择

**任务导入**

　　新聚环保新材料股份有限公司是为基础能源工业的产品清洁化、产品质量的提升，以及生产过程的清洁化提供产品、技术、服务的高新技术企业。该公司的主要产品有脱硫净化剂、脱硫催化剂、其他净化剂（脱氯剂、脱砷剂等）、特种催化材料及催化剂4大系列，共100多个品种，年生产能力近6 000吨。今年，为了满足公司发展的需要，将面向社会公开招聘工作人员53名，包括石化事业部的销售经理、销售助理、技术支撑3个岗位，以及北京分公司的人事行政助理、项目经理、研究开发人员等9个岗位，而且这些工作人员还必须在规定的时间内上岗。对于这种人数比较多的集体招聘，人力资源部招聘主管冯剑应该如何选择恰当的招聘时间及地点来完成公司的任务呢？

**任务分析**

　　招聘工作需要考虑招聘时间和地点。因为招聘时间和地点的选择对员工的入岗及公司的招聘成本有重要的影响，对招聘的质量和成效也有极大的影响。所以，许多公司都会对招聘时间和地点进行精心的安排。本次新聚环保新材料股份有限公司招聘的人数较多，各个岗位的性质、要求不一样，使用的甄选手段不一样，选拔工作周期的长短也不一样。所以，冯剑必须针对不同类型的岗位，对招聘时间和地点做出相应的安排，以确保公司需要

的工作人员能够在规定的时间内上岗。

**知识支撑**

一、招聘时间的选择

招聘时间是指从招聘准备工作开始到招聘工作结束所需要的时间。

在招聘过程中，企业选择什么时间开始发布招聘信息，以及从筛选到审查报批周期的长短，既影响到应聘人数，又关系到招聘的成本、成效及质量。如果招聘时间太早、工作周期太长，则必然会导致招聘成本增加；如果招聘时间过短，则可能导致招聘工作难以保质完成。所以，企业为了满足其对人力资源的需求，保证新员工及时到岗，就必须对招聘时间做出正确的选择。

关于招聘时间的选择，企业除了要结合自身实际的人力资源需求状况之外，还要考虑以下几个因素：

1.把握人才市场供给的变化

一般来说，人才市场的供给具有季节性。人才市场每年有3个旺季：第一个旺季是每年的11～12月，因为高校一般要到11月底才允许企、事业单位入校进行校园招聘，优秀的企、事业单位往往能够在这段时间内从学校挑选到优秀的学生。第二个旺季是每年的3～4月，因为我国的农历新年刚刚结束，各个企业都会有新的招聘计划，而准备跳槽和打算找工作的人也在农历新年后涌入各级人才市场寻觅新的工作，这就使得人才市场供需两旺。第三个旺季是每年的6～7月，原因有两个：一是企业到年中会进行一些调整，人力资源需求会有一些变化；二是毕业生、暑期工等纷纷加入就业行列，也会带旺人才市场。

2.招聘过程所需要的时间

这主要是指招聘准备工作和招聘组织实施的时间。如果企业需要招聘的人数很多，招聘过程所需要的时间就很长，招聘时间也应该尽量安排得早一点，以保障招聘工作对应聘人员筛选等的时间。

3.对人力资源需求的缓急程度

如果企业对人力资源的需求非常迫切，甚至已经影响到了企业的正常运作时，招聘工作就应该立即开始，而且应尽可能地缩短招聘的工作周期。如果企业对人力资源的需求比较长远，则可以采用成本最小原则，尽可能招聘到合适的人员；如果也是匆匆忙忙地进行招聘，则会造成人力、物力和财力等的不必要浪费，导致招聘成本上升。

二、招聘地点的选择

选择在哪个地方进行招聘，应该考虑人才分布的规律、应聘人群大致的活动范围、企业本身的地理位置、劳动力市场状况及招聘成本等因素。

一般来说，面向地区的范围越大，能够选到的优秀人才就越多，但是招聘费用开支也就越高。如果企业需要的是技术水平一般的员工，就可以采用低成本的就近原则进行招聘。如果企业需要的是高水平的技术人员，或者一些关键岗位的人员，则应该面向较大的范围进行招聘。招聘地点的选择一定要考虑成本因素。我国人才的地区分布不均衡，像北京、上海等城市，集中了全国许多的优秀人才，所以在这些城市进行招聘，对于一些要求比较高的岗位来说，可能会使招聘成本剧增。另外，企业应该有一些相对固定的招聘地点。招聘地点相对固定，能够节省成本，还可以使企业与一些招聘中介机构保持良好的合作关系。企业一般在既有条件又有招聘经验的地区开展招聘工作，这样既可以保证招聘质量，也可以提高招聘效率。

**任务实施**

新聚环保新材料股份有限公司在2015年面向社会公开招聘工作人员53名，人力资源部招聘主管冯剑对招聘时间和地点进行了具体的安排。

第一步，对招聘时间的安排。

对招聘时间安排的具体步骤如下：首先，对本次招聘的岗位进行合理的分类。其次，按照不同类型的关键岗位来安排招聘的工作周期。最后，形成内部招聘日程表。例如：

招聘职位1——人事行政助理：

×月×日：获取职位相关信息。

×月×日：起草内部招聘启事。

×月×日—×月×日：张贴内部招聘启事。

×月×日—×月×日：整理应聘材料，并对应聘材料进行初步的筛选。

×月×日：通知满足条件的应聘者参加笔试。

×月×日：进行笔试。

×月×日：进行面试。

×月×日：向通过面试的员工发出录用通知。

×月×日：为员工办理调岗手续。

×月×日：员工正式到岗。

招聘职位2——销售经理：

×月×日：获取职位相关信息。

×月×日：起草招聘广告及宣传材料等相关招聘信息。

×月×日—×月×日：与招聘广告发布商落实有关招聘广告发布事宜。

×月×日—×月×日：整理应聘材料，并对应聘材料进行初步的筛选。

×月×日：通知满足条件的应聘者参加笔试。

×月×日：进行笔试。

×月×日：进行面试。

×月×日：向通过面试的人员发出录用通知。

×月×日：为新员工办理入职手续，并进行入职培训。

×月×日：新员工正式到岗。

第二步，对招聘地点的安排。

企业应根据招聘岗位的类型、数量和自身的发展战略选择适当的招聘地点。一般情况下，企业倾向于在所在地的人才市场招聘普通员工，在跨地区的人才市场招聘专业技术人员和中层管理人员，在全国甚至全世界招聘高级管理人员以及一些极其重要的岗位的管理人员和技术人员。

# ● 任务三　招聘渠道的选择

**任务导入**

杭州华贸通信技术股份有限公司是一家致力于为移动通信设备制造商和运营商提供移

动通信工程技术服务和移动通信增值应用产品的高新技术企业。该公司成立于1998年6月，注册资金为8 000万元，2009年9月在创业板上市，并在北京、南京、成都、长沙、西安等5地设立了办事处。该公司现有员工近600人，专业技术人员占90%以上，技术骨干多具有摩托罗拉、爱立信、UT斯达康、东方通信等世界知名通信企业的任职经历。经过十多年的发展，该公司的业务已遍及全国各地，并在通信行业树立了良好的口碑。随着市场规模的不断扩张和业务的高速增长，公司需要大量技术人员和管理人员，包括行政专员4名、招聘主管3名、人力资源部经理1名、大区域经理1名，以及网优工程师、测试工程师、测试分析工程师、准初级网优工程师、GSM（全球移动通信系统）中级网优工程师、CDMA（码分多址）中级网优工程师、GSM初级网优工程师等若干名。面对着这么迫切、庞大的人员需求，该公司人力资源部的赵昕感到压力重重，他应该选择什么样的招聘渠道来应对招聘中的困难呢？

**任务分析**

杭州华贸通信技术股份有限公司的发展速度非常快，这对于公司招聘主管来说，压力比较大。该公司作为一家高新技术企业，其招聘渠道的选择有着自身的特点，赵昕应认真分析公司岗位的特点，以确定应该采用什么样的招聘渠道。高新技术企业对行政人员的要求相对较弱，可以考虑从公司内部消化解决；人事管理工作的政策性较强，要有一定的人事技术，在公司内部没有办法调整，需要从外部招聘；对于缺口比较大的技术人员，则可以通过校园招聘、网络招聘、人才市场，或者其他媒介进行招聘。总之，招聘渠道的选择一定要考虑公司的招聘成本、价值观、用人理念、企业文化、招聘政策、岗位特点与性质等因素。

**知识支撑**

企业的招聘渠道可以分为两种，即内部渠道和外部渠道。企业可以从内部现有员工中招聘所需人员，也可以从外部招聘合适的人员，但究竟采用哪一种方式，则需要根据企业文化、待聘岗位性质、招聘渠道特点、招聘费用等因素来确定。

一、内部招聘

1.内部招聘的来源

内部招聘的来源主要包括内部提拔、工作轮换、重新聘用等。

2.内部招聘的主要方法

内部招聘的主要方法包括推荐法、布告法、档案法。

二、外部招聘

1.外部招聘的来源

外部招聘的来源主要包括高等和中等院校的学生、竞争对手或其他单位的员工、下岗失业者、退伍人员、退休人员等。

2.外部招聘的主要方法

外部招聘的主要方法包括发布广告、借助中介。

发布广告要注意两个关键问题：一是广告媒体如何选择；二是广告内容如何设计。外部招聘应保证招聘信息能够被准确、快捷地传递给需要应聘的人员。

三、选择招聘渠道

1.内部招聘的优点和缺点分析

内部招聘既有优点，也有缺点。在企业实施以稳定为主的战略且面临的外部环境威胁较小的情况下，内部招聘才可能发挥最好的作用；在时间或经费有限的情况下，内部招聘也可能较适宜。

（1）内部招聘的优点。

第一，企业和员工之间相互比较了解。首先，企业对自己的员工比较了解。企业如果拥有一份员工技能清单，就可以将这份清单作为内部招聘的起点。员工的绩效评价也是可以获得的，通过了解候选人员的现任及前任管理者对该候选人员能力的评价，就能够获悉该候选人员的工作习惯、工作技能、与他人相处的能力以及其在企业中的适应性。有了这些关于员工的准确资料，就能够减少企业做出错误决策的概率。其次，员工也了解企业的更多情况，知道企业的运作、价值观及文化，从而极大地降低了员工预期的不准确性，以及员工对企业不满意的可能性。

第二，为员工创造了晋升的机会，防止了可能的冗员。晋升能够对员工潜力的激发和士气的提高产生积极的、重大的影响。如果员工知道自己有希望得到晋升，就会为企业努力工作，这也是企业对员工的绩效和忠诚的奖励；反之，如果企业总是优先考虑用外部人员来填补工作空缺，就会产生相反的影响。

第三，成本低。与外部招聘相比，内部招聘在评价、测试和背景资料等方面，能够节约一定的人力、物力和财力，而且招聘的速度快。同时，企业可以充分利用现有员工的能力，获得一定的人力资本投资回报。

（2）内部招聘的缺点。

第一，容易导致"近亲繁殖"。企业采用内部招聘时必须谨慎，以确保新思想和改革方案不被如"我们以前从没有做过"或"没有他，我们一样能做好"等观念所束缚。

第二，容易引发企业高层领导和员工之间的不团结。用人方面的分歧常常是高层领导之间产生矛盾的焦点，用人决策不仅涉及领导之间的权力分配，而且与领导的威信息息相关。这也是人事改革的一个侧面，会在企业的政治方面引起异常激烈的明争暗斗，导致企业内人际关系的紧张。当某一个职位存在空缺时，许多候选人都会被考虑补充那个职位，当然大部分候选人会被否决，而一些被否决的候选人员就可能会产生怨恨心理。有研究发现，被否决晋升的员工会比平时表现出更强的不满情绪和更高的旷工率。

第三，容易引发后续问题。一名员工可能会被提升到一个他不能胜任的工作岗位，因此企业必须拥有能干的员工和强有力的管理开发计划，以确保员工能够承担更大的责任，同时还要考虑内部晋升是以资历为基础的，还是以能力为基础的。

第四，过多的内部招聘可能会使企业变得封闭。不断从内部提拔人才可能会导致员工安于现状，一个必须改进工作流程的企业通常应适当从外部招聘人员。

第五，过多的内部招聘可能会导致企业的工作效率降低。例如，如果一位高级经理人员离开本企业，其职位由一名直接下属接任，那么这名下属的职位就需要找人来承担，以此类推，直至等级结构的末端。因此，几乎所有新上任的人员都需要一段时间去熟悉新工作，即便员工在企业中工作了很多年，新职位也要求其调整思路以适应新的职责，并重新界定其与同事的人际关系。同时，在过去的同事成为下级后，这些员工所面临的管理困难会不断涌现。直到这些员工都具备了与前任同等的工作能力，并重新界定了他们的工作关系之后，这种工作效率低下的状态才会改变。

**2.外部招聘的优点和缺点分析**

企业从外部招聘人员的渠道很多。快速成长的企业，或者需要招聘大量技术熟练的工人及管理人才的企业，适宜选择外部招聘。

（1）外部招聘的优点。

第一，人员选择范围广泛。不论是在人员的技术、能力方面，还是在人员的数量方面，外部招聘都比内部招聘有更大的选择空间。

第二，有利于带来新思想和新方法。从外部招聘来的员工会给企业带来"新鲜的空气"，以及新的技能和想法。这些新思想、新观念、新技术、新方法、新的外部关系等，使得企业充满活力与生机，能够帮助企业用新的方法解决一直困扰企业的问题。这一点对于需要创新的企业来说更为关键。

第三，大大节省了培训费用。从外部获得有熟练技术的工人和有管理才能的人可以节省企业的培训费用，特别是在企业急需这类人才的时候，外部招聘更为重要。这种直接的"拿来主义"，不仅节约了培训经费和时间，还节约了获得实践经验所交的"学费"。

（2）外部招聘的缺点。

第一，选错人的风险比较大。这是因为外部招聘在吸引、联系和评价员工方面比较困难。

第二，需要更长的适应时间。即使是一项对企业来说很简单的工作，新员工也需要对企业的人员、程序、政策加以熟悉，而这是需要时间的。

第三，内部员工可能感到自己被忽视了。外部招聘可能会影响企业内部那些认为自己可以胜任空缺职位的员工的士气。

第四，可能费时、费力。与内部招聘相比，无论是引进高层人才还是中、低层人才，外部招聘都需要相当高的招聘费用，包括招聘工作人员的费用、广告费、测试费、专家顾问费等。从外部招聘来的员工通常需要比较长的时间去了解企业及其产品、服务、同事、客户，以完成这个社会化的过程。虽然这些新员工可能具备出色的技能，拥有丰富的培训经历或经验，并且在其他企业也干得比较成功，但是这些因素并不能保证其在新企业也能够获得同样的成功，或有能力适应新企业的文化。

**3.内部招聘与外部招聘的结合**

经验表明，企业在招聘人员时最好采用内部招聘与外部招聘相结合的办法。具体是偏向内部招聘还是外部招聘，取决于企业的战略、职位类别和企业在劳动力市场上的相对地位等因素。对于企业中高层管理人员的招聘，内部招聘与外部招聘都是行之有效的方法，在实践过程中并不存在标准答案。一般来说，企业的中层管理人员需要保持相对稳定，可能更多地从组织内部获得提升；而高层管理人员需要为企业引入新的风格、新的竞争，因此可以从外部引进。

**4.选择招聘渠道时应遵循的原则**

（1）高级管理人员岗位和重要的专业技术岗位应该优先考虑内部人员的原则。

（2）快速成长的企业应遵循以外部招聘为主的原则。

（3）根据企业文化导向选择人才的原则。

（4）在外部环境发生剧烈变化时，采用内部招聘与外部招聘相结合的方式展开招聘工作的原则。

四、常见的招聘渠道

1.校园招聘

一般而言，校园招聘的计划性比较强，招聘人员的数量、专业往往是依据企业的年度人力资源规划或者阶段性的人才发展战略要求而制定的。因此，进入校园招聘的企业通常是大中型企业，他们通常会在几个大类专业中挑选综合素质高的大学生。校园招聘能够极大地提高企业在高校中的知名度，为企业提供人才储备库，为建立良好的校企合作关系奠定基础，而且校园招聘的费用低廉，对知名企业而言有时甚至可以免费入场。校园招聘虽然能够吸引众多的潜在人才，但是这类人员的职业化水平（态度、专业技能、行为习惯等）不高，流失率较高，需要企业投入较多的精力进行系统完整的培训。所以，这类潜在的人才进入企业后，通常要接受比较完整的培训，再安排到生产经营的一线作为储备干部接受训练。通过这样一个过程，那些能够积极融入企业、满足企业要求的人才就会脱颖而出。

2.报纸招聘

由于报纸仍然是普通大众，包括应聘者，了解信息的重要平台，因此这种形式的广告覆盖面比较广，目标受众接受的概率非常高。报纸招聘不仅可以提升企业在当地的知名度，而且可以有效地宣传公司的业务，有一举多得之功效。但是，这种招聘渠道吸引到的多是不合格的应聘者，对于应聘者的人数和资格，企业也很难进行控制，因为企业无法知道有多少人会来应聘，也无法知道应聘者中是否有合适的人才，这在无形中增加了人力资源部门筛选简历的工作量和难度，延长了招聘工作的周期，大量的面试也是令人头疼的工作之一。

此外，由于在报纸上发布招聘广告的企业众多，因此如何使报纸上的招聘广告能够吸引更多人的注意，也是企业需要考虑的问题之一。报纸招聘的特点就是范围广，如果吸引不到大量的应聘者，就是一次失败的招聘。

基于以上特点，报纸招聘比较适用于大众熟知的岗位和专业。对于一些冷门的专业，如航空、水利工程等，就不适合采用这种渠道；而对于一些过分热门的专业，也不宜采用这种渠道，因为太多的应聘者会增加招聘工作者的工作量；如果企业招聘的职位非常少，从经济角度来讲，采用这种渠道也是不合算的。

3.网络招聘

网络招聘是在网络日益普及的趋势下产生的一种新的招聘形式。招聘信息可以定时、定向投放，招聘信息发布后也可以进行管理，理论上招聘信息可以覆盖到全球，其费用相对比较低廉。通过在知名的人才网上发布招聘信息，企业可以快捷、海量地接收到应聘者的信息，而且各网站提供的格式简历和格式邮件可以降低简历筛选的难度，加快简历处理的速度。这种招聘渠道对于白领阶层尤为适用，基本上是"找工作，一键搞定"。但是，这种招聘渠道不能控制应聘者的质量和数量，海量的信息（包括各种垃圾邮件、病毒邮件等）会加大招聘人员的工作压力，在信息化不充分的地区效果较差。常年招聘较多的单位多采用这种招聘渠道。

另外，随着各类人才网站简历库的丰富和完善，企业可以利用网站提供的服务在简历库中搜寻企业需要的人，这种方式有些类似于猎头。

4.现场招聘会

现场招聘会是一种传统的人才招聘方式，也是一种被动式的招聘方式。企业不仅可以与应聘者直接进行面对面的交流（相当于初试），而且可以直观展示企业的实力和风采。这种方式从总体上看效率比较高，可以快速淘汰不合格的人员，控制应聘者的数量和质量。现场招聘会通常与媒体广告同步推出，并且有一定的时效性。这种方式的局限性在于往往受到展会主办方宣传推广力度的影响，应聘者的数量和质量难以有效保证，企业只能进行初步的选择，还需要将大量的信息带回去做进一步的筛选。

现场招聘会就是一种通过参加社会举办的供需见面会实现招聘目的的招聘方式，通常用于招聘一般型人才。对于大多数公司而言，现场招聘会的效率较低。许多有实力的公司举办招聘专场，主要是为了宣传自己，以便向潜在的应聘者提供有关信息。

5.猎头公司招聘

猎头是一种由专业咨询公司利用其人才储备库及关系网络，在短期内快速、主动、定向地寻找企业所需要的人才的招聘方式。目前，由于猎头面向的对象主要是企业的中高层管理人员和企业需要的特殊人才，其具体操作程序基本上是由企业高管直接负责，因此这种方式看起来比较神秘。正规的猎头公司的收费比较高，通常为被猎成功人员年薪的20%～30%。

6.企业内部招聘

企业内部招聘在规模以上企业中比较常见。这种方式的特点是：费用极少；能够极大地提高员工士气，可以在企业内部培养出一人多能的复合型人才；应聘者对企业相当了解，能够适应企业的文化和管理，并能够较快地进入工作状态。这种方式的局限性也比较明显，即人员供给数量有限，容易导致"近亲繁殖"，形成派系，决策时缺乏差异化的建议，不利于企业的管理创新和变革。这种方式适用于那些对人员忠诚度要求比较高且重要的岗位。企业内部招聘也用于内部人才的晋升、调动、轮岗。

7.员工推荐

员工推荐在国际、国内很多企业得到了广泛的应用。这些企业通过一系列手段来保证这种招聘渠道的有效性。例如，在每一位被推荐人的后面注明推荐人的姓名，推荐新人录用率高的员工还会获得奖励，微软公司的"伯乐奖"就是为那些举贤荐能的员工所准备的。嘉信公司还通过举办联谊会的形式来进一步了解被招聘人员，公司员工带朋友参加联谊会，被招聘人员也可以通过联谊会了解公司文化，增加对公司的认同感。

员工推荐对于招聘专业人才比较有效。员工推荐的优点是招聘成本小，应聘人员素质高，可靠性高，企业不用花费很长的时间去发现和筛选那些不知名的求职者。员工推荐的缺点是招聘的范围窄，往往招不到很优秀的人才。

基于以上特点，我们就可以理解，为什么一些证券公司、高科技企业往往通过推荐的形式进行招聘，而很少采用报纸、网络的形式进行招聘。

8.网站、论坛、聊天室等招聘

特定人群（专业人士、校友、网络发烧友等）组织的网站、论坛、聊天室等招聘是伴随着网络的普及、网络市场的日益细分而产生的一种新型的、非主流的招聘渠道。其优点类似于网络招聘，快速简捷。更胜一筹的是，这种方式可以通过网络与对方进行及时、深入的沟通，甚至可以通过视频进行互动沟通。因此，企业很可能在这里挖掘到梦寐以求的"千里马"。

9.招聘告示

招聘告示是招聘媒体形成以前广泛采用的一种招聘方式，中小企业或服务行业在进行劳动力招聘时多采用这种方式。招聘告示一般张贴于店面门口、店面周边或者人流量大的场所。这种方式的特点是招聘成本不高，简单易行，能够吸引文化层次不高、经济条件不好的人员应聘。其缺点有两个：一是影响企业形象；二是有违"禁止胡乱张贴广告、告示"的规定。

10.其他方式

在实践中，企业可以采用的招聘渠道还有借助某项活动推广物色人选、广播招聘、电视招聘等。例如，湖南电视台举办的《超级女声》节目，前10名优胜者通常会与唱片公司签约，这些都是企业招聘的重要方式。

以上是现在通行的几种招聘渠道及其效果分析，应该说是特色鲜明，各有利弊。企业在进行招聘时，应该结合自身的发展阶段、经济实力及用人规律等，通过多种渠道搜寻所需的之才。

**任务实施**

赵昕先对空缺岗位进行了分类。对于行政专员的招聘，他准备采用公司内部招聘的方式解决。对于招聘主管、人力资源部经理，以及数量比较大的技术人员的招聘，他考虑采用校园招聘、网络招聘、现有技术人员的推荐及人才市场的招聘会等方式解决。对于大区域经理的招聘，他考虑采用猎头公司招聘的方式解决，因为大区域经理比较稀缺，而猎头公司在这方面掌握一定的资源，能够替公司找到合适的人员。

# ● 任务四　招聘成本预算的编制

**任务导入**

情景一：M公司在2015年2月参加了3场招聘会，在报纸上刊登了两次招聘广告，其招聘费用合计64 000元。招聘结果如下：录用财务主管1人，月薪8 000元；文员3人，月薪合计3 300元；技术工人5人，月薪合计4 700元。由此可知，M公司在2015年2月的招聘有效值为：（1）每招聘1人，M公司需要付出的招聘成本为7 111元（64 000÷（1+3+5））。（2）每招聘人工价值为1的成员，M公司需要支付的招聘成本为4元（64 000÷（8 000+3 300+4 700））。招聘活动结束后，M公司招聘主管顾红认为这次招聘的费用大大超过了公司的招聘预算，M公司人力资源部经理要求顾红认真进行工作总结。

情景二：T公司在2015年2月的招聘结果如下：（1）参加一次招聘会，招聘成本（展会费+差旅费）合计4 480元，共招聘到技术工人2人，月薪合计2 800元。（2）在报纸上刊登了一次招聘广告，招聘成本为800元，招聘到文员1人，月薪为1 200元。（3）通过猎头公司招聘到技术研发人员1人，猎头服务费为12 000元，技术研发人员月工资为8 000元。T公司招聘主管潘肖找出公司的招聘预算，想了解一下公司的招聘费用是否超出了预算。

如果招聘成本预算由招聘主管负责编制，那么顾红和潘肖应如何编制呢？

**任务分析**

在"任务导入"中，M公司和T公司列出的是它们各自在招聘活动中发生的招聘费用。实际上，每家企业都有自己的招聘成本预算，招聘成本是企业人力资源成本的重要组成部分。要做好招聘成本预算，一定要明确招聘成本的构成。例如，无锡市某投资有限公司的招聘成本构成如下：印制广告及相关宣传材料的费用；中介机构招聘费用；员工介绍费用；招聘会摊位费；订人才信息报的费用；联系各中专院校帮助学生就业，原则上不付给报酬。因此，企业编制招聘成本预算，比较重视的是直接成本。除此之外，招聘成本还包括内部成本、外部成本、机会成本等，企业应根据自己的情况进行综合考虑。

**知识支撑**

一、招聘成本的构成

每家企业的招聘都有自己的特色，相应的费用项目也不尽相同。在一般情况下，招聘成本的构成主要包括以下几个部分：

（1）直接成本。这包括广告费、会务（场租）费、中介费、推荐费、校园招聘费等。

（2）内部成本。这主要是指招聘人员的工资、福利、差旅费及其他管理费用。

（3）外部成本。这主要是指招聘外地员工所发生的搬家费、安家费、探亲费和交通补贴费等。

（4）机会成本。这主要体现为：如果招聘到的员工符合招聘职位的要求，从而能够给公司创造的效益；如果招聘到的员工不符合公司的要求，从而有可能给公司带来的经济损失，如管理费、办公费、员工试用期薪酬、培训费及另找一名员工所需要的招聘费等。

二、招聘成本类别及预算表

1.招聘成本类别

招聘成本类别见表2-5。

表2-5　　　　　　　　　　　　　　　　招聘成本类别

| 类　别 | 含　义 |
|---|---|
| 广告费 | 用于支付发布在网络、专业杂志、报纸等上的招聘广告的费用 |
| 中介费 | 用于支付猎头公司、普通人才服务机构的招聘服务费用 |
| 会务（场租）费 | 用于支付人才招聘会中公司招聘展台的费用 |
| 资料费 | 用于支付招聘材料的印刷、制作、采购的费用 |
| 推荐费 | 用于支付人才推荐者的佣金 |
| 公关费 | 用于支付招聘活动发生的公关费用 |
| 相关费用 | 用于支付招聘活动发生的关于差旅、餐饮、食宿的费用 |
| 其他费用 | 与招聘活动相关的其他费用 |

2.招聘成本预算表

部门招聘成本预算表见表2-6。公司年度招聘计划及成本预算表见表2-7。

表 2-6　　　　　　　　　　　　　**部门招聘成本预算表**

| 所需职位 | 空缺职位数 | 拟采取的招聘方式 | 预算费用 |
|---|---|---|---|
| 基层员工 | | | |
| 中层员工 | | | |
| 高层员工 | | | |
| 人力资源部意见 | 负责人签字：<br>　年　月　日 | | |
| 总经理审核意见 | 负责人签字：<br>　年　月　日 | | |

表 2-7　　　　　　　　　　　　　**公司年度招聘计划及成本预算表**

| 一、招聘目的 | 通过招聘的开发与管理，为各部门提供招聘工作的流程和依据，从而建立良好的人才选用机制，满足公司发展对岗位人才的需求 | | | |
|---|---|---|---|---|
| 二、招聘方法/渠道 | 内部招聘：□岗位晋升　　□岗位轮换　　□内部推荐 | | | |
| | 外部招聘：□网络媒体　　□校园招聘　　□猎头公司　　□现场招聘会 | | | |
| 三、年度招聘成本预算总计=____元 | 第一季度 | 第二季度 | 第三季度 | 第四季度 |
| | 小计____元 | 小计____元 | 小计____元 | 小计____元 |
| 四、年度公司人员编制定额 | _____人 | | 目前人员配置额 | _____人 |

五、年度各部门岗位设置、人员配置规划　　　　　　　　六、招聘实施时间计划

| 部门名称 | 定编人数 | 现有人数 | 申报人数 | 核定人数 | 招聘岗位概要 | 第一季度 | 第二季度 | 第三季度 | 第四季度 |
|---|---|---|---|---|---|---|---|---|---|
| | | | | | | | | | |
| | | | | | | | | | |
| | | | | | | | | | |
| | | | | | | | | | |
| | | | | | | | | | |
| | | | | | | | | | |
| | | | | | | | | | |
| | | | | | | | | | |

| 招聘责任人签字： | 人力资源总监审核： | 总经理审批： |
|---|---|---|

**任务实施**

招聘主管顾红和潘肖会采用以下步骤编制招聘成本预算：

第一步，列出企业的各项招聘费用清单。

第二步，按照招聘费用清单及过去的经验，或者企业的相关规定，或者行业的一般标准，计算各项招聘费用。

第三步，计算招聘的总费用，并报请领导审核批准。

# ● 任务五 招聘工作所需表格资料的准备

**任务导入**

新聚环保新材料股份有限公司需要招聘53名工作人员，由于工作量比较大，刚到人力资源部工作不久的招聘助理李力协助招聘主管冯剑去完成许多事务性工作。这不早上刚刚上班，冯剑就把李力找去，要李力好好准备一下招聘需要用的表格资料，交代完任务，冯剑就匆匆忙忙地离开了办公室，李力初来乍到，需要学习的地方太多，他不禁问自己："我到底需要准备哪些表格资料呢？"

**任务分析**

招聘工作是一项有计划的工作，需要有一些基本的资料准备。首先，公司要有一套自己的、规范的招聘制度，所有参与招聘的工作人员都要熟悉公司的招聘制度。其次，阅读公司的有关规定，列出所需表格资料的清单，如招聘管理制度、招聘需求表、招聘广告、应聘人员信息登记表、应聘人员初试测评表、应聘人员复试测评表、面试考核审批表、面试通知书、应聘人员面试评价表、录取通知书、辞谢通知书等。

**知识支撑**

一般来说，招聘工作所需的表格资料主要有招聘需求表、应聘人员信息登记表、公司内部应聘申请表、应聘人员初试测评表、应聘人员复试测评表、面试通知书、应聘人员面试评价表、录取通知书、辞谢通知书等。

一、招聘需求表

公司某部门招聘需求表见表2-8。

表2-8 **公司某部门招聘需求表**

制作部门：＿＿＿＿＿＿年度 ＿＿＿＿＿＿季度

| 岗 位 | 年初岗位定编 | 年末岗位定编 | 岗位定编调整原因 | 年初在岗人数 | 预计离职/转岗人数 | 需招聘人数 |
|---|---|---|---|---|---|---|
|  |  |  |  |  |  |  |
|  |  |  |  |  |  |  |
|  |  |  |  |  |  |  |
|  |  |  |  |  |  |  |
|  |  |  |  |  |  |  |
|  |  |  |  |  |  |  |
|  |  |  |  |  |  |  |
|  |  |  |  |  |  |  |
|  |  |  |  |  |  |  |
|  |  |  |  |  |  |  |

人力资源部意见：

签字：

年 月 日

分管副总经理意见：

签字：

年 月 日

公司某具体岗位招聘需求表见表2-9。

表2-9　　　　　　　　　　　　　　**公司某具体岗位招聘需求表**

申请日期：　　　　　　要求到岗日期：

| 需求岗位名称 | | 空缺人数 | | 隶属部门 | |
|---|---|---|---|---|---|
| 需求原因 | | □离职补缺：_____　　□替换人员：_____　　□岗位调动：_____ | | | |
| | | □业务发展扩编，现有编制：_____人　□新增职位（附上工作说明书） | | | |

| 职位要求 | | | | | |
|---|---|---|---|---|---|
| 项　目 | | 最低要求 | 项　目 | | 最低要求 |
| 基本期望 | 性　别 | □不要求<br>□要求：_____ | 工作经验 | 行业背景 | □不要求<br>□要求：_____ |
| | 年　龄 | □不要求<br>□要求：_____ | | 工作年限 | □不要求<br>□要求：_____ |
| | 薪　酬 | □不要求<br>□要求：_____ | | 跳槽频率 | □不要求<br>□要求：_____ |
| 教育背景 | 学　历 | □不要求<br>□要求：_____ | 必备技能 | 电脑水平 | □不要求<br>□要求：_____ |
| | 专　业 | □不要求<br>□要求：_____ | | 外语水平 | □不要求<br>□要求：_____ |
| 优先条件 | | | | | |
| 其他补充要求 | | | | | |

| 工作要求 | |
|---|---|
| 职位描述 | 任职要求 |
| | |
| 部门经理申报意见 | 签字：<br>　　年　　月　　日 |
| 部门总监意见 | 签字：<br>　　年　　月　　日 |
| 总经理意见及批复 | 签字：<br>　　年　　月　　日 |

填表说明：

（1）填写电子版招聘需求表时，所有内容请放在一页内，不要另起页或随意更改页数和版式。

（2）对于新增职位的需求申请，需要完整填写第二页的工作说明书，并随招聘需求表一并附上；对于已有职位的需求申请，则无须填写工作说明书。

二、应聘人员信息登记表

应聘人员信息登记表见表2-10、表2-11。

表2-10　　　　　　　　　　　　**应聘人员信息登记表（一）**

编号：

**一、基本信息**

| 姓　名 | | 性　别 | | 出生年月 | | 联系方式 | | 贴相片处 |
|---|---|---|---|---|---|---|---|---|
| 籍　贯 | | 民　族 | | 政治面貌 | | 邮　箱 | | |
| 目前所在地 | | 身份证号 | | 户口所在地 | | | | |
| 最高学历 | | 学　位 | | 意向岗位 | | | | |

**二、受教育情况**

| 起止期（高中起） | 学　校 | 专　业 | 担任职务 |
|---|---|---|---|
| | | | |
| | | | |
| | | | |

| 大学期间主修课程 | | | |
|---|---|---|---|
| 所获奖励 | 获奖时间 | 获奖等级（国家/省/校/院级） | 详细描述 |
| 1 | | | |
| 2 | | | |
| 3 | | | |
| 实习/实践/科研经历 | 时　间 | 担当角色 | 详细描述 |
| 1 | | | |
| 2 | | | |
| 3 | | | |
| 4 | | | |

**三、家庭背景**

| 与本人关系 | 姓　名 | 年　龄 | 联系方式 | 工作单位及职务 |
|---|---|---|---|---|
| | | | | |
| | | | | |
| | | | | |

四、基本素质

| 普通话水平 | | 外语水平 | | 计算机水平 | |
|---|---|---|---|---|---|
| 其他能力水平/技能培训 | | | | | |
| 性格特征 | | | | | |
| 特长爱好 | | | | | |
| 优　点 | | | | | |
| 缺　点 | | | | | |
| 经常浏览的网站 | | | | | |
| 你的网站主页（博客/微博/空间） | | | | | |
| 最喜欢的人生格言 | | | | | |
| 你释放压力的方式 | | | | | |
| 你的职业定位及发展规划（1～5年） | | | | | |
| 补充说明 | | | | | |

五、求职说明

| 是否服从岗位调剂 | □是　　□否 | 是否愿意外派到其他城市工作 | □是　　□否 |
|---|---|---|---|
| 是否接受工作出差 | □是　　□否 | 是否愿意提前到岗实习 | □是　　□否 |
| 应聘信息来源 | □校园宣讲会　　□公司网站　　□学校就业网站<br>□老师推荐　　　□员工推荐　　□其他 | | |
| 期望薪酬水平 | | 对本公司的其他要求 | |

本人谨向贵公司郑重承诺：上述所填内容均为客观真实，如有虚假，本人愿意接受公司辞退处理，并承担由此引起的一切法律责任。

应聘人（签名）：

年　　月　　日

表 2-11                        应聘人员信息登记表（二）

填表日期：　　年　　月　　日

| 姓　名 | | 性　别 | | 出生年月 | | 职　称 | |
|---|---|---|---|---|---|---|---|
| 婚姻状况 | | 健康状况 | | 联系电话 | | 住　址 | |
| 应聘岗位 | | 何时可入职 | | 期望薪资 | | 能否出差 | |

| 受教育情况 | 就读学校 | 专　业 | 起止时间 | | |
|---|---|---|---|---|---|
| | | | | | |
| | | | | | |
| | | | | | |

| 工作经历 | 就职公司 | 职　务 | 离职原因 | 起止时间 | |
|---|---|---|---|---|---|
| | | | | | |
| | | | | | |
| | | | | | |
| | | | | | |

| 技能情况 | 外语水平：<br>电脑水平：<br>其他技能： | | | | |
|---|---|---|---|---|---|
| 性格特征 | | | | | |

| 证明人 | 姓　名 | | 电　话 | | 与本人关系 | |
|---|---|---|---|---|---|---|
| | 姓　名 | | 电　话 | | 与本人关系 | |

声明：

　　本人承诺以上内容属实，否则愿承担相应责任。

签字：

三、公司内部应聘申请表

公司内部应聘申请表见表 2-12。

四、应聘人员初试测评表

应聘人员初试测评表见表 2-13。

表2-12　　　　　　　　　　　　　　　　**公司内部应聘申请表**

填表日期：　　年　　月　　日

| 姓　名 | | 性　别 | | 出生年月 | | 职　称 | |
|---|---|---|---|---|---|---|---|
| 婚姻状况 | | 健康状况 | | 联系电话 | | 住　址 | |
| 当前岗位 | | 应聘岗位 | | 入职时间 | | 转正时间 | |

| 受教育情况 | 就读学校 | 专　业 | | 起止时间 | |
|---|---|---|---|---|---|
| | | | | | |
| | | | | | |
| | | | | | |

| 工作经历 | 就职公司（包括本公司） | 职　务 | 离职原因 | 起止时间 | |
|---|---|---|---|---|---|
| | | | | | |
| | | | | | |
| | | | | | |

| 本人意愿 | 签字：　　　年　　月　　日 |
|---|---|
| 直接上级意见 | 签字：　　　年　　月　　日 |
| 跨级上级意见 | 签字：　　　年　　月　　日 |
| 人力资源部意见 | 签字：　　　年　　月　　日 |
| 聘用岗位直接上级意见 | 签字：　　　年　　月　　日 |

表2-13
**应聘人员初试测评表**

评价人姓名： 职务： 面试时间：

应聘人姓名： 性别： 年龄： 编号：

应聘职位： 原单位：

| 评价方向 | 评价要素 | 评价等级 | | | | |
|---|---|---|---|---|---|---|
| | | 1（差） | 2（较差） | 3（一般） | 4（较好） | 5（好） |
| 个人基本素质评价 | 1.仪容 | | | | | |
| | 2.语言表达能力 | | | | | |
| | 3.亲和力及感染力 | | | | | |
| | 4.诚实度 | | | | | |
| | 5.时间观念与纪律观念 | | | | | |
| | 6.人格成熟程度（情绪稳定性、心理健康等） | | | | | |
| | 7.思维逻辑性及条理性 | | | | | |
| | 8.应变能力 | | | | | |
| | 9.判断分析能力 | | | | | |
| | 10.自我认识能力 | | | | | |
| 相关工作经验及专业知识评价 | 11.工作经验 | | | | | |
| | 12.掌握的专业知识 | | | | | |
| | 13.学习能力 | | | | | |
| | 14.工作创新能力 | | | | | |
| | 15.所具备的专业知识、工作技能与招聘职位要求的吻合性 | | | | | |
| 录用的适合性评价 | 16.个人工作观念 | | | | | |
| | 17.对企业的忠诚度 | | | | | |
| | 18.个性特征与企业文化的相融性 | | | | | |
| | 19.稳定性及发展潜力 | | | | | |
| | 20.职位胜任能力 | | | | | |
| 总得分 | | | | | | |

| 人才优势评估 | 人才劣势评估 |
|---|---|
| | |

评价结果

| 建议录用 | 安排再次面试 | 储　备 | 不予录用 |
|---|---|---|---|
| | 时间： | | |

五、应聘人员复试测评表

应聘人员复试测评表见表2-14。

表2-14 **应聘人员复试测评表**

复试日期：

面试人：

| 综合印象及录用决定 | |
|---|---|
| | 签字： |
| □录用    □不录用    □存档 | |
| □候补    □暂缓录用 | |

六、面试通知书

面试通知书的格式如下：

**面试通知书**

尊敬的_____先生/女士：

感谢您应聘本公司_____职位。您的学识、经历给我们留下了深刻的印象，为了彼此进一步了解，请您于_____月_____日_____时来本公司参加面试，面试内容包括：

（1）面试（初试、复试）。

（2）其他相关内容。

注意事项：请您携带本人身份证、学位证书、英语等级证书及其他能够证明本人能力的证明材料。

如有任何变动，请及时通知我公司。谢谢！

联系人：×××

联系电话：×××××××

联系地址：×××××××

×× 公司人力资源部

×××× 年 ×× 月 ×× 日

## 七、应聘人员面试评价表

应聘人员面试评价表见表2-15、表2-16、表2-17。

表2-15　　　　　　　　　　　　　**应聘人员面试评价表（一）**

应聘者姓名：＿＿＿＿＿＿　　应聘部门：＿＿＿＿＿＿　　应聘职位：＿＿＿＿＿＿

初试时间：＿＿＿＿＿＿＿＿＿　　复试时间：＿＿＿＿＿＿＿＿＿

| 评分项目 | 分值解释 | | | | | 评分结果 | |
|---|---|---|---|---|---|---|---|
| | 5 | 4 | 3 | 2 | 1 | 应聘部门 | 人力资源部 |
| 仪表、举止、着装、气质 | 极佳 | 佳 | 一般 | 略差 | 极差 | | |
| 体质、精力或精神面貌 | 极佳 | 佳 | 一般 | 略差 | 极差 | | |
| 礼貌及商务礼仪 | 十分得体 | 懂规矩，较得体 | 一般，欠商务礼仪 | 欠礼貌及素养 | 不懂规矩，表现粗俗 | | |
| 自信心 | 十分自信，坚定 | 有自信，不慌乱 | 自信一般，不太放松 | 欠自信，紧张 | 十分不自信，自卑 | | |
| 谦虚度或客观性 | 谦和适度，十分得体 | 较谦虚，接受别人 | 部分接受别人 | 不够谦虚，不接受别人 | 十分不谦虚，狂妄 | | |
| 诚实可信度 | 很值得信赖 | 可信任 | 部分信任 | 值得怀疑 | 不可相信 | | |
| 稳重、严谨、守密性 | 十分稳重，很谨慎 | 稳重，可守密 | 一般 | 欠稳重，不严谨 | 浮躁，不会守密 | | |
| 语言表达能力 | 极佳 | 佳 | 一般 | 略差 | 极差 | | |
| 思维能力 | 逻辑性强，条理清晰 | 有逻辑性，有条理 | 一般 | 欠条理清晰 | 思维混乱 | | |
| 领悟及应变能力 | 十分敏捷、快速 | 反应较快，应变能力较强 | 可领悟，但需要启发 | 反应迟缓 | 无法领悟，应变能力差 | | |
| 创新能力 | 头脑灵活，很有创意 | 可创新 | 一般 | 缺乏创新意识 | 守旧，不能开创新局面 | | |
| 处理难题的能力 | 处理得当 | 能够处理 | 处理欠佳 | 处理很差 | 无此能力 | | |

| 评分项目 | 分值解释 | | | | | 评分结果 | |
|---|---|---|---|---|---|---|---|
| | 5 | 4 | 3 | 2 | 1 | 应聘部门 | 人力资源部 |
| 岗位所需技能及知识 | 充分掌握 | 了解较全面 | 基本了解，部分掌握 | 了解一些，尚未掌握 | 不了解，未掌握 | | |
| 相关工作经验 | 十分丰富 | 丰富 | 尚可 | 经验浅 | 无经验 | | |
| 岗位所需能力及素质 | 完全具备 | 较好具备 | 有一定能力 | 能力稍欠 | 能力低 | | |
| 管理力及说服力 | 很强 | 强 | 尚可 | 稍欠 | 不具备 | | |
| 所具备经历与本岗位的适合程度 | 很适合 | 适合 | 尚适合 | 不太适合 | 很不适合 | | |
| 对本岗位的服务意愿及兴趣 | 很坚定 | 坚定 | 一般 | 犹豫 | 不愿意 | | |
| 对本岗位工资福利的接受度 | 完全接受 | 可接受 | 勉强接受 | 不太接受 | 不接受 | | |
| 分数总计 | 优秀（95~77分） | 较好（76~58分） | 一般（57~39分） | 较差（38~20分） | 差（19分） | | |

| 评价总结 | 应聘部门评价：<br><br><br><br>签字：　　　　　　　日期： |
|---|---|
| | 人力资源部评价：<br><br><br><br>签字：　　　　　　　日期： |
| 学历 | 该拟聘人员第一学历：_____ 最高学历：_____<br>经核实：□属实 □不属实　　核实人：　　　日期： |

表2-16　　　　　　　　　　　**应聘人员面试评价表（二）**

| 姓　名 | | 性　别 | | 出生年月 | |
|---|---|---|---|---|---|
| 籍　贯 | | 政治面貌 | | 职称/职务 | |
| 学　历 | | 毕业院校及专业 | | | |
| 毕业时间 | | 应聘岗位 | | | |

| 原工作单位 | | | 联系方式 | 电　话 | |
|---|---|---|---|---|---|
| | | | | 邮　箱 | |

| 面试意见 | 面试组成员签字：<br>组长签字：<br>　　　　　　　年　　月　　日 |
|---|---|
| 备　注 | |

表2-17　　　　　　　　　　　　　××鞋业有限公司平面设计师面试评价表

| 测评内容 | 分数 | 测评方法 | 测评标准 | 面试记录 | 测评等级 |
|---|---|---|---|---|---|
| 稳定性 | 20分 | 查看应聘者简历中注明的其在每家公司的任职时间（10分） | 根据应聘者在公司任职时间的长短（在一家公司任职最少应1年左右）及换工作的频率（是否频繁换工作）进行判断 | | 5<br>4<br>3<br>2<br>1 |
| | | 询问离职原因（10分） | 离职原因是否具有随意性及轻率性（特别应注意"因为回家而离职"这一原因的真伪性） | | |
| 专业水平 | 40分 | 询问高端鞋业的行业前景（10分） | 对高端鞋业行业状况的熟悉程度 | | 5<br>4<br>3<br>2<br>1 |
| | | 提问本公司平面装修所反映的文化内涵（10分） | 装修反映了公司的定位、文化及行业认可度 | | |
| | | 提问本公司需要改进的地方（10分） | 应聘者提供以往成功案例 | | |
| | | 参观本公司店铺之后的想法（10分） | 应聘者提出店铺的完善事项 | | |
| 抗压能力 | 10分 | 采用压力面试法，观察应聘者的反应及其情绪变化情况（5分） | 可故意批评应聘者的某一方面，观察其面部表情是否正常，口头应对是否稳重，语气是否平和 | | 5<br>4<br>3<br>2<br>1 |
| | | 提问（根据问题答案进行判断）（5分） | 1.当你感到情绪不佳时，你会做什么事情，以及如何排解<br>2.你会时常感到沮丧和痛苦吗 | | |
| 沟通及语言表达能力 | 10分 | 根据面试过程中回答问题时的表现进行判断 | 1.能将要表达的内容有条理地、准确地传达给别人，思路清晰，并且具有一定的连贯性<br>2.谈话时姿态端正，表情自然，重点突出，必要时还应有恰当的肢体语言 | | 5<br>4<br>3<br>2<br>1 |
| 服从性 | 10分 | 在面试过程中随机指派任务，要求应聘者负责完成 | 1.观察其对随机任务的态度（侧重其面部表情及行动速度）<br>2.完成任务的时间及效果 | | 5<br>4<br>3<br>2<br>1 |
| 吃苦耐劳程度 | 10分 | 观察应聘者的衣着打扮（5分） | 衣着朴素，对时尚元素了解较少 | | 5<br>4<br>3<br>2<br>1 |
| | | 调查家庭背景（要求应聘者简单介绍一下家庭及成员情况）（5分） | 家庭经济条件较差，在家庭中承担了许多事务，非独生子女 | | |

八、录取通知书

录取通知书的样例如下：

## 录取通知书

尊敬的_____先生/女士：

经我公司的笔试、面试后，您的学习背景及综合素质让您脱颖而出。我们非常高兴地通知您，欢迎您加盟杭州华恺旅游有限责任公司。您的实习岗位是_____，请您确认以下信息并注意携带相关资料。

（1）请收到本通知书后三天内到您所在的市防疫站体检并办理健康证；体检合格后三天内把三方就业协议填好，加盖学校公章并邮寄至本公司。

（2）报到时间为_____年____月____日（导游管理专业学生可在本学期课程结束后直接到公司报道）。试用期为三个月，期间不得请假或缺勤，如有特殊情况请事先说明。

（3）报到时请携带健康证原件、身份证原件及复印件两张、近期免冠一寸照片两张、所获奖励的原件及复印件一张。

（4）请自行准备日常生活用品（含床上用品）。

（5）请收到录取通知书并且愿意加入本公司的先生/女士，在收到录取通知书一天之内，拨打人力资源部电话给予我们回复意见。

（6）公司地址：××××××××

邮编：310023

联系人：吴小姐

联系电话：0571-8875××××

杭州华恺旅游有限责任公司（盖章）

人力资源部

××××年××月××日

九、辞谢通知书

辞谢通知书的样例如下：

## 辞谢通知书

尊敬的_____先生/女士：

非常感谢您应征本公司人力资源部副经理这一职位，您应征时的良好表现给我们留下了深刻的印象，但由于此次名额有限，因此暂不能录用您，请多见谅。

我们已经将您的有关资料备案至人力资源库半年，如有新的职位空缺，我们会优先考虑您。

再次感谢您对本公司的关注，祝您早日找到理想的职位。

杭州华恺旅游有限责任公司（盖章）

人力资源部

××××年××月××日

**任务实施**

新聚环保新材料股份有限公司这次招聘的人员比较多，说明这是年度招聘计划，所以应使用公司部门招聘需求表、公司年度招聘需求表、公司内部应聘申请表；人员需求确定之后，可以使用应聘人员信息登记表、应聘人员初试测评表、应聘人员复试测评表；人员初步筛选之后，可以使用面试通知书、应聘人员面试评价表；在对应聘人员进行综合评价之后，可以发放录取通知书，或者辞谢通知书。此外，公司还可以根据自己的实际情况，使用自己设计的表格资料。

# ● 任务六　制订招聘计划

**任务导入**

苏州汇历国际医疗科技有限公司位于素有"中国第一工业园"美誉的苏州新加坡工业园区。公司致力于医疗技术等高科技领域的研发、创新及生产制造，产品主要为中高端的外科手术器械，并销往欧洲、美洲等国际市场。公司成立至今，已获得专利授权 300 多项，连续多年被评为"专利大户"，是苏州市培育自主知识产权重点企业及十佳科技创新明星企业之一，并被苏州工业园区确定为 100 家重点支持企业之一。快速的发展使得公司对人员的需求不断加大，公司决定招聘销售经理（北京）、研发总监助理、销售经理（武汉）、预研工程师、技术与临床专员（苏州）、建筑工程项目经理、国际市场营销总监、销售经理（上海）、专利工程师（苏州）、产品结构设计人员（资深设计师、项目经理、设计工程师）若干名，公司人力资源部经理吕俊要求招聘主管谢辉尽快完成这次招聘任务。谢辉接到任务之后，详细了解了公司的招聘政策及这次招聘任务的背景情况，认真制订了招聘计划，并将招聘计划交给公司审批。谢辉是如何制订招聘计划的呢？他会考虑哪些因素呢？

**任务分析**

苏州汇历国际医疗科技有限公司这次招聘的岗位比较多，为了使招聘工作能够有序、有效的开展，谢辉有必要制订一个详细的招聘计划。招聘计划的内容主要包括：招聘的原因和目的，公司的招聘政策和用人理念；各个部门的人员需求清单，各个待聘岗位的任职资格条件；招聘信息发布的渠道，招聘广告的设计；招聘工作的时间安排及地点的选择；招聘工作人员的组成；招聘工作的费用预算；应聘人员的选拔方式；人员录用决策和相关手续的办理；录用人员的薪酬说明等。

**知识支撑**

招聘计划是人力资源部根据用人部门的人员需求信息，结合企业的人力资源规划和工作说明书，在分析一定时期内需要招聘的职务名称、人员数量、任职资格等因素的基础上制订的招聘活动的具体执行方案。

一、制订招聘计划的意义

（1）通过定期或不定期地招聘企业所需要的各类人才，可以为企业的人力资源系统充实新生力量。

（2）实现企业内部人力资源的合理配置。

（3）为企业扩大生产规模及调整生产结构提供人力资源的可靠保证，弥补人力资源的不足。

（4）避免招聘过程中的盲目性和随意性。

二、招聘计划的主要内容

招聘计划一般包括以下内容：

（1）招聘的原因和目的。

（2）人员需求清单，包括招聘的职务名称、人员数量、任职资格等内容。

（3）招聘信息发布的时间和渠道。

（4）招聘小组人选，包括小组人员姓名、职务，以及各自的职责。

（5）应聘者的选拔方案，包括考核的场所、时间、题目设计者姓名等。

（6）招聘的截止日期。

（7）新员工的上岗时间。

（8）招聘成本预算，包括资料费、广告费、招聘会费用等。

（9）招聘工作时间表，应尽可能详细，以方便他人的配合。

（10）招聘广告样稿。

三、招聘计划的样例

招聘计划的样例如下：

### 二〇一五年××市事业单位招聘计划书

一、招聘原则

坚持德才兼备及公开、平等、竞争、择优的用人原则。

二、招聘对象和范围

××市户籍或生源（含其配偶户籍为××市的外地毕业生，不包括户籍为××市集体户口但属于外地生源的毕业生），大专及以上尚未就业的毕业生。

部分岗位不受学历、户籍限制，详见"2015年××市事业单位公开招聘工作人员职位表"（略）。

三、招聘条件

1.遵守《中华人民共和国宪法》，品德好，身体健康，热爱本职工作，具有全面履行本岗位职责的能力。

2.本科及以下学历，年龄在30周岁以下；硕士研究生及以上学历，年龄在35周岁以下。

3.专项计划指标仅限于已在基层服务二年以上的"大学生村官"，以及服务期满的"三支一扶"人员、"支援西部志愿者"报考。已正式派遣过的人员不在招考范围内。

4.有下列情况之一的人员不得应聘：

（1）受过刑事处罚、劳动教养、未成年管教的。

（2）有犯罪嫌疑的。

（3）受党内严重警告及以上处分，或受行政记大过及以上处分，未过处分期的（截至报名日期）。

（4）其他不符合招聘资格条件的。

四、优惠条件

1.具有全日制普通高校硕士研究生学历的毕业生，不受户籍限制。

2.博士研究生不受编制计划限制，免试招聘。

五、招聘程序和方法

（一）报名与资格审查

1.报名时间：2015年8月9日—8月13日（9：00—11：30；14：30—17：30）。

2.报名地点：××市人才市场一楼大厅。

3.应聘人员报名时应持本人身份证、户口本、毕业证、学位证、报到证原件及复印件，外籍配偶还需携带结婚证原件及复印件。报考专项计划的应聘人员还需要提供相关证明材料的原件及复印件。所有应聘人员报名时需要提交一寸近期同底免冠彩色照片4张。

报名费和笔试考务费为100元。特困或低保家庭的毕业生免收报名费和笔试考务费，报名时需要提供家庭所在地的县（市、区）民政部门出具的享受最低生活保障的证明材料和低保证（原件及复印件）。

4.每人只限报考一个部门的一个职位。资格审查由用人单位主管部门负责。

（二）笔试

笔试由××市人力资源和社会保障局统一组织。参加考试的人员于2015年8月29日、30日持报名收据发票和本人身份证到××市人才市场一楼大厅领取准考证，需要代领的还需要携带代领人身份证。具体的考试地点、考试时间及注意事项详见准考证。考试科目为"公共基础知识"和"行政职业能力测验"。本次考试不指定考试用书，不举办也不委托任何单位举办考前培训班。

笔试成绩满分为100分。笔试最低控制分数线由××市人力资源和社会保障局统一确定。

在笔试最低控制分数线及以上的报考人员，根据招聘计划和笔试成绩，分职位按不高于3∶1的比例确定进入面试的人选，比例内末位笔试成绩并列的人员都可以进入面试。

笔试成绩及进入面试人员的名单将在××市人事人才网上进行公示。

（三）面试

面试采取结构化面试的办法进行，满分为100分。面试工作由××市人力资源和社会保障局统一实施。

综合成绩＝笔试成绩×50%＋面试成绩×50%

根据综合成绩由高到低按报考职位1∶1的比例确定体检人员。综合成绩出现并列时，学历高者优先；学历相同时，笔试成绩高者优先。

（四）体检、考核

体检由××市人力资源和社会保障局统一组织，并参照《公务员录用体检通用标准》执行。考核由××市人力资源和社会保障局统一进行，主要考查拟聘人员的政治思想表现、道德品质、业务能力、工作成绩等情况。

体检、考核出现不合格者时，按照报考职位的综合成绩由高分到低分依次递补。综合成绩出现并列时，学历高者优先递补；学历相同时，笔试成绩高者优先递补。

（五）公示

根据综合成绩和体检、考核情况，确定拟聘人选，拟聘人员名单将在××市人事人才网上进行公示，公示期为7天。公示期满后，为符合聘用条件者办理聘用手续。

凡在规定的时间内，未领取有关通知，或未按时参加笔试、面试、体检、考核，或未按时报到的，均视为自动放弃招聘资格。对弄虚作假和违反考试招聘纪律的报考人员，一律取消考试和招聘资格。

（六）聘用

经公示无异议的拟聘用人员需填写"××市事业单位公开招聘工作人员审批表"，并与用人单位签订聘用合同，办理相关手续。试用期为6个月，试用期内考核不合格者终止聘用，并报××市人力资源和社会保障局备案。

六、招聘职位及条件

招聘职位及条件详见"2015年××市事业单位公开招聘工作人员职位表"（略）。

七、招聘查询

招聘单位、招聘职位及条件、考试成绩、体检等情况的查询，请登录××市人事人才网，网址为××××××，咨询电话为×××××××。

在招聘工作中，如有营私舞弊、弄虚作假等问题，经查证属实，一律严肃处理。

监督电话：×××××××。

××市人力资源和社会保障局

二〇一五年××月××日

**任务实施**

制订招聘计划要考虑众多的影响因素，具体步骤如下：

第一步，明确公司招聘的原因和目的，熟悉公司的招聘政策和用人理念。

第二步，收集各个部门的用人信息及各个待聘岗位的任职资格，编制招聘需求表。

第三步，选择恰当的招聘信息发布渠道，进行合理的招聘广告设计。

第四步，做好招聘工作的时间安排和地点选择。

第五步，确定公司招聘工作人员的组成，做好分工工作。

第六步，编制招聘成本预算，控制好企业的招聘成本，争取用较少的成本招聘到有价值的人员。

第七步，认真做好应聘人员的甄选工作，使用适当的甄选工具，为公司找到合适的人才。

第八步，进行录用决策，做好相关手续的办理工作。

第九步，做好新员工的入职安排工作，使新员工能够尽快适应。

第十步，进行其他特别事项的工作说明和安排。

# 知识题

1. 招聘时间的选择应该考虑哪些因素？

2. 影响招聘需求确定的因素有哪些？你是如何认识的？

3. 招聘需求确定的具体步骤有哪些？

4. 内部招聘与外部招聘各有哪些优缺点？

5. 招聘成本由哪些方面构成？

6. 招聘工作所需的表格资料一般有哪些？

7. 制订招聘计划的意义是什么？招聘计划的主要内容包括哪些？

# 案例题

特变电工英创变压器有限公司是特变电工股份有限公司的控股公司。公司始建于

1951年，经过几十年的发展，现已成为中国输变电行业制造超、特高压及大容量变压器类产品的核心骨干企业，并掌握了特高压交直流输电技术，以及大型水电、火电、核电主机的安装调试技术。公司年产能现已超过 80 000MVA，产品范围覆盖 10KV～1 000KV 全系列变压器。公司主要客户包括中国国家电网、南方电网及五大发电集团，公司产品广泛应用于我国大型水电、火电、核电、风电、铁路、石化、抽水蓄能等领域。由于业务发展，公司需要在衡阳和长沙等地招聘大量的工作人员，包括销售经理、工程造价师、工程监理师、国际物流经理、成套项目经理、海外业务经理、智能变研发高级工程师、变压器设计高级工程师、招标管理员等岗位的工作人员，招聘对象包括2015届毕业生（硕士/博士）、退役军人、焊工等。公司人力资源部经理认为，这次招聘缺少相关的招聘计划，并且应届毕业生非常多，将应届毕业生的招聘与社会人员的招聘放在一起操作，会带来招聘成本的问题，这是公司招聘团队没有做好招聘准备工作的一种表现，这样的做法肯定会影响招聘的成效。因此，人力资源部经理要求招聘主管于宁认真对待这次招聘工作，做好招聘计划。

问题：

1.于宁应该如何进行招聘需求的确定？

2.于宁应该如何选择招聘时间和地点？

3.为了确保招聘工作的有效性，于宁应该怎样做好招聘计划？

分析提示：

由于特变电工英创变压器有限公司这次在长沙和衡阳等地招聘的人员数目比较庞大，所以人力资源部招聘主管于宁面对的工作任务是繁重的。首先，必须了解公司此次招聘的目的和政策，公司以往的企业文化及用人理念等。其次，招聘这么多的人员，一定要清楚招聘岗位的数量和每个岗位的任职资格。再次，按地区及岗位类型分别选择招聘渠道、招聘地点。例如，对于2015届毕业生（硕士/博士），公司可以采用校园招聘的方式，从而比较集中地招到公司所需的人才；对于成套项目经理、海外业务经理、智能变研发高级工程师等岗位的工作人员，公司可以通过猎头公司或一些知名的招聘网站，在全国范围内进行选聘。最后，做出周详的招聘计划。

# 实训题

实训项目1：招聘需求表设计比赛

实训目的：通过对招聘需求表设计的练习，使人力资源管理专业学生熟悉和掌握招聘需求表的主要构成要素，熟悉招聘需求表的编制，进一步训练其表格设计的能力。

实训步骤：

步骤一：以小组为单位，小组成员分工合作，收集一家公司的背景信息。

步骤二：复习招聘需求表的主要构成要素（见表2-8和表2-9）。

步骤三：小组模拟人力资源部的工作人员，根据公司的具体信息，设计制作公司某部门的招聘需求表和某具体岗位的招聘需求表。

步骤四：各小组的招聘需求表制作完毕之后，进行小组交流与讨论，对每个小组的作品进行评价，选出大家认可的作品，并对该小组进行奖励。

实训成果：

形成规范的招聘需求表。

实训项目2：应聘人员初试测评表设计比赛

实训目的：通过对应聘人员初试测评表设计的练习，使人力资源管理专业学生熟悉和掌握应聘人员初试测评表的主要构成要素，熟悉应聘人员初试测评表的编排，进一步训练其表格设计的能力。

实训步骤：

步骤一：以小组为单位，小组成员分工合作，收集一家公司的背景信息。

步骤二：复习应聘人员初试测评表的主要构成要素（见表2-13）。

步骤三：小组模拟人力资源部的工作人员，根据公司的具体信息，设计制作应聘人员初试测评表。

步骤四：各小组的应聘人员初试测评表制作完毕之后，进行小组交流与讨论，对每个小组的作品进行评价，选出大家认可的作品，并对该小组进行奖励。

实训成果：

形成规范的应聘人员初试测评表。

实训项目3：应聘人员面试评价表设计比赛

实训目的：通过对应聘人员面试评价表设计的练习，使人力资源管理专业学生熟悉和掌握应聘人员面试评价表的主要构成要素，熟悉应聘人员面试评价表的编排，进一步训练其表格设计的能力。

实训步骤：

步骤一：以小组为单位，小组成员分工合作，收集一家公司的背景信息。

步骤二：复习应聘人员面试评价表的主要构成要素（见表2-15、表2-16和表2-17）。

步骤三：小组模拟人力资源部的工作人员，根据公司的具体信息，设计制作应聘人员面试评价表。

步骤四：各小组的应聘人员面试评价表制作完毕之后，进行小组交流与讨论，对每个小组的作品进行评价，选出大家认可的作品，并对该小组进行奖励。

实训成果：

形成规范的应聘人员面试评价表。

实训项目4：公司内部应聘申请表设计比赛

实训目的：通过对公司内部应聘申请表设计的练习，使人力资源管理专业学生熟悉和掌握公司内部应聘申请表的主要构成要素，熟悉公司内部应聘申请表的编排，进一步训练其表格设计的能力。

实训步骤：

步骤一：以小组为单位，小组成员分工合作，收集一家公司的背景信息。

步骤二：复习公司内部应聘申请表的主要构成要素（见表2-12）。

步骤三：小组模拟人力资源部的工作人员，根据公司的具体信息，设计制作公司内部应聘申请表。

步骤四：各小组的公司内部应聘申请表制作完毕之后，进行小组交流与讨论，对每个小组的作品进行评价，选出大家认可的作品，并对该小组进行奖励。

实训成果：

形成规范的公司内部应聘申请表。


实训项目5：招聘计划的制订

实训目的：通过对招聘计划制订的练习，使人力资源管理专业学生熟悉招聘时间和地点的选择，熟悉招聘所需的表格资料，熟悉招聘计划制订的基本技巧和要领。

实训步骤：

步骤一：以小组为单位，选择一家公司作为调查对象，调查该公司招聘计划制订的情况，并为该公司制订一份招聘计划。

步骤二：小组成员分工合作，招聘计划制订的每个环节都应有具体的负责人。

步骤三：做好调查计划，收集公司的相关资料，列出调查提纲。

步骤四：做好调查记录，整理相关资料，形成招聘计划初稿。

步骤五：修改招聘计划初稿，形成正式的招聘计划。

实训成果：

制订一份规范的招聘计划。

实　施　篇

# 招募工作

## 知识目标

　　熟悉招募工作可以采用的策略；掌握招募信息发布的方式；掌握招募广告设计的技巧；掌握招募信息库建立与管理的基本技巧；了解校园招聘。

## 能力目标

　　能够进行招募工作的准备、招募信息的发布、招募广告的设计、招募信息库的建立与管理；能够组织校园招聘。

## ● 任务一　招募工作的准备

**任务导入**

　　万里达集团有限公司创立于1984年，是一家以研发、制造及销售电子信息产品为主的国家重点高新技术企业。公司共有员工两万多名，现已形成消费电子、计算机、移动通信、小家电、新能源和教育电子六大支柱产业，产业布局合理，制造能力与制造水平不断提高，是中国电子信息百强企业和全国首批创新型企业之一。除了厦门万里达集团大厦和深圳万里达科技大厦两大研发及运营中心之外，公司还在福建和深圳建有4个大型生产基地，并且形成了包括电池、模具、注塑、喷涂、五金等在内的完善的自我配套体系。随着公司的快速发展，公司需要招聘市场推广员20名、前台文员3名、嵌入式软件工程师14名、中文说明书编译2名、大区域经理1名。公司招聘主管张乐接到招聘任务后，通过对这次招募工作特点的分析，做出了以下安排：市场推广员、嵌入式软件工程师的招聘人数比较多，可以通过人才市场招聘会，以及在知名招聘网站刊登招聘广告等方式进行招募；对于大区域经理，可以通过猎头公司协助解决问题；至于前台文员和中文说明书编译，可以在公司内部进行人员的调整。你觉得张乐对招募工作的安排合理吗？你能为张乐提供更好的建议吗？

**任务分析**

　　万里达集团有限公司是一家国家重点高新技术企业，公司的快速发展使得公司对人力资源的需求也急速扩大。负责此项工作的小张认为：要做好招募工作，首先要有一个好的招聘计划，招聘计划是进行招聘的基础；其次，要有明晰的招聘需求表和任职资格说明，要告诉潜在的应聘人员，公司招聘的是什么职位，需要的是什么样的人员；最后，要进行招募策略的选择，即确定招募的渠道、时间、地点、工作人员，以及设计招募广告、建立招募信息库等。公司要将招募信息尽可能地传达给有兴趣的应聘人群，这样才能保证有足够的应聘人员供公司挑选。

**知识支撑**

一、招聘计划的制订

招聘计划是进行招募工作的具体行动方案，有关招聘计划的制订，我们在"基础篇"的项目二中已经叙述，请参考相关的内容。

二、招募策略的确定

步骤一：明确招聘需求及相关招聘条件。

步骤二：一是招募工作人员的确定，包括招募工作人员的来源及特点。招募工作人员应对工作充满热情，公正公平，懂得法律，品德高尚，举止儒雅，具有一定的专业知识。二是招募时间的确定，包括招募时机的选择，以及招募过程所需的时间。三是招募地点的确定。招募地点的选择应遵循就近原则以节省成本，选择的地点应相对固定。四是招募方式的选择，包括内部招聘和外部招聘。五是招募宣传策略的确定。

步骤三：招募渠道的确定。

步骤四：招募广告的设计和发布媒体的选择。

步骤五：招募信息库的建立与管理。

**任务实施**

为了完成此次招募工作，张乐可以从以下几个方面做好相关的准备：

第一步，明确招聘目的和相关招聘原则。

第二步，明确招聘需求及相关任职资格。

招聘需求及相关任职资格表见表3-1。

第三步，招募工作人员的确定。

万里达集团有限公司此次招募工作人员的名单如下：

组长：杨育冰（公司人力资源部经理）

副组长：李力（公司综合部部长）

成员：刘舟（研究开发部经理）

蒋铭（销售部经理）

陈立乐（行政管理部经理）

赵雯（人力资源部招聘助理）

张乐（人力资源部招聘主管）

其中，杨育冰对此次招聘活动全面负责；刘舟、蒋铭、陈立乐主要负责面试、录用工作；赵雯具体负责应聘人员的接待、应聘资料的整理；张乐具体负责招募信息的发布以及安排面试、笔试等。

第四步，招募时间的确定。

万里达集团有限公司此次招募工作的具体时间安排如下：

表3-1 招聘需求及相关任职资格表

| 岗位名称 | 人员数量 | 工作地点 | 任职资格 |
|---|---|---|---|
| 中文说明书编译 | 2名 | 厦门 | 1.逻辑思维清晰，语言组织能力强，细心，有耐心<br>2.熟悉Office软件，对Photoshop、CDR等软件有所了解<br>3.有一定的英语基础（通过大学英语四级考试及以上者优先）<br>4.具有大专及以上学历<br>5.女性优先 |
| 市场推广员 | 20名 | 厦门 | 1.具有高中及以上学历，学校不限，专业不限<br>2.具有良好的语言表达能力和沟通能力<br>3.性格开朗，责任心强，吃苦耐劳 |
| 前台文员 | 3名 | 深圳 | 1.具有良好的沟通能力及亲和力，待人热情大方<br>2.工作认真、主动、勤奋、效率高<br>3.具有团队合作精神 |
| 嵌入式软件工程师 | 14名 | 厦门 | 1.具有本科及以上学历，电力电子、电气工程、自动控制、计算机或相关专业毕业<br>2.能够熟练使用TI系列DSP，熟悉51、ARM单片机的基本使用方法<br>3.熟悉RS232/485、CAN通讯，熟悉Modbus、Profibus、DeviceNet<br>4.具有大功率电源方面的专业基础知识，具备独立完成产品子项目的设计及开发的能力<br>5.具有两年以上嵌入式系统开发经验，或者PC应用程序、系统控制程序开发经验 |
| 大区域经理 | 1名 | 深圳 | 1.具有本科学历，毕业5年以上<br>2.具有ERP行业中大型项目直销两年以上的工作经验，并且业绩良好<br>3.对SAP、Oracle、用友、金蝶等公司的竞争要点有较好的理解<br>4.具有一定的管理基础和领导经验，对客户决策层具有较强的说服力 |

4月15日，撰写招募广告。

4月16日，进行招募广告的版面设计。

4月17日，与报社、网站进行联系。

4月18日，联系刊登招募广告。

5月1日—5月15日，接待应聘者，整理应聘资料，对应聘资料进行筛选。

5月16日，通知应聘者参加笔试。

5月17日，进行中文说明书编译、市场推广员、前台文员的笔试。

5月19日，进行嵌入式软件工程师、大区域经理的笔试。

5月20日，进行中文说明书编译、市场推广员、前台文员的复试。

5月21日，进行嵌入式软件工程师、大区域经理的复试。

5月23日，录用决策。

5月24日，向通过复试的人员发放录取通知书。

6月11日—6月15日，新员工入职教育培训。

6月16日，新员工正式上班。

第五步，招募地点的确定。

招募地点的选择应遵循就近原则。由于此次招聘岗位的工作地点是在厦门和深圳，因此招募地点确定在厦门和深圳。当然，大区域经理和嵌入式软件工程师的招聘可以适当扩大选择区域。

第六步，招募渠道的确定。

万里达集团有限公司此次招聘的大多数岗位采用外部招聘的方式，只有前台文员及中文说明书编译岗位考虑采用公司内部人员岗位调整的方式。

第七步，招聘费用预算的编制。

张乐对这次招聘的成本做了相关预算，共计××元。其中，广告费为××元；招聘工作人员补助费为××元；会议费为××元。

第八步，招募广告的设计和发布媒体的选择。

招募广告的设计一般应遵循"注意–兴趣–愿望–行动–记忆"的AIDAM原则。

万里达集团有限公司招募广告发布媒体的选择如下：厦门日报刊登招募广告；厦门晚报刊登招募广告；本公司网站发布招募信息，网址为 www.wanlida.com.cn；××人才招聘网发布招募信息。

第九步，招募信息库的建立与管理。

在招募过程中，企业会得到大量的人事信息，许多企业都会建立一个招募信息库，并将这个招募信息库作为企业人力资源管理系统的一个组成部分。招募信息库主要收集招聘需求、招聘计划、未录用人员、录用人员等方面的信息。

# ● 任务二　招募信息的发布

**任务导入**

张乐对公司的招聘需求进行了归纳整理。公司这次共需要招聘40名员工，其中市场推广员20名，前台文员3名，嵌入式软件工程师14名，中文说明书编译2名，大区域经理1名。这些岗位的工作性质大不相同，没有办法按统一的标准进行招聘。张乐认真查阅了各个岗位的工作说明书，并参考了公司有关的招聘制度和文件，觉得应该采用不同的方式将公司的招募信息发布出去，但是应该如何操作呢？

**任务分析**

张乐考虑问题的思路是正确的。对于一个大公司而言，不仅人员需求数量大，而且所需岗位的种类繁多，如果全部采用一种方式进行招聘，肯定会出现困局，所以对于不同性质的岗位应该采用不同的手段和渠道进行人员的招聘。一般情况下，前台文员、中文说明书编译这些岗位可以考虑采用内部人员岗位调整的方式解决人员空缺，而其他岗位人员的需求量较大，公司内部基本没有可能解决这么多人员的缺口，所以还需要考虑外部招聘的方式，如人才市场招聘、校园招聘、网络招聘等。因此，张乐应尽快把公司的招募信息通过适当的方式传递给公司内外对此感兴趣的人员，从而为公司招募到合适的应聘人员。

**知识支撑**

一、采用内部招聘方式的信息发布

1.招募信息的内容

招募信息的内容包括以下几个方面：

（1）招聘岗位、人数。

（2）岗位相关信息，包括岗位说明、任职资格等。

（3）招募工作的整个流程。

（4）报名方式、报名起止时间、联络方式等。

2.发布方式

发布方式包括以下三种：

（1）利用公司的各种宣传栏来发布信息。

（2）利用公司网站来发布信息。

（3）利用公司其他沟通渠道来发布信息。

二、采用外部招聘方式的信息发布

1.校园招聘和人才市场招聘

校园招聘和人才市场招聘可以采用发放宣传彩页和播放宣传片的形式发布信息。

（1）宣传彩页的内容包括公司简介、招聘职位、岗位描述、专业要求、公司网址、邮箱、传真等。

（2）宣传片的内容包括公司的历史、规模、产品、主营业务、基础设施、宗旨、用人机制、内部管理组织机构、发展前景、科研能力、文化等。

2.网络招聘

通过网络发布的招募信息的内容可以包括以下几个方面：

（1）公司简介。

（2）招聘职位及其相关信息。

（3）截止时间。

（4）联系方式。

**任务实施**

对于招募信息的发布，张乐可以从两个方面来做：一是公司对内发布人员需求信息；二是公司对外发布人员需求信息。

第一步，公司对内发布人员需求信息。

招聘助理和招聘主管要将招聘职位、人数、岗位相关信息（包括岗位描述、任职资格）、报名方式、报名起止时间、联络方式等内容以适当的方式发布，具体可以利用公司的各种宣传栏来发布信息，也可以利用公司网站来发布信息，还可以利用公司其他沟通渠道来发布信息。

第二步，公司对外发布人员需求信息。

在此次招聘中，市场推广员、嵌入式软件工程师、大区域经理岗位都采用外部招聘的方式进行。具体的信息发布方式为：厦门日报刊登招募广告；厦门晚报刊登招募广告；本公司网站发布招募信息，网址为www.wanlida.com.cn；××人才招聘网发布招募信息等。

# ● 任务三  招募广告的设计

**任务导入**

根据公司的招募策略，由于公司的大多数岗位都是采用外部招聘的方式进行，而外部招募信息发布的常用手段是广告宣传，因此招募广告的设计就显得尤为重要。那么，招募广告应如何设计呢？招募广告的设计应该遵循什么原则呢？招募广告在设计时应该注意哪些事项呢？张乐有点把握不好。

**任务分析**

张乐采用招募广告的方式发布公司的招募信息，是一项明智之举。招募广告是用人单位为填补空缺岗位人员而使用的一种最普遍、最广泛的方法。招募广告的受众范围十分广泛，涉及现实的求职人员、潜在的求职人员、外部客户、社会公众，以及一些与公司有间接关系的人员等。因此，招募广告的设计必须能够充分体现公司的形象。

**知识支撑**

一、设计招募广告的目的

设计招募广告的目的有两个：一是吸引合适的应聘人员；二是宣传企业的价值观，展示企业的风貌，树立企业良好的社会形象。

二、招募广告设计的原则

一份好的招募广告要能够吸引应聘者的注意，使他们对招募广告的内容产生浓厚的兴趣，激发他们申请空缺岗位的愿望，促使他们尽快采取实际行动，并给他们留下深刻的印象。

一般而言，招募广告的设计应该遵循"注意-兴趣-愿望-行动-记忆"的 AIDAM 原则。

A——能够吸引应聘者的注意。

I ——能够激发应聘者的兴趣。

D——能够激发应聘者申请空缺岗位的愿望。

A——能够促使应聘者尽快递交应聘申请表。

M——能够给应聘者留下深刻的印象。

三、招募广告设计的注意事项

1.真实

招聘单位必须保证招募广告内容的客观、真实，并且要对虚假广告承担法律责任。

2.合法

招募广告中出现的信息要符合国家及地方的法律、法规及政策，尤其是相关劳动法规的要求。

3.简洁

招募广告应简明扼要，能够突出招聘岗位的名称、任职资格、工作职责、工作条件、薪资水平、福利待遇等重点内容。

四、招募广告的内容及样例

1.招募广告的内容

招募广告的内容一般包括以下几个方面：

（1）标题与标志。

（2）招聘单位简介。

（3）招聘岗位情况。

（4）岗位任职资格。

（5）招聘单位人事政策。

（6）应聘材料须知。

（7）联系方式。

2.招募广告的样例

招募广告的样例如下所示：

**××电工（中国）有限公司招聘广告**

公司简介：

××电工（中国）有限公司是全部承担日本××电工在华投资的"投资性公司"。公司成立于1997年，注册资本为5 000万美金。2015年3月，公司开始全面销售公司生产的产品，并以大连、北京、青岛、苏州、上海、厦门、广州、深圳为生产基地，投资建厂15个。

××电工（中国）有限公司经销的产品涉及家用电器、照明灯具、信息装置、住宅设备、电子材料、控制装置等领域，并建立了以北京、上海、广州、沈阳、大连、成都、深圳七大地区为中心的营销网络。今后，公司将加大力度引进新技术，开发新产品，开拓新市场，以实现硬件、软件与服务的一体化。

招聘职位：照明渠道销售代表

职位描述：高效照明推广项目（华北地区）；政府相关部门关系维护或商超渠道开发

工作地点：北京

工作所属类型：市场营销/销售

招聘人数：1人

任职资格：具有营销专业基本知识及照明专业相关知识；具有一年以上工作经验

联系方式：×××××××

**任务实施**

招募信息的传递是外部招聘的重要环节，招募广告的设计就是要吸引有兴趣的应聘人员参与公司的招聘活动，从而使公司能够招聘到合适的员工。因此，公司招募广告的设计应体现"注意-兴趣-愿望-行动-记忆"的AIDAM原则，注意招募广告的真实、合法、简洁。

# ● 任务四　招募信息库的建立与管理

**任务导入**

招聘主管张乐在一个星期内就收到了100多份应聘申请表，而处理这些应聘申请表需要花费大量的人力和物力。因此，张乐不得不考虑如何在较短的时间内高质量地完成公司的招聘任务。公司近期引进的人力资源管理系统能够帮助公司较好地处理人力资源信息，提高工作效率，所以张乐决定要自己建立一个具有公司特色的招募信息库，以便于以后公司招募工作的开展。张乐对自己的这个想法暗自叫好，可是真正落实起来时，他又遇到了困难。到底招募信息库是一个什么样的系统呢？如何进行招募信息库的管理呢？

**任务分析**

公司现有的人力资源管理系统是一个可供参考的工具，张乐可以根据人力资源管理系统中的栏目建立招募信息库的基本框架，至于招募信息库的具体内容则需要进行多方面的考虑。一般情况下，招募信息库的内容包括：招聘需求信息、招聘计划信息、未录用人员信息和录用人员信息等。招募信息库运行以后，还要进行有效的管理，这样才能使招募信息库发挥其应有的作用。

**知识支撑**

招募工作会产生大量的资料信息，如岗位体系、工作说明书、招聘需求信息、招聘计划信息、应聘人员信息、录用人员信息等。为了及时、有效地利用和管理这些信息，越来越多的企业建立了招募信息库，并将招募信息库作为企业人力资源管理系统的一个组成部分。

一、招募信息库的内容

1.招聘需求信息

招聘需求信息包括各个部门提交的招聘需求表、企业招聘需求汇总表、岗位与人员核定表、招聘计划等。

2.招聘计划信息

招聘计划信息包括招聘小组成员、招聘渠道的选择、招聘成本预算、甄选方案、招聘时间等。

3.未录用人员信息

未录用人员信息包括未录用人员的应聘申请表、个人简历、个人证明材料、面试和笔试及其他测试的资料等。通过建立未录用人员信息库，企业以后一旦有类似需求，就可以直接从信息库中调用这些未录用人员的信息。

4.录用人员信息

录用人员信息包括录用人员的应聘申请表、个人简历、个人证明材料或鉴定材料，以及面试资料、笔试资料、其他测试资料、背景调查与体检资料、获奖证书、资格证书、录用决策信息、录用通知、劳动合同信息等。

二、招募信息库的管理

1.招募信息的采集与更新

由于公司的招募工作是不断变化的，因此人力资源管理部门要通过各种渠道，运用各种方法，采集到公司各部门新的人员需求信息，并及时输入招募信息库。各部门人员的需求信息最好使用电子版形式；如果不是电子版形式，应尽可能地利用扫描仪将原始数据输入计算机，以避免人为的输入错误。

2.招募信息的整理

招募信息的整理是一项细致的工作，要求信息资料完整真实，并且使用方便。一般而言，招募信息的整理可按照一定的规则、方法和程序，对收集到的相关信息资料进行归类、排列、登记、分析处理，使整个招募信息系统化、条理化、规范化，以达到"完整、真实、准确、实用"的要求。

3.招募信息的保管

招募信息的保管工作包括信息的编号、存放、接收、转移及登记处理、检查和保密等。

此外，为了使招募信息的保管工作做到规范化、科学化，企业还需要制定一系列的规章制度，如材料的归档制度、检查与核对制度、查阅制度、传递制度、保密制度等。对于这些规章制度，企业应根据实际情况不断进行调整、完善，并确保严格执行。

**任务实施**

对于招募信息库，张乐可以从建立和管理两个方面着手，其具体步骤如下：

第一步，收集招募过程中各个方面的信息。

一是招聘需求信息，包括各个部门提交的招聘需求表（见表3-2）、公司招聘需求汇总表、岗位与人员核定表等。

表3-2　　　　　　　　　　　　　　　　招聘需求表

| 申请部门 | | | 部门经理 | | | |
|---|---|---|---|---|---|---|
| 申请原因 | □员工辞退　　□员工离职　　□新增业务　　□新设部门　　□其他 | | | | | |
| | 说明 | | | | | |
| | 职务名称 | 工作描述 | 所需人数 | 最迟上岗日期 | 任职条件 | |
| | 职位1 | | | | 专业知识 | |
| | | | | | 工作经验 | |
| | | | | | 工作技能 | |
| | | | | | 其他 | |
| | 职位2 | | | | 专业知识 | |
| | | | | | 工作经验 | |
| | | | | | 工作技能 | |
| | | | | | 其他 | |
| 合计 | 人 | | | | | |
| 薪酬标准 | 职位1 | 基本工资 | | 其他待遇 | | |
| | 职位2 | 基本工资 | | 其他待遇 | | |
| 部门经理意见 | | | | 签字：<br>　　年　　月　　日 | | |
| 人力资源部意见 | | | | 签字：<br>　　年　　月　　日 | | |
| 总经理意见 | | | | 签字：<br>　　年　　月　　日 | | |

二是应聘者信息。应聘人员信息登记表是用来收集应聘人员信息并快速筛选应聘人员的一种重要工具。应聘人员信息登记表的格式可以根据公司情况自行设计，见表3-3。

表3-3　　　　　　　　　　　　　应聘人员信息登记表

编号：

| 姓　名 | | 性　别 | | 应聘职位 | | |
|---|---|---|---|---|---|---|
| 出生日期/年龄 | | 民　族 | | 婚姻状况 | | 照　片 |
| 最高学历 | | 学　制 | | 所学专业 | | |
| 毕业学校 | | 毕业时间 | | | | |
| 户口所在地 | | 省　　市/县 | | 持有何种证书 | | |
| 身份证号码 | | 外语水平 | | 政治面貌 | | |
| 现居住地址 | | 计算机水平 | | 身　高 | | |
| 联系电话 | | 何时可参加 | | 体　重 | | |
| 目前状况 | □在校生　　□失业/待业　　□兼职　　□其他（请注明）： | | | | | |

| 家庭成员 | 称　谓 | 姓　名 | 工作单位 | 职　务 | 电　话 |
|---|---|---|---|---|---|
| | | | | | |
| | | | | | |
| | | | | | |
| | | | | | |

| 紧急联系人及与本人关系 | |
|---|---|

社会关系

| 姓　名 | 性　别 | 与本人关系 | 工作单位（从事职业） | 职　务 |
|---|---|---|---|---|
| | | | | |
| | | | | |

学习和工作经历（时间由远到近，从高中学历开始填写）

| 起止时间 | 单位名称 | 部　门 | 职　务 | 主要学习/工作范围 |
|---|---|---|---|---|
| | | | | |
| | | | | |
| | | | | |
| | | | | |

| 奖惩情况 | |
|---|---|
| 特长爱好 | |
| 健康状况 | 是否有重大疾病/手术记录　□否　□是　病名（请注明）： |

| 薪酬要求 | 现月实际工资收入： | 其他说明 | |
| | 期望月收入： | | |

| 诚信声明 | 如有直系亲属、配偶、兄弟姐妹在本公司工作，请填写下边各栏： |
| | 姓名： |
| | 所在部门： |
| | 与本人关系： |

诚信声明

　　本人仔细阅读了登记表的所有栏目，并根据自身情况如实进行了填报。本人承诺：本人所填报的全部内容及所附证明文件，均真实和有效，没有刻意隐瞒或遗漏任何影响招聘录用的重大事项。

　　如果因本人提供的信息、文件和资料不实或不全，导致招聘单位做出了错误的判断，由此引发的一切后果，包括法律责任，完全由本人承担。

　　　　签名：　　　　　　　日期：

公司声明

　　我们将在收到本登记表后尽快给您答复，十分感谢您对本公司工作的认可和支持。无论您的申请是否被接受，本公司承诺对该登记表中的一切材料保密，仅做公司储备之用。

面试记录

是否录用：　□是　□否

　　　　　　　　　　　　　　　　　　　　　　　　签字：

　　　　　　　　　　　　　　　　　　　　　　年　　　月　　　日

　　三是招聘计划信息，包括招聘工作小组成员、招聘渠道的选择、招聘成本预算、甄选方案、招聘时间等。具体内容详见任务一的"任务实施"。

　　四是未录用人员信息，包括未录用人员的应聘申请表、个人简历、个人证明材料、面试和笔试及其他测试的资料等。

　　五是录用人员信息，包括录用人员的应聘申请表、个人简历、个人证明材料或鉴定材料，以及面试资料、笔试资料、其他测试资料、背景调查与体检资料、获奖证书、资格证书、录用决策信息、录用通知、劳动合同信息等。

　　第二步，招募信息的整理。

　　招募信息的整理即按照一定的规则、方法和程序，对收集到的相关信息资料进行归类、排列、登记、分析处理，使之系统化、规范化、条理化，以达到"完整、真实、准确、实用"的要求。

　　第三步，招募信息的保管及更新。

　　招募信息的保管工作主要是信息的编号、存放、接收、转移及登记处理、检查和保密等。此外，为了使招募信息的保管工作做到规范化、科学化，公司还需要制定一系列的规章制度，如材料的归档制度、检查与核对制度、查阅制度、传递制度、保密制度等。随着招募信息的逐渐增加，公司还需要对招募信息库进行及时更新。

# ● 任务五　校园招聘

**任务导入**

某市某公路工程公司始创于20世纪80年代，是隶属于国资委下市交通投资集团的有限公司，也是目前省里大型的公路、桥梁机械化施工企业之一，从事公路、桥梁、市政、构件预制等项目的施工和高速公路养护、保洁业务，具有公路工程施工总承包一级资质，具有公路路基、公路路面、桥梁工程专业承包一级资质及市政公用工程施工总承包一级资质。公司实行"三级管理"，本部设市场部、建设管理部、信息技术部、财务部、监审部和办公室6个部门，并设有第一分公司、第二分公司和养护分公司。公司参与了多条高速公路，国、省道的建设、维修工程工作。公司连续5年被市工商行政管理局评为"守合同重信用"企业。展望"十三五"，公司将进一步发展壮大，推动战略转型，加强创新力度，积极推进结构调整，提升企业竞争能力。为此，公司计划开展大规模的"2016年校园招聘活动"，即要在全国招聘一批应届大学毕业生。根据公司的招聘策略，公司将在我国多所院校开展校园招聘活动，公司负责校园招聘的招聘专员陈晨接到任务以后，深感压力较大。在这么短时间里要完成多所校园招聘工作，陈晨应该如何操作呢？在校园招聘中陈晨应该制定什么样的工作流程，才能高效完成任务，同时又应该注意哪些事项呢？陈晨觉得有必要做个周密的计划。

**任务分析**

校园招聘是现在许多用人单位为填补空缺岗位人员或者是储备人才而使用的一种最普遍、最广泛的招聘方法，尤其是在用人单位人员需求数量比较庞大、岗位门类比较复杂、要求员工素质比较高的情况下，采用校园招聘是明智之举。但是，在短时间内，要在多所院校进行校园招聘也非一件易事，确实需要陈晨做好详尽的准备工作。陈晨可以根据公司的招募策略、招聘岗位的情况，校园招聘的时机等方面，确定需要进驻的院校，再依据校园招聘的流程做好校园招聘的准备工作，力争用较小的成本招聘到公司需要的毕业生。

**知识支撑**

一、校园招聘的目的

校园招聘的目的有两个：一是吸引合适的学生来企业应聘；二是宣传企业的价值观，展示企业的风貌，树立企业良好的社会形象。

二、校园招聘的流程

企业直接去校园进行招聘，整个过程大致可分为3个阶段：第一阶段是准备阶段；第二阶段是招聘实施阶段；第三阶段是应届毕业生接收与跟踪阶段。

第一阶段：准备阶段

此阶段的主要工作有确定招聘职位和人数、成立招聘小组、联系招聘学校、准备相关资料。

（1）确定招聘职位和人数：这是招聘应届毕业生的前提，就是确定要招哪些职位的储备人才，要招多少名。只有明确了招聘需求，才能确定去哪些院校招聘，招聘哪些专业的学生。

（2）成立招聘小组：招聘小组最好由人力资源部经理负责，甚至可以由主管人力资源的副总负责。不要以为招聘应届毕业生相对比较容易而不重视，如果安排一个刚毕业两三年的招聘专员负责面试，学生们会认为企业不重视招聘工作，甚至会认为企业不重视人才，而对其打了低分。招聘小组主要职责是准备招聘前期资料、制订招聘计划和制定招聘政策、招聘实施等。

（3）联系招聘学校：招聘小组根据公司批准的招聘计划、历年接收的各院校应届毕业生情况、本年度各院校生源状况和各校往年毕业生在企业的表现等情况，选定相应的高校。在招聘工作具体实施前，招聘小组将招聘计划发送给各高校的毕业生分配办公室，并与学校保持联系。

（4）准备相关资料：包括制定招聘政策（包括招聘整体实施、招聘纪律、招聘经费等）、明确小组内部分工、准备面试相关的表格、准备企业宣传资料等。

第二阶段：招聘实施阶段

此阶段的主要工作有发布招聘信息、收集和筛选应聘资料、测试与面试、录用。

（1）发布招聘信息：通常招聘信息的发布方式包括以下三种，供招聘人员选择：

在公司网站（包括各子公司网站）和校园网站上发布招聘信息，介绍公司本年度对应届毕业生的需求、用人标准、招聘程序、人力资源政策以及应聘方式等。

在校园内部张贴海报，进行宣传。

在校园举办招聘推介会，加强应届毕业生对公司的感性认识，并树立良好的公司形象，吸引潜在的应聘者（在校生）。招聘推介会所用资料，事先由公司统一制作，在推介会上进行演讲的人员必须事先经过培训。

（2）收集和筛选应聘资料：对收集的应聘人员的资料进行初审和筛选是招聘工作的一个重要环节，可以迅速排除明显不合格者，提高招聘效率。同时，也可将所有求职资料进行记录归档，为人力资源部的事后分析工作提供素材。应届毕业生自己提供的资料也许有虚假成分，招聘人员需要通过多种渠道证实其真实性，比如到所在院系核查分数、奖励情况等。

（3）测试与面试：测试既要准确有效，又要简便易行。比如专业知识测试，招聘小组需在出发之前准备好各专业的测试试卷；分析能力测试，事先准备一些案例，要求几分钟以内答完等。

面试：有些职位的应聘者可以通过测试来判断，但是绝大多数职位的应聘者还需要借助面试来判断。面试前要准备好每个职位的面试考察要素、题目、评分标准、具体操作步骤等，并且统一培训面试工作人员，提高评估的公平性，从而使面试结果更为客观、可靠，使不同应聘者的评估结果具有可比性。由于应届毕业生没有工作经验，因此对他们的面试重点在于考察其基本素质，并对其潜质进行考察。

（4）录用：面试合格的人员可以确定为录用对象，根据应届毕业生招聘的相关规定签订协议。但是，不是签订协议后就万事大吉了，还需要做好后期跟踪，因为优秀应届毕业生很有可能被其他企业相中，因此需要通过后期跟踪，打消他们跳槽到其他企业的念头。

第三阶段：应届毕业生接收与跟踪阶段

应届毕业生接收：人力资源部需要在公司网站上或者通过其他方式，通知被录用的应届毕业生公司的位置、乘车路线；如有可能，需派人去车站出口设接待点。被录用的应届毕业生来到企业后，要热情接待，安排好他们的食宿，毕竟他们对社会还有陌生感。同时，尽快安排入职培训，让他们了解企业的文化和运作等，以使他们更快地融入企业。

跟踪阶段：人力资源部要定期了解应届毕业生的心态，听听他们的声音，及时给予帮助与引导。不能用对待从社会招聘来的人员的方式对待应届毕业生，他们需要更多的时间熟悉企业与本职工作，需要更多的理解与引导。企业始终要思考的一个问题是：如何让应届毕业生在短期内完成从学校到企业的转变？因为转变所花的时间越短，企业所支付的培养成本就越低，应届毕业生也会越快为企业创造价值。

三、校园招聘的优势与局限性

校园招聘的优势：校园招聘的主要招聘对象是应届毕业生，尤其是优秀毕业生。对企业而言，招聘应届毕业生花费少、成本低、针对性强，能够极大地提高企业在高校圈的知名度，建立良好的校企合作关系。对应届毕业生本身而言，他们具有较强的可塑性，很容易接受组织文化，能很快融入企业，适应阻力相对较小。另外，应届毕业生是很具有发展潜力的人群，用于评价其潜质的信息也相对完整，可信度较高，从而能提高招聘人员的质量。

校园招聘的局限性：校园招聘虽然能够吸引众多的潜在人才，但应届毕业生的职业化（指态度、专业技能、行为习惯等）水平不高，缺乏实际操作能力，稳定性差，流失率较高，需要企业投入较多的精力进行系统完整的培训。另外，应届毕业生由于缺乏工作经验，往往在走上社会之初时会对自己有不切实际的估计，对自己的能力也缺乏准确评价。

四、校园招聘的注意事项

1.在确定是否参加校园招聘之前，要考虑的主要因素

由于企业的产品特征及企业的人才发展战略不同，因此是否要选择招聘应届毕业生，企业要慎重考虑以下因素：一是公司所处的发展阶段。一般企业处于高速发展期时，对人才的渴求速度比较快，需求量也比较大，单靠目前人才自然流动调节所需，显然已不能满足企业，这时企业采取校园招聘效果会比较好。二是企业的人才战略。企业的愿景及使命是很清晰的，人力资源是第一战略资源，企业的发展靠人才所制定的政策，政策的差异化为企业获得竞争优势带来了决定性的力量。企业在吸引人才方面，有明晰的战略是必需的。三是产品的结构特点。产品是企业的生命线，产品的结构特点决定了企业所处的行业环境，企业所需人才是侧重技术还是侧重管理将因行业环境的不同而不同，因此要结合自身的产品结构特点来调整人才发展战略。四是寻找适合自己的源头。当确定要进行校园招聘时，企业要第一时间确定所需要的人才类型，因为这将决定企业去哪些高校招聘学生。举个例子来说：如果一家电子制造企业想招聘一些电子专业的学生，到西北区域高校去招聘会比较好，因为那儿聚集了像西安交通大学、成都电子科技大学等高校；如果企业想招聘材料工程专业的大学生，到东北三省就不会虚行，因为哈尔滨工业大学、哈尔滨工程大学在国内众多高校中，材料工程专业是首屈一指的。因此，选准人才的源头将是企业校园招聘成功的良好开端。

2.在进行校园招聘前，应该提前做好准备

当确定要进行校园招聘后，这时除了需要做好选准人才的源头外，还需要做一个校园招聘计划，一般包括以下主要内容：一是本次校园招聘有哪些工作人员参加，即确定招聘工作人员。二是材料等的准备。（1）宣传海报。公司的宣传资料要提前准备好，包括公司

的介绍，可以做成一个宣传小册子或如一张 A4 纸大小的资料，旨在在招聘会上快速向学生传递公司信息，因为在招聘会上你根本没有时间向每一个前来咨询的学生说清楚有关公司的介绍，况且也没有时间供你介绍。（2）宣讲会。宣讲会是指学校为企业提供的宣传企业的平台。（3）面试资料。其实，在招聘会现场你一定没时间进行测试，但你将学生的资料收集后，筛选出合适者就可以在校园内公布进入书面测试的学生名单，因此你要准备好公司的登记表格、心理测试题目、专业知识测试题目等。（4）预订酒店。这个环节切不要忽视，尤其是去外地进行校园招聘，在动身前建议你先预定好住房，因为既然是校园招聘，在此期间校园周边酒店的生意一定出奇地好。

3. 校园招聘过程中，应该注意的事项

当踏进大学校园时就进入实战状态，你将会与学生进行面对面的交流。这时候你需要做好以下工作：（1）布置会场。进入会场后，要及时布置会场，比如要快速将公司宣传挂图挂好，准备好向学生派发的资料，如果可能准备些有特色的小纪念品以分发给学生等。若进入会场比较早，你也可向其他公司学习学习。（2）收集简历。只要官方宣布招聘会开始，你的摊位就会陆陆续续有学生前来应聘。要想多吸引学生到你的摊位前，就需要想方设法了解当今学生真正关心什么，而公司能提供什么样的发展平台去满足学生。（3）约见面试。当你捧着厚厚的简历回去后，建议你先把在招聘会上已做过标记的简历找出来，拟定需要进入下一轮面试的人员名单，名单确定之后就要开始邀约面试。

**任务实施**

陈晨经过认真详细的思考和准备，要按下列步骤完成这次校园招聘任务。

一、招聘准备

1. 统计招聘需求

（1）各部门根据用人需求填写人员需求申请表，做出人员需求申请，报总经理批准后，交由人力资源部备案复核。

（2）人力资源部统计公司人员需求，由总经理批示，做出校园招聘决策。

2. 拟订招聘计划

人力资源部根据公司的人员需求，拟订校园招聘计划，招聘计划的内容主要包括：

（1）人员需求清单，包括招聘的职务名称、人数、任职资格要求等内容。

（2）招聘信息发布的渠道。

（3）招聘工作人员的安排。

（4）招聘费用的预算。

（5）招聘时间的安排。

3. 成立招聘小组

公司成立招聘小组，负责招聘程序的实施。

（1）公司招聘小组成员要求：

①形象职业：最好能统一着职业装，佩戴统一的企业标识，有良好的仪容仪表。

②态度真诚：公司招聘小组成员要态度诚恳、真诚待人，在高校招聘中因傲慢而招不到优秀的学生是不合适的。

（2）招聘小组成员：

××经理：××　　　　用人部门：××、××　　　　人力资源部：××、××

（3）招聘小组成员职责：

组　　长：×× 负责招聘工作的宏观控制。

副组长：×× 负责招聘工作的组织和运行。

成　　员：×× 负责简历筛选和应聘人员的面试。

　　　　　×× 负责简历筛选和应聘人员的面试。

　　　　　×× 负责招聘工作相关资料的准备。

**4. 联系招聘院校**

招聘专员负责联系招聘院校，商议校园招聘相关事宜。

（1）相关人员提前一周与招聘院校就业指导中心取得联系，确定举办校园招聘的相关事宜，具体包括招聘时间和地点的安排，以及校园招聘会展费用的协调等。

（2）人力资源部可商议委托校方在校园就业网站发布公司招聘信息，增加招聘辐射面。

（3）如有可能，可以与相关学院专业取得联系，直接宣传公司招聘信息。

**5. 准备招聘资料**

（1）招聘简章。招聘简章包括公司的基本情况、招聘岗位、应聘人员的基本条件、报名方式、报名时间、报名地点、报名时需携带的证件和材料以及其他注意事项等。

（2）公司宣传资料。公司宣传资料包括公司基本情况、文化理念、公司业绩以及公司风采等，可以以宣传单、海报或者喷绘挂图的形式进行制作。

（4）人员招聘申请表、面试成绩评定表、面试准备的问题及笔试试卷等。

（5）公司营业执照复印件及其他相关证明。

**6. 估算招聘费用**

人力资源部填制好招聘费用估算表后，报总经理批准。费用预算应包含以下内容：企业宣传海报及广告制作费、招聘场地租用费、交通费、食宿费、招聘资料复印打印费以及其他费用。

**二、招聘实施**

**1. 发布招聘信息**

（1）招聘小组到达之前，人力资源部应当委托校方在校园就业网站及时发布公司招聘信息，介绍公司招聘应届毕业生的需求、用人标准、报名时间和地点等，以使应聘者做好充分准备。

（2）招聘小组也可同时与相关院系学生会取得联系，委托院系学生会在校园内部张贴海报，介绍公司基本情况、文化理念、招聘人数及要求等信息，扩大宣传力度。

**2. 布置招聘会场**

（1）招聘举办前，招聘小组应与院校就业指导中心就招聘会场的使用达成一致，由校方负责安排招聘地点。

（2）招聘小组在校方安排的招聘地点利用招聘海报、展架等布置会场。

**3. 甄选应聘者**

（1）筛选简历。

①招聘开始后，招聘小组相关人员接收应聘者简历，并对简历进行筛选，将筛选出来的简历再做一次大致浏览，画出对简历有疑问的地方，以便面试时提问。进行应聘资料筛

选时，一般从专业、户口、社会实践等方面进行综合比较。

②招聘小组对选出符合要求的应聘者，确定面试时间和地点，发出面试通知，对不符合者，直接淘汰。

③如果应聘人数相对较少，则采取当场投递简历并面试的方法。

（2）面试实施。

①面试前要准备好面试题目、评分标准、具体操作步骤等。

②应聘者携面试通知登记后，由工作人员引领应聘者按顺序进行面试。

③面试结束后，招聘小组相关人员统计成绩，定出面试合格人员名单，交由招聘小组组长签字确认。

三、人员录用

1.人员录用审核

确定面试合格人员为录用对象，发放录用通知。另外，根据应届毕业生招聘的相关规定签订三方协议。

2.人员录用跟踪

签订协议后还需要做好后期跟踪，因为优秀应届毕业生很有可能被其他企业相中，因此需要通过后期跟踪，打消他们另谋其他企业的念头。签订三方协议后，如录用者又与其他单位签订协议或试图毁约，人力资源部应按协议做出相应的毁约处理。

# 知识题

1.企业的招募工作中有哪些招募策略可以采用？谈谈你对这些招募策略的看法。

2.在外部招聘方式下，企业如何进行招募信息发布？

3.请以某家企业为例，谈谈招募广告设计的原则和需要注意的事项。

4.如何建立招募信息库？如何进行招募信息库的管理？

# 案例题

广东华益集团有限公司承接了广东省某工业总公司原有的资源及业务，是一家集贸易、生产、投资于一体的综合性公司，现投资控股东莞市华益股份有限公司、佛山市南海华益食品饮料有限公司。因为业务发展，公司需要招聘销售代表2名、区域经理1名、进出口业务操作员若干名、招聘主管1名、人力资源经理（东莞）1名。负责此项工作的小张采用了公司网站、地方报纸及员工推荐等方式发布招募信息。为了吸引优秀的应聘者，公司要求小张将薪酬水平提高了一成左右。另外，小张还积极参与了一些人才招聘会。在公司的招募活动中，小张将几个管理岗位采用外部招聘的方式解决。但是，一段时间之后，公司对小张的工作不但没有肯定，而且还提出了许多问题，公司责成小张及时进行经验总结。

问题：

小张的工作到底哪里出现了问题呢？应该如何进行改进？

分析提示：

招募工作的成效可以从招募策略、招募信息的发布、招募广告的设计等方面进行考虑。例如，招募策略上的失误、招募信息的发布方式选择不当、广告媒体选择不妥、招募广告中掺杂了虚假信息等，都不利于公司在社会上树立良好的形象。

## 实训题

实训项目1：内部招募信息发布的练习

实训目的：通过对内部招募信息发布的练习，掌握内部招募信息发布的工作流程，熟悉内部招募信息发布的主要内容和发布方式。

实训步骤：

步骤一：以小组为单位，收集一家公司的背景信息，以此作为内部招募信息发布模拟的基础。

步骤二：以小组为单位，探讨如何进行内部招募信息的发布。一方面，讨论内部招募信息发布的主要内容是什么，如招聘岗位、招聘人数、招聘岗位相关信息、招聘工作的整个流程、报名方式、报名起止时间、联络方式等；另一方面，讨论如何根据相关的内容选择发布方式，如是利用公司的各种宣传栏来发布信息，或是利用公司网站来发布信息，还是利用公司其他沟通渠道来发布信息。

步骤三：以小组为单位，形成内部招募信息文本，展示每个小组编制的内部招募信息文本和发布方式，并进行评比交流，对于大家公认的、比较出色的内部招募信息文本给予奖励。

实训成果：

向大家展示各自的内部招募信息文本。

实训项目2：招募广告设计的练习

实训目的：通过对招募广告设计的练习，掌握招募广告设计的基本原则，熟悉发布媒体选择的技巧，巩固所学的内容。

实训步骤：

步骤一：以小组为单位，分析讨论一个案例（见上述案例题中的案例），交流案例问题中所需要的基本知识。

步骤二：以小组为单位，探讨如何进行招募广告的设计，注意招募广告设计需要体现的原则和注意事项，以及发布媒体的选择等。

步骤三：向大家展示每个小组设计的招募广告式样，并进行评比交流，对于大家公认的、比较出色的招募广告设计给予奖励。

实训成果：

向大家展示各自的招募广告设计。

# 甄选方法之———笔试

## 知识目标

了解笔试的概念及特点；熟悉笔试试题的编制原则；熟悉笔试试题的题型；掌握笔试试题的编制技巧。

## 能力目标

能够根据企业需要组织实施有关笔试测试工作。

## ● 任务一　笔试试题的编制

### 任务导入

华的集团成立于20世纪60年代，是一家以家电业为主，涉足房产、物流、金融等领域的大型综合性现代化企业集团。华的集团现有员工近10万人，旗下拥有多家上市公司及四大产业集团，是中国最具规模的白色家电生产基地和出口基地之一。2010年，华的集团整体实现销售收入1 000多亿元，品牌价值达500亿元，是全国最有价值的品牌之一。2010年，在"全球最有价值500品牌排行榜"中，华的集团作为唯一的中国家电企业入选。展望"十三五"，华的集团将进一步转变发展方式，推动战略转型，加强自主创新力度，积极推进结构调整，提升全球竞争能力。为此，华的集团计划开展大规模的"2016年校园招聘活动"，即要在全国招聘一批应届大学毕业生。为了招到合适的人选，华的集团人力资源部决定在初步筛选的基础上，采取笔试的方式进行选拔，即对所有通过简历筛选的报名者统一进行笔试考核。人力资源部经理将编制笔试试题的任务交给了招聘主管叶越去完成，并提出如下要求：（1）充分认识笔试的重要性并认真对待；（2）注意笔试测试的内容要和岗位要求相一致，考查的知识点应全面并做到重点突出；（3）笔试试题的设计要做到科学性与实用性并重。假设你是叶越，你将如何编制这份笔试试题呢？

### 任务分析

笔试的测试题目是否恰当，直接决定了甄选的信度和效度。在编制笔试试题时，企业应该注意以下几个方面：一是笔试命题的目的要明确。笔试命题要自始至终符合笔试测试目标，试题编制者要清楚地认识到这些试题是要测试应聘者的哪些知识及素质，哪些命题能够测试应聘者的与岗位要求有关的能力等。二是笔试试题的内容要科学合理。试题的内容既要反映应聘者的知识掌握程度，又要测出应聘者的能力水平，还要反映出应聘者的潜在能力等。同时，试题量不能过大，也不能过小，要让大多数应聘者完成试题时不觉时间紧张，也不觉时间充裕。三是笔试试题的题型搭配要合理。笔试试题的题型选择也是笔试试题编制中要重点考虑的问题。

**知识支撑**

一、笔试的概念及特点

笔试是企业常见的甄选人员的方法之一，是对应聘者的学识水平进行评价的一种重要工具。笔试可以有效地测试应聘者的知识及素质等，因此在企业的人员招聘中，尤其是在大规模的员工招聘中被广泛采用。与其他甄选方法相比，笔试具有以下特点：

1.经济高效

笔试之所以能够在目前的人员甄选中被广泛应用，主要在于它的经济高效。尤其是在规模较大、人数较多的招聘场合中，笔试可以在较短的时间内对大量的应聘者进行测评。对于企业和应聘者双方来说，笔试对于人、财、物、时间、空间等资源的消耗相对较少，可谓省时高效、经济易行。

2.灵活多样

笔试可以针对不同的测试目标和测试对象，通过事先设计的、多元化的测评内容，达到对应聘者进行综合评价的目标。

3.易控误差

笔试在内容取样、题型设计、标准设计、实施规范、结果评价和处理等环节可以不同程度地防止、减少或者降低各种误差的产生及影响，从而提高测试的可靠性。

4.客观公正

笔试试题取材多样，考核结果的信度和效度都较高。相对而言，应聘者的心理压力较小，较易发挥自身的正常水平，成绩评定也比较客观。

5.考查范围有限

笔试可以对应聘者的知识及素质等进行全面的评价，但不能全面地考查应聘者的工作态度、品德修养以及操作技能。因此，企业在甄选过程中，还必须辅之以其他甄选方法，以弥补笔试的缺陷。一般来说，在招聘过程中，笔试一般是企业对应聘者进行初次甄选时采用的方法，成绩合格者才能继续参加下一轮的测试。

二、笔试试题的编制原则

在编制笔试试题时，为了使人员的甄选更加客观和有针对性，企业应该遵循以下原则：

1.遵循笔试测试目标原则

笔试的测试目标设定以后，企业在编制试题时应从头到尾贯彻执行这一目标，这样才能起到应有的效果。

2.全面性原则

笔试可以将各种类型的知识结合起来进行考核。在一套试题中，既可以考查普通知识，也可以考查专业知识，还可以考查相关知识。这样不仅可以全面了解一个应聘者各方面的能力水平，还可以节约时间。

3.高信度及高效度原则

高信度及高效度是针对笔试试题质量提出的要求。

4.科学性原则

笔试试题的编制要客观、科学，就是要保证试题题目及答案的准确性，以及试题结构形式设计的合理性。

5.经济性原则

企业必须根据自身的实际条件和招聘工作的需要来安排笔试的人力、物力、时间及费用等各项事宜，从而以最少的支出收到较满意的效果。

三、笔试试题的内容

一般来说，笔试试题的内容一般包括以下6个方面：

1.职业道德测试

职业道德是从业人员在一定的职业活动中应遵循的道德要求和行为规范。

职业道德测试题目示例如下：

在以往若干年的工作中，你有没有未经许可拿过公司的东西回家？（    ）

A.从没有    B.价值不超过5元    C.价值不超过20元    D.价值不超过100元

2.知识素质测试

知识素质测试主要包括对通用性的基础知识、某一岗位应具备的专业知识，以及其他相关知识的测试。

知识素质测试题目示例如下：

（    ）是道家学派的创始人。

（    ）是我国的根本大法。

3.智商测试

智商测试主要考核应聘者的记忆力、分析观察能力、思维反应能力、想象力及学习能力等。

智商测试题目示例如下：

观察下列数字的排列：157　65　27　11　5　（    ），括号内应填入的数字是什么？

A.4                    B.3                    C.2                    D.1

4.情商测试

情商测试主要测试应聘者在情绪、情感、意志、耐受挫折等方面的情况。

情商测试题目示例如下：

如果商场打折，你会怎样做？（    ）

A.把持不住而去消费

B.看透了商家的所谓策略，不会去

5.技能测试

技能测试主要针对应聘者的专业技能进行测试，以检验其对专业知识的运用程度。

技能测试题目示例如下：

请设计一个电路，要求有三个输入端，当输入信号中有两个高电平时，输出才为高电平，否则输出为低电平。

6.个性品质测试

个性品质测试主要是通过心理测试试题或一些开放性的问题来考查应聘者的个性品质，主要包括气质测试、人格测试、行为风格测试、职业兴趣测试等。

（1）气质测试。气质是表现在心理活动的强度、速度、灵活性与指向性等方面的一种稳定的心理特征，即平时所说的脾气、秉性。人的气质本身无好坏、善恶之分，每种气质都有其好的一方面，也都有其不足的一方面。不同气质类型的人在不同的工作岗位都能做出突出的贡献。

（2）人格测试。现代心理学认为，人格是构成一个人的思想、情感及行为的特有模式，这个特有模式包含了一个人区别于他人的稳定而统一的心理品质。

人格测试题目示例如下：

你是否总是避免批评别人的言行？（　　　）

A.是的　　　　　　　　　B.有时如此　　　　　　　　C.不是

在社交场合中，你会怎样做？（　　　）

A.谈吐自然　　　　　　　B.保持沉默　　　　　　　　C.介于A与B之间

（3）行为风格测试。行为风格是某一个体内部的行为倾向，它具有整体性、结构性、持久性和稳定性等特点，行为风格最真实的表现就是个体在日常生活和工作中对事或人做出的最自然的行为反应。

行为风格测试题目示例如下：

你更倾向于下列哪一种情况？（　　　）

A.务实而不空谈　　　　　B.空谈而不务实

（4）职业兴趣测试。职业兴趣是指个体对某项工作或者某种职业所抱有的倾向性态度。职业兴趣测评的工具有很多，其中最有名、使用最普遍的是霍兰德职业兴趣测试。

四、笔试试题的题型及其编写

笔试测评根据内容的不同，可分为专业知识测评和综合知识测评；根据题型性质的不同，可分为客观性题目测评和主观性题目测评。但无论从哪个方面测评，常见的笔试题型一般都包括填空题、判断题、选择题、简答题、论述题、案例分析题等。

1.填空题

（1）填空题的含义。填空题是指在一个不完整的句子中填充相关的信息，此信息可以是一个数字、一个词语、一条短语等。填空题的空缺可以在句子的任何位置。此类题目非常适合术语知识、特定事实及原理中的关键词、工作的方法及步骤等方面的测评。

填空题示例如下：

王维是我国_____代的伟大诗人。

（2）填空题编写的注意事项。①试题要着眼于重要的、关键的知识，不考无关紧要的、稀奇古怪的内容。②试题叙述应该简洁、清楚，填上正确答案后句意应完整，抓住句子内容的关键点。③答案应尽量明确、简练、唯一、无争议。④空格的线段长度应与答案内容大体相当，太长或太短往往会引起误会，而且空格不宜太零散，以免由于句子或段落结构上的支离破碎而引起歧义，使人难以作答。⑤填空题中每个小题的空格个数应该统一，每道题一般不超过两个。⑥空格所在位置应尽量置于句子或段落的后半部分，避免出现在句首。

2.判断题

（1）判断题的含义。判断题通常用于测试应聘者对知识的基本概念、性质、原理、原则的认识，对事实与观点的判断、区别，对事物因果关系的分析，以及对一些简单的逻辑关系的推理能力。有人认为，判断题最容易编制，其实并非如此。因为判断题要求应聘者做出绝对正确或错误的判断，所以判断题的叙述必须绝对正确或完全错误。判断题在知识测评中的形式一般是给出一些命题，要求应聘者判断其真假。

判断题有许多变式，常见的有以下几种：①给出一个命题，要求应聘者在题后打"√"或者"×"，并填在题后的括号里。②给出一个句子，要求应聘者指出其中的错误部分，并加以改正。③要求应聘者判断命题的结论与理由的正确与否。④要求应聘者首先进行是非判断，然后列出判断的理由，这种题一旦答错要倒扣分数。

判断题示例如下：

鱼是哺乳动物。（　　　）

（2）判断题编写的注意事项。①试题内容应该是重要的知识内容，而不是无关紧要的、细枝末节的内容。②试题应侧重测试应聘者的理解能力，不要直接抄录参考资料中的句子。③试题的用词要准确，避免模棱两可的语句。④试题陈述应简单明了，尽量采用正面叙述，避免使用复杂的句子结构，避免使用双重否定的语句，以减少应聘者的阅读困难。⑤每道试题的叙述必须绝对正确或完全错误。⑥正句和误句的排列要随机化，数量应大致相等。

某银行员工招聘的笔试题中出现的判断题样例如下：

- 如果本国货币贬值，则出口同样的物品将换得更少的外汇。（　　　）
- 根据分散化投资的原理，一个投资组合中所包含的股票越多，风险越小。（　　　）
- 国际自由贸易可以使每个人的福利得到提高。（　　　）

3.选择题

（1）选择题的含义。选择题一般由一个题干和若干个选项构成。在这些选项中，有的是正确的，有的是错误的，应聘者要把正确的答案挑选出来。无论题干是一个问题还是一个不完整的句子，它都必须给应聘者提供一个可以进行选择的基础，从而使那些具备相应知识能力的应聘者能够选出正确的答案。

选择题一般分为两类：选项中只有一项正确答案的称为单项选择题，选项中有两项或者两项以上正确答案的称为多项选择题。这两类题型用途有别，单项选择题有利于提高测试的准确性，多项选择题有利于保证测试的全面性。

单项选择题示例如下：

《将进酒》是（　　　）的诗。

A.杜甫　　　　　　B.王维　　　　　　C.李白　　　　　　D.白居易

多项选择题示例如下：

下列（　　　）属于我国"三山五岳"中的"三山"。

A.黄山　　　　　　B.华山　　　　　　C.庐山　　　　　　D.衡山　　　　　　E.雁荡山

选择题可以采用文字、数字、图形等多种形式，对于应聘者的记忆、分析、判断、推理、理解和运用知识的能力等均能进行有效评价。

（2）选择题编写的注意事项。①题干本身有意义且能提出一个明确的问题，不要滥用否定结构和双重否定结构。②所有选项在逻辑上应与题干一致，而且错误选项在表面上应貌似合理。③所有选项在长度上应大体相等，避免把正确选项写得特别长或特别短，防止为作答提供线索。④试题应有新意，不能随便照搬照抄其他书本中的试题，避免使用难以理解的试题或与测验目标无关的试题。⑤选项中应避免使用"以上都对"或"以上都错"的选项。⑥正确选项的位置应随机安排，测评题之间不要互相提示答案。⑦如果有更合适的题型来考查同一个问题，就不要勉强使用选择题。

某银行员工招聘的笔试题中出现的单项选择题样例如下：

● 在使用相同资源的条件下，日本可生产30辆汽车或40台计算机，美国可生产40辆汽车或50台计算机，则下列（    ）项是正确的。

A.日本在汽车生产上具有比较优势

B.美国在计算机生产上具有比较优势

C.美国在这两种商品的生产上都具有比较优势

D.日本在计算机生产上具有比较优势

E.日本在这两种商品的生产上都具有比较优势

● 下列（    ）项不会使咖啡的需求曲线右移。

A.袋泡茶价格上升

B.咖啡伴侣价格下降

C.消费者收入增加

D.咖啡价格下降

E.对咖啡因害处的关注减少

某银行员工招聘的笔试题中出现的多项选择题样例如下：

● 商业银行创造货币供应量的能力主要受（    ）因素的制约。

A.基础货币

B.法定存款准备金率

C.备付金率

D.客户提现率

E.资本充足率

● 政策性银行的基本特征有（    ）。

A.政府出资设立

B.以贯彻国家经济政策为目的

C.不以营利为目的

D.不能自主选择贷款对象

E.业务范围与商业银行相同

4.简答题

（1）简答题的含义。简答题是要求应聘者对提问直接进行回答的一种题型，适合考查应聘者对稍微复杂一点的知识的记忆和理解程度。

简答题示例如下：

请简要回答我国的法律渊源。

（2）简答题编写的注意事项。①问题要具体且有确定的答案。②应尽量使答案简洁。

③正确答案的数目不宜太多。④答案的评分点应详细列出。

5.论述题

（1）论述题的含义。论述题是最常用的一种主观性试题（包括简答题、论述题、证明题、作文题等）。典型的论述题就是向应聘者提出问题，要求应聘者用语言文字提供一份较长的答案。这种试题的最大特点是应聘者在回答问题时有较大的自由度，他们可以充分运用所学的知识来分析问题和回答问题，也可以有自己独特的见解。因此，论述题能够较好地测量与评价应聘者对知识的组织、归纳、分析、综合、创新、论证等方面的能力。

（2）论述题的类型。论述题可以分为限制型论述题与自由型论述题两种。所谓限制型论述题，就是在试题中对应聘者的答案进行极大的限制。例如，规定所涉及的范围，或者以"列出"、"根据……回答"、"根据……说明"等词语加以限制，或者用具体的指导语加以限制。所谓自由型论述题，是指对应聘者的回答形式与范围都不进行限制，最多对回答的长度有所限制。

（3）论述题的特点。与客观题比较，论述题具有以下特点：①要求应聘者就某一个问题以论文的形式发表自己的见解，其特点是综合性强，一般只有一道题目，能够测出应聘者多方面的知识及素质。②编制比较容易。③比较侧重考核应聘者对复杂的概念、原理、知识点的理解以及运用知识解决问题的能力。④答题时间比较长，应聘者需要花费相当长的时间表述自己的观点。⑤命题难度大，评分缺乏客观标准。

（4）论述题编写的注意事项。①试题的表述要明确、完整，既要让应聘者明白试题的发问指向，又要给应聘者留有发挥的余地。②试题的考核内容应该有所限定，防止题意过于宽泛或过于笼统，使应聘者感到无从下手或无法正确回答。③参考答案的评分点应注重考核应聘者的思维过程、对问题的整体理解，以及综合运用所学知识解答问题的能力，而不仅是对知识要点的简单罗列。④评分标准要求在对考核内容完整论述的基础上，按要点给出分数，最小的评分点是1分，最大的评分点不超过4～5分，不要出现0.5分的评分点。⑤试题应该用来测量应聘者对于较高层次知识的掌握情况，如要求应聘者提出理由、解释变量间的关系、描述与评价材料、有系统地陈述结论等。⑥在命题时，必须对应聘者提出明确的任务，使每道题都能真实地反映应聘者的实际能力。⑦在一般情况下，评分标准的制定原则是从零计起，按点给分，鼓励创新。

6.案例分析题

（1）案例分析题的含义。案例分析题是对案例中所提及的事件或现象进行分析的题目，是上述几种题型中最灵活的一种。案例分析题主要用于评价应聘者对知识的综合运用能力。

案例分析题示例如下：

韩某，19岁。一天下午，他出于好奇心而玩起了小口径步枪，当他看见100米远处有两个小孩在边走边玩时，便想起了电影中枪弹把泥土打飞起来的镜头，于是就想吓唬他们一下，看他们有什么反应。韩某随即用枪瞄准了两个小孩中间的空隙，当场击中了走在后面的小孩的心脏，被击中的小孩经抢救无效死亡。

问题：在本案中，韩某的行为是故意杀人，还是过失杀人？

（2）案例分析题编写的注意事项。①案例的选择要具有代表性。②题干要简单、明了，不产生歧义。③答案要有详细的评分规则。

五、笔试试题的编制步骤

一般来说，笔试试题的编制一般要经历以下步骤：

1.明确笔试目的，科学命题

笔试试题主要根据笔试测试的目的来编制。在编制笔试试题时应注意以下要点：第一，试题的编制要能够全面体现相应考核知识点的要求；第二，要根据不同的知识点选择合适的题型；第三，检查试题的难度是否符合笔试测试的目的和要求；第四，检查试题的表述是否明确、清楚；第五，不同题目之间是否相互独立。

2.编排试题

一般来说，试题的编排不外乎三种情况：一是将相同题型的题目编排在一起，这是最经常使用的一种情况；二是根据测试的内容进行编排，将测试内容相同的题目编排在一起；三是根据题目的难易程度进行编排，一般会按照由易到难的顺序来编排。

3.编制试题复本

为了解决同一测评需要在不同情况下多次使用的问题，企业可以采取编制几个试题复本的方式。复本即两套或两套以上测试目标相同、题目形式相同、题量相等、难度相当，但不重复的试题。编制试题复本的关键是等值。

4.检验试题及预测试

在实际测评前，企业必须对试题进行检验。对试题的检验不仅包括对试题是否能较好地反映测试目标、复本是否等值、试题难度及区分度是否适当、备选答案是否适合、题量大小是否适当等的检验，还包括对整个试题的排版、文字、指导语等的检验。

此外，为了检验试题的质量，提高笔试测试的信度和效度，一般在实际测评前，企业要找一些与将来正式测评相似的对象进行预测试。预测试结束后，企业要根据测试结果和相关记录，对试题的各项指标进行审查、评价和修正，使之成为一套更有效的笔试试题。

5.编写标准答案与评分标准

对客观题编写答案较容易；对主观题编写答案要复杂一点，一般需要列出所有可能的答案及相应的评分标准，或指出每道题必须回答的知识点及各个知识点的相应得分。

**任务实施**

华的集团的招聘主管叶越了解到，此次招聘的对象主要是在校大学生，目的是引进高素质的大学生人才，同时也为打造第二个华的集团做准备。所以，对于笔试试题的编制，叶越应进行如下安排：

第一步，做好笔试试题编制的前期准备工作。例如，明确本次招聘目的，了解集团的用人理念、招聘岗位的特点、招聘政策，落实集团负责本次笔试试题编制的工作人员等。

第二步，聘请集团部门高管、专业人员、行业专家等有关人员进行科学命题。由于本次校园招聘的人数比较多，要求也很高，因此有必要邀请集团之外的专家、学者来进行笔试试题的编制，从而使试题的题型搭配合理恰当，能够有效测出应聘者的知识及素质。

第三步，按照惯例，还需要准备另一份具有等价值的试题，以备急需之用。

第四步，笔试试题编制小组成员还需要编制相应的标准答案与评分标准。

第五步，对参与编制笔试试题的人员进行妥善安排。

# ● 任务二　笔试的组织实施

**任务导入**

华的集团开展大规模的"2016年校园招聘活动"，目的是招聘一批优秀的应届大学毕业生。此次招聘活动启动之后，得到了众多大学生的积极响应，大学生们纷纷投递了简历。集团在收到了大量的简历后，招聘主管叶越积极组织有关人员对简历进行初步的筛选。为了挑选到更好的人才，集团人力资源部决定对所有通过简历筛选的应聘大学生进行笔试测试。人力资源部经理把组织实施这次笔试的任务交给了招聘主管叶越。假如你是叶越，你将如何组织实施这次笔试呢？

**任务分析**

一般而言，笔试是一种信度及效度比较高的测试，是企业招聘与录用工作中经常使用的重要工具之一。招聘主管叶越要想做好笔试的组织实施工作，就必须总结过去的工作经验，按照笔试组织实施的程序开展工作。他为笔试组织实施设计的程序如图4-1所示。

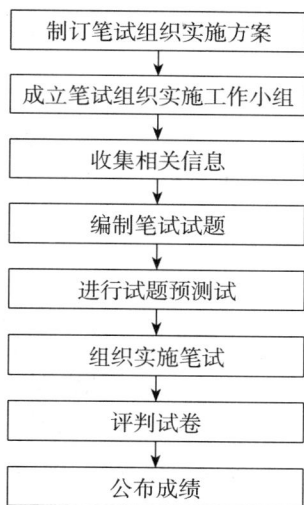

```
┌─────────────────────────┐
│   制订笔试组织实施方案    │
└─────────────────────────┘
            │
┌─────────────────────────┐
│  成立笔试组织实施工作小组 │
└─────────────────────────┘
            │
┌─────────────────────────┐
│       收集相关信息        │
└─────────────────────────┘
            │
┌─────────────────────────┐
│       编制笔试试题        │
└─────────────────────────┘
            │
┌─────────────────────────┐
│       进行试题预测试      │
└─────────────────────────┘
            │
┌─────────────────────────┐
│       组织实施笔试        │
└─────────────────────────┘
            │
┌─────────────────────────┐
│         评判试卷          │
└─────────────────────────┘
            │
┌─────────────────────────┐
│         公布成绩          │
└─────────────────────────┘
```

**图4-1　笔试组织实施的程序**

**知识支撑**

一、笔试组织实施的程序

1.制订笔试组织实施方案

笔试组织实施方案是对笔试工作进行操作指导的工具，具体包括以下四个方面的内容：

（1）笔试组织实施的目的和原则。

（2）笔试组织实施的相关安排，如笔试的时间、地点、方法、程序、组织领导等。

（3）笔试组织实施中的注意事项。

（4）笔试组织实施的效果预测及经验总结。

2.成立笔试组织实施工作小组

笔试组织实施工作小组的工作包括资料的收集、试题的编制、试卷的评阅、费用的预算等。笔试组织实施工作小组可以由人力资源部的招聘人员、用人部门的负责人及相关专业人士组成。

3.收集相关信息

收集与笔试内容相关的岗位信息、胜任素质及有关试题，为笔试试题的编制做准备。

4.编制笔试试题

根据笔试测试的目的和内容，进行笔试题目的选择、试题的编排、试题复本的编制、试题的检验、标准答案与评分标准的编写。

5.进行试题预测试

为了保证试题的科学性和实用性，在条件允许的情况下，企业可以在笔试试卷编制好以后，选择一部分相关人员进行试题预测试，然后根据预试测的结果对试题做出进一步的完善，以提高试题的效度和信度。

6.组织实施笔试

在前期工作都已完备的情况下，人力资源部就可以组织实施本次笔试工作，包括人员的组织、考场的现场管理、试卷的交接和保管等内容。

7.评判试卷

考试结束后，阅卷人员应秉着公平、公正、客观的态度展开试卷评判工作。

8.公布成绩

评卷结束后，人力资源部应及时通知通过笔试考核的应聘者准备进入下一轮的考核，对于被淘汰的应聘者也应履行通知的义务。

二、笔试组织实施的注意事项

1.试题的科学性

笔试组织实施成功的先决条件是试题的科学性，试题的恰当与否直接关系到笔试的效度。因此，无论招聘什么类型的人员，笔试试题都必须既能考核到应聘者拥有的素质，又能反映出所招岗位的特点和要求，试题过难或过易都不利于人员的甄选。笔试试题可以由人事部门编制，也可以由其他单位的有关专家编制，有条件的企业还可以建立自己的试题库，以保证笔试试题的科学性。

2.评分标准的客观性

企业应对笔试试题拟定评分标准，确定阅卷和记分的规则。试题的分值要与考核的内容和难度相对应，否则就无法反映出应聘者的真实水平。

3.评分过程的公正性

企业的评分过程要公正、客观，要严格按照评分标准和记分规则进行阅卷，对所有的应聘者一视同仁，同时还要建立严格的成绩复合制度，严厉惩处徇私舞弊者。

三、笔试组织实施方案样例

笔试组织实施方案的样例如下：

### ××公司的笔试组织实施方案

为了规范此次人员的甄选、录用工作，现就有关考试工作提出如下实施方案：

一、工作原则

本次考试应遵循公开、平等、竞争、择优的原则。

二、考试方式及程序

考试采取闭卷方式进行，并由人力资源部组织命题。试题分专业试题和公共试题两部分，共计100分。其中，专业试题占60分，答题时间为90分钟；公共试题占40分，答题时间为60分钟。考生凭身份证参加考试，并在规定时间内完成答题。

三、考试时间及地点

1.时间：××××年××月××日（星期×）上午9：30。

2.地点：××大厦三楼会议室。

四、组织领导

招聘考试工作小组由袁泽同志任组长，人力资源部、市场部、财务部、信息中心等部门负责人任副组长。招聘主管何明同志负责笔试工作的具体组织实施。同时，抽调6名同志担任考务人员，名单如下：曾生、曾凡辉、付敏、蒲单、张韵、曾克。

五、工作要求

1.考生应在考试前交验身份证及相关资质证件，入场后必须遵守考场规则，服从考试安排。

2.考务人员应严格遵守工作纪律和保密制度，如出现试题泄露、干扰考试等违纪事件，将严肃追究当事人责任。

六、考场纪律

1.考试前15分钟，考生凭本人身份证进入考场，对号入座，并将身份证放于桌面右上角。

2.开考30分钟后，考生不得入场；开考1小时内，考生不得退场。

3.考生应严格按照规定携带文具，考试时不得传递任何物品。

4.严禁将手机、电子记事本、计算器等电子产品带至座位。已带入考场的，要按监考人员的要求切断电源并放于指定位置。开考后，凡将上述物品带至座位的考生，一律取消考试资格。

5.考生不得要求监考人员解释试题，如遇试卷分发错误、页码序号不对、字迹模糊等问题，应举手询问。

6.考生应使用黑色或蓝色字迹的钢笔、签字笔在答卷的指定位置作答；用其他字迹的笔作答，或在答卷上做其他标记的，答卷均按零分处理。

7.保持考场安静，禁止吸烟，严禁交头接耳，不得窥视他人试卷。

8.考试结束铃响后，考生应立即停止答题，交卷时应将试卷反面向上放于桌面，经监考人员同意后方可离开考场，不得将试卷和草稿纸带出考场。

9.考生应服从监考人员的管理，接受监考人员的监督与检查；对于无理取闹、辱骂、威胁、报复监考人员的考生，将按有关纪律和规定处理。

七、考试评判标准

考试结束后，阅卷人员应秉着公平、公正、客观的态度展开试卷评判工作。对于考试得分在60分以上的人员，通知其参加下一轮的选拔；对于考试得分在60分以下的人员，应予以淘汰。

八、考试的组织监督

本次考试工作接受相关部门的全程监督，以确保整个考录工作的公开、公平、公正。

咨询电话：×××××××

**任务实施**

叶越应按照笔试组织实施的程序开展工作，具体程序如下：

第一步，制订笔试组织实施的方案。

第二步，成立笔试组织实施工作小组。

第三步，收集与笔试内容相关的信息。

第四步，聘请专家小组编制笔试试题。

第五步，选择一部分相关人员进行试题预测试。

第六步，组织实施笔试。

第七步，聘请有关专家评判试卷。

第八步，公开发布成绩。

总之，只有对各个环节都进行充分的准备，才能提高招聘工作的成效，否则企业就难以招聘到合适的、高素质的大学生。

# 知识题

1.什么是笔试？笔试有哪些特点？

2.笔试试题有哪些内容？

3.笔试试题有哪些题型？每种题型的编写应该注意哪些事项？

4.说明笔试试题的编制步骤。

5.说明笔试组织实施的程序及其注意事项。

# 案例题

厦门美的制冷销售有限公司今年计划招聘16人，实际报名人数近300人。

第一轮，初步筛选，进行简单的自我介绍，淘汰了200人。

第二轮，笔试，包括70道选择题与2道问答题。选择题主要为性格测试题，其中还有测谎的题目，即前面出过的题目后面再换个说法提问。问答题的第一题是：生活中人与人、人与物之间难免发生冲突，当你遇到这种冲突时，你是如何处理的？试举一例说明。第二题是：完成一项工作的时间比较紧张，如果赶进度的话，细节就可能顾及不了；如果注重细节的话，进度又完成不了。对于这项工作，你是如何处理的？试举一例说明。这轮过后还剩下48人。

第三轮，进一步测试。上午24人，下午24人；24人平均分成4组，每组6人。第一个环节是做一个无领导小组讨论，5分钟读题，22分钟自由讨论。每个小组的题目都不一样，主要是关于如何推销公司产品之类的题目。例如，如何在家电下乡中推销一款空调，并做一个海报。每个小组最后用8分钟陈述自己的成果，每个人都要发言，两个经理打分。第二个环节是1分钟读题，3分钟即兴演讲，这部分比较难。例如，有一个应聘者抽到的题目是一张图，上面就只有一缕青烟，其他什么都没有；还有一个同学抽到的题目是一个盆景，旁边有个木桩，木桩上有一只鸟。

问题：

请问厦门美的制冷销售有限公司的笔试试题主要包括哪些内容？他们想测试应聘者哪些方面的能力？

分析提示：

厦门美的制冷销售有限公司笔试试题的主要内容是性格测试，重点考查应聘者的性格特征及其解决问题的能力。

## 实训题

实训项目：招聘主管进行笔试工作的模拟练习

实训目的：通过角色扮演，体验笔试工作的流程和组织实施笔试应该注意的问题，能够初步完成笔试的组织实施工作。

实训步骤：

步骤一：以小组为单位，进行分工合作，分别扮演人力资源部的工作人员及应聘者，每个人各司其职。

步骤二：每个小组联系一家企业，并采集企业的背景信息，以作为模拟工作的基础。

步骤三：每个小组分别确定待聘的岗位及工作说明书。

步骤四：聘请专家小组进行笔试试题的编制。

步骤五：安排工作小组负责实施笔试。

步骤六：聘请有关专家进行试卷评判，最后公开发布成绩。

实训成果：

撰写一份笔试工作模拟练习的心得体会。

# 甄选方法之二——结构化面试

## 知识目标

了解结构化面试的概念及特点；掌握结构化面试的设计步骤；掌握结构化面试的组织实施程序；熟悉结构化面试组织实施的注意事项。

## 能力目标

能够进行结构化面试的准备工作；能够组织实施结构化面试。

## ● 任务一　结构化面试的准备

**任务导入**

华特通信设备有限公司始建于 2000 年，是一家从事光电通信设备研发、生产、销售的专业性高科技民营企业。该公司引进了先进的生产和检测设备，采用了行业内领先的生产工艺，实现了人性化的操作界面。专业的产品和服务使得该公司得到了行业内广大知名客商的认可。但是，市场的扩张加剧了公司对人员的需求，尤其是对中层管理人员的需求。公司人力资源部的招聘主管江波正在进行中层管理人员的选拔工作。考虑到中层管理岗位的重要性，江波对人员的甄选比较慎重，除了采用初步筛选、笔试等甄选手段之外，面试也是甄选的重要环节之一。为了确保面试的成效，江波决定采用结构化面试，一来能够保证人员甄选的质量，二来能够保证选拔过程的公平、公正。江波的建议得到了公司的大力支持，分管人事工作的总经理特意来参加应聘者的面试工作。在一个小时内，总经理问了三个问题：我们公司这个职位要带领几十个人的队伍，你认为你带人的能力怎么样呢？这个职位需要到处交流、沟通，你觉得你的团队精神好吗？我们公司的这个职位刚开始设立，工作压力特别大，并且需要经常出差，你觉得你能适应这种高压力的工作状况吗？事实上，总经理是想通过这三个问题，了解应聘者有没有领导能力，有没有团队协作能力，能否经常出差。你认为江波他们这样设计结构化面试的问题，能够获得所需的信息吗？江波作为这次结构化面试的主要工作人员，如何圆满地完成这次任务？

**任务分析**

江波决定采用结构化面试，是因为结构化面试是一种信度、效度都比较高的面试工具。结构化面试在企业中的应用，主要是在招聘管理人员方面。此外，在公务员面试及事业单位的招聘中，也经常采用结构化面试，如学校招聘教师等。华特通信设备有限公司结构化面试采用的面试试题存在值得商榷的地方。虽然结构化面试的程序、评分等都是标准化的，但是面试本身还是需要通过提问来判断应聘者是否适合该岗位。因此，上述三个问题应设计成开放式的问题，具体为：

在领导能力方面："你在原来的公司时，有多少人向你汇报？你向谁汇报？""你是怎么处理你与下属之间的矛盾纠纷的？举个例子好不好？"

在团队协作能力方面："人力资源部和部门经理经常有矛盾，你是否遇到过这样的纠纷？如果遇到过，你当时是怎么处理的？""假设你是人力资源部经理，你会从哪些方面做出努力，以改善公司内部的沟通状况呢？"

在能否经常出差方面："你的上一家公司的出差频率是怎么样的？需要经常加班吗？""这种出差频率影响到你的生活没有？你对这种出差频率有什么看法？"

如果江波将上述三个问题全部设计成这样的开放式问题，就可以问出应聘者的真实想法，然后再判断他能不能适应这种高强度的工作。因此，作为一名人力资源管理工作者，必须掌握一些甄选工具。

**知识支撑**

**一、结构化面试的概念**

结构化面试也称标准化面试，是相对于传统的经验型面试而言的，是按照事先制定好的面试提纲上的问题一一发问，并按照标准格式记下应聘者的回答和对应聘者的评价的一种面试方式。做好结构化面试，必须先对岗位进行分析，然后确定面试的测评要素，并对每一个测评要素预先编制好面试题目，制定相应的评分标准。同时，结构化面试的过程要遵循一种客观的评价程序，对应聘者的表现进行数量化的分析，给出一种客观的评价标准，对不同的评价者应使用相同的评价尺度，以保证判断的公平合理性。例如，德国西门子公司有一个全球性的人力资源题库，一个多小时的面试，前5分钟测什么，后10分钟测什么，都有非常严格的设计，并且最后都有结论。

结构化面试能够帮助面试官发现应聘者与招聘职位的职业行为相关的各种具体表现。在这个过程中，面试官可以获得更多有关应聘者的职业背景、岗位能力等方面的信息，并且通过这些信息来判断该应聘者是否能够成功胜任这个职位。因此，科学有效的结构化面试，能够帮助企业对应聘者进行更为准确的个人能力评估，降低企业的招聘成本，提高员工绩效。

**二、结构化面试的特点**

结构化面试的特点如下：

1.根据工作分析的内容设计结构化面试的问题

结构化面试需要进行深入的工作分析，以明确工作中的哪些事例体现了良好的绩效，哪些事例反映了较差的绩效，并由执行人员对这些具体事例进行评价及建立题库。结构化面试的测评要素涉及职责、知识、能力、品质、动机等方面，尤其是有关职责和能力方面的具体问题，更能够保证筛选的成功率。

2.向所有应聘者提出同一类型的问题

问题的内容及顺序都是事先确定的。结构化面试中常见的两类有效问题如下：一类是以过去经历为基础的问题，即按照工作分析的要求，考查应聘者经历过的工作或生活中的行为；另一类是以情景为基础的问题，即假设一定的工作情景，考查应聘者对情景问题的解答及行为表现。提问的顺序通常有以下两种：一是由简单到复杂的提问，逐渐加深问题的难度，使应聘者在心理上逐步适应面试环境，以充分地展示自己；二是由一般内容到专业内容的提问。

3.采用系统化、标准化的评分程序

从行为学的角度设计出一套系统化的具体标尺，使每个问题都有确定的评分标准，然后针对每一个问题的评分标准，建立一套系统化的评分程序，这样能够保证评分的一致性，提高结构的有效性。

结构化面试的题型包括背景型题目、知识型题目、情境型题目、智能型题目、行为型题目、意愿型题目等，这些题型各有不同的特点和功能。面试官的组成也是有讲究的。在结构化面试中，面试官的人数必须在2人以上，通常有5~7名面试官。面试官的组成也不是随意决定的，而是根据拟任职位的需要及面试官的专业、职务、年龄、性别等进行科学配置，其中主面试官1人，一般由他负责向应聘者提问并把握整个面试进程。另外，结构化面试一般有时间限制，多个面试官测试1个应聘者，一次一次地进行。评价时，按要素进行打分，各个要素的分值具有科学的结构比例。成绩汇总采用打分法，比如将面试官评出的分数，去掉一个最高分，去掉一个最低分，剩余的有效评定分数的算术平均值就是考生的面试成绩。

总之，结构化面试具有试题固定、程序严谨、评分统一等特点。从实践来看，结构化面试的测量效度、信度都比较高，比较适合规模较大、规范性较强的录用面试。因此，结构化面试已经成为公务员、事业单位录用面试的基本方法之一。

三、结构化面试的效能

结构化面试中提出的问题要与工作岗位的要求有关，客观地收集并评价应聘者的信息，尽量避免由于各种评价误差，如主观印象、第一印象和随机性等产生的偏差。

结构化面试具有较高的有效性，同时成本也较低。实践证明，结构化面试在判断人的态度和行为方面有比较好的效果，能够增加面试的可靠性和准确性。

结构化面试易于为人们所接受。结构化面试要求所有的应聘者回答同样的问题，并依据客观的标准对应聘者的工作能力进行比较，这种比较选择不会造成由于民族或性别等而产生的不公平现象，保证了面试的不偏不倚，因此能够为所有应聘者所接受。

结构化面试需要事先进行工作分析、建立题库，以及设计评分程序等，这是结构化面试与传统面试的根本区别，也使得结构化面试工作更有条理，更有准备。

四、结构化面试的设计

结构化面试的设计应遵循以下几个步骤：

1.分析应聘岗位，确定测评要素

人员招聘的目标是为了及时满足企业发展的需要，弥补企业岗位的空缺。因此，为了获得适合该岗位的人员，对岗位的分析就显得尤为重要。企业应根据工作说明书列出从事该工作的人员所必须具备的一般工作要求、生理要求和心理要求。一般工作要求包括年龄、性别、学历、工作经验等；生理要求包括健康状况、体力、运动的灵活性等；心理要求包括观察能力、集中能力、记忆能力、学习能力、解决问题的能力、数学计算能力、语言表达能力、性格、气质、态度等。经过分析，企业可以确定某些具体要求的重要性，并分配权重，最终运用于实际面试过程中。

2.确定录用标准，设计面试问题

在工作分析的基础上，企业应确定录用应聘者的基本标准，同时根据这一基本标准设计面试问题，使所设计的问题能够覆盖应聘岗位所必需的素质要求。通过对应聘者答案的分析，企业就可以明确地了解应聘者与该岗位的适应度。

3.合理安排问题的顺序，确定由谁提问

设计完面试问题之后，企业应对面试问题进行排序，原则上是先易后难、先熟悉后生疏、先具体后抽象，从应聘者能够预料的问题出发，使应聘者逐渐适应并进入角色；同时，还要把不同的问题分配给特定的面试官，由合适的人提出合适的问题，以免面试提问次序混乱。

4.明确评分标准和评分人，设计规范的评分表

首先，对于常识性的问题，一般只存在正确与否，企业可以安排一名非专业的面试官进行提问，各位面试官的打分都有相同的权重；而对于专业性的问题，则由该专业资深的面试官进行提问，并赋予其较高的权重。

其次，如果有多名面试官进行评分，评分就应当有一定的合理性，以免出现其他面试官"陪考"的现象。

再次，赋予每个问题的分值应当合理，可以采用10分制，也可采用5段分值，即"1、3、5、7、9"，从而拉开应聘者的档次，便于做出最终录用决策。

最后，评分表在设计上应体现出规范的格式，具有明确的说明，使面试官能够明确自己在某个阶段的具体行动及在某个问题上的决策权重；同时，评分栏后应留有空余，以便于面试官记录应聘者的回答，以及补充对某些问题的个人看法，还有利于面试的评估总结或再次面试。结构化面试评分表（普通类）见表5-1。

五、结构化面试的优点

结构化面试的优点有以下几个方面：内容确定，形式规范，能够更加高效、简洁地实现目标；便于面试官的操作；测评项目、参考话题、测评标准及实施程序等，事先都经过科学的分析和确定，能够保证整个面试具有较高的效度和信度；对于有多个考生竞争的场合，结构化面试更易做到公平、统一。公务员的录用，管理人员、领导人员的选拔等比较重要的面试场合，常采用结构化面试。

**任务实施**

江波作为这次结构化面试的主要工作人员，要想圆满完成任务，必须做好以下几个方面：

第一，清楚公司的招聘目的、政策及用人理念。

第二，进行工作分析，找到符合工作岗位要求的测评要素；如果该岗位已有工作分析基础，则可以按照工作说明书中的具体任职资格来确定测评要素。

表 5-1                                    结构化面试评分表（普通类）

| 序号 | | 姓名 | | 性别 | | 年龄 | | 学历 | | 报考职位 | | |
|------|---|------|---|------|---|------|---|------|---|----------|---|---|
| 测评要素 | | 语言表达能力 | | 综合分析能力 | | 应变能力 | | 人际交往能力 | | 组织协调能力 | | 举止仪表 | 合计 |
| 权重 | | 10分 | | 20分 | | 20分 | | 20分 | | 20分 | | 10分 | |
| 评分要点 | | 1.口齿是否清晰，语言是否流畅 2.用词是否恰当，意思表达是否准确 3.内容是否有条理和逻辑性 | | 1.能否对问题或现象进行深入剖析 2.对问题或现象的产生根源有无认识 3.能否针对问题或现象提出相应对策，对策是否可行 4.有无独到的见解 | | 1.面对压力或问题，情绪是否稳定 2.思维反应是否敏捷 3.考虑问题是否周全 4.解决问题的办法是否有效可行 | | 1.有无主动与人合作的意识 2.能否与人进行有效沟通 3.对人际关系的处理是否违背原则或者影响工作 | | 1.能否根据工作目标预见有利因素和不利因素 2.能否根据现实需要和长远效果做出计划、决策 3.能否合理配置人、财、物等资源 | | 1.穿着打扮是否得体 2.言行举止是否符合一般的礼节 3.有无多余的动作 | |
| 评分标准 | 好 | 8～10分 | | 15～20分 | | 15～20分 | | 15～20分 | | 15～20分 | | 8～10分 | |
| | 中 | 4～7分 | | 7～14分 | | 7～14分 | | 7～14分 | | 7～14分 | | 4～7分 | |
| | 差 | 0～3分 | | 0～6分 | | 0～6分 | | 0～6分 | | 0～6分 | | 0～3分 | |
| 要素得分 | | | | | | | | | | | | | |
| 面试官评语 | | | | | | | | | | 面试官签名： 年　月　日 | | |

第三，根据工作分析的信息确定录用应聘者的基本标准，再依据这一基本标准设计面试问题，使得所设计的问题能够覆盖应聘岗位所必需的素质要求，最后通过对应聘者答案的分析，了解应聘者与该岗位的适应度。

第四，合理安排面试的时间及布置面试场地。面试场地不仅能够反映公司文化，体现公司的管理水平，还会影响到应聘者对公司的接受程度。

第五，面试材料准备要充分，包括应聘者的个人资料、面试问题提纲、面试评分表、面试程序表等。

第六，做好面试工作人员的分工。人力资源部的人员、其他用人部门的人员，以及专家顾问应各司其职，同时对每个面试官需要提问的问题做好安排，以免发生冲突。

# ● 任务二　结构化面试的组织实施

**任务导入**

华特通信设备有限公司的招聘主管江波决定采用结构化面试的方法对中层管理人员进行甄选，分管人事工作的总经理也会专门抽时间来参加面试工作。因为公司对中层管理人员甄选高度重视，所以江波对此次结构化面试的组织实施工作提出了更加严格的要求，并同其助理小梁分工合作完成。助理小梁负责布置面试场地，准备面试所需材料；江波负责确定及培训面试官，设计面试试题。助理小梁问江波："主管，我还需要做哪些方面的工作呢？我对结构化面试的组织实施工作不是特别了解，希望您能给予我一些指导。"你认为江波应该如何指导小梁？

**任务分析**

结构化面试的程序、内容以及评分方式等的标准化程度都比较高，这使得结构化面试的结构严密、层次性强、评分模式固定。江波的工作团队在面试前，会根据具体职位的需要进行面试问题的设计，有时还会预先分析对这些问题的可能的回答，并针对不同的答案划定评价标准，以帮助面试官进行评判。在面试过程中，面试官必须根据事先拟好的面试提纲逐项对应聘者进行提问，应聘者也必须针对问题进行回答。由于所有应聘者都会面对同样的一系列问题，因此面试的内容具有可比性，对应聘者来说比较公平。此外，由于面试官必须根据统一的评分标准对应聘者的回答进行评判，因此操作起来比较方便，评判结果也比较公正。

**知识支撑**

一、结构化面试的组织实施程序

结构化面试的组织实施程序主要包括选择及培训面试官、选择及布置面试考场、面试的具体操作实施三大环节。

1.选择及培训面试官

面试官的组织方式常见的有三种：一是由人事部门负责组织，面试官由人事部门的工作人员和有关专家组成；二是由人事部门和用人部门联合组织，面试官由人事部门和用人部门分别按一定比例指派；三是用人部门自行组织，面试官由用人部门自行选派。无论采取哪种组织方式，面试官都是主角。招聘单位在面试前必须对面试官进行培训，以提高他们的操作水平。

对于面试官的选择，招聘单位应根据前文提到的对面试官的要求进行严格挑选。如果选择的面试官不是德才兼备的人，那么通过面试录取的人员的素质也难以得到保证。对面试官的培训也是不可缺少的一项内容。研究和实践都表明，经过培训的面试官，不论是评分的信度，还是评分的质量，都明显比没有经过培训的面试官要高。另外，由于结构化面试的规范性和程序性，也要求招聘单位在面试实施前必须对面试官进行集中培训。例如，在公务员录用的面试中，为了确保结构化面试的公正、公平，招聘单位可根据实际需要选择2名监督员（由纪检监察或公证部门的同志担任）参与整个面试过程，同时根据工作量的大小，配备一定数额的工作人员，如记分员、监考人员等。

2.选择及布置面试考场

结构化面试的具体组织实施工作很烦琐,包括面试考场的选择和布置、候考室的设置及相应必需品的配备、应聘者的面试通知与联系、事先抽签决定面试顺序等。这些工作看起来很不起眼,但任何一项工作没做好,都可能会影响面试的顺利进行。

对于面试考场的选择,主要有以下4条要求:一是考场所处位置必须安静,无干扰;二是考场面积应适中,一般以30~40平方米为宜;三是考场的温度、采光度应适宜;四是根据应聘人数的多少设立若干个候考室,候考室应与主考场保持一定的距离,以免相互影响。

面试考场的布置也是很有学问的,就面试官与应聘者的位置安排来说,通常有如下几种形式:

(1)圆桌会议的形式,即多位面试官面对一位应聘者。

(2)一对一的形式,这种形式又包括以下几种:①面试官与应聘者成一定角度而坐。②面试官与应聘者相对而坐,且距离较近。③面试官与应聘者相对而坐,且距离较远。④面试官与应聘者坐在桌子的同一侧。

上述面试官与应聘者不同的位置安排,其产生的面试效果也是不同的。那么,究竟采用哪一种位置安排较好呢?下面我们一一加以分析。

①如果面试官与应聘者相对而坐,且距离较近,则双方目光容易直视,这会给应聘者造成心理压力,使应聘者感觉自己好像在法庭上接受审判而紧张不安,以致无法发挥其正常的水平。当然,如果招聘单位想考核应聘者的压力承受能力,那么就可以采用此种形式。②如果面试官与应聘者相对而坐,且距离较远,则不利于双方的交流,同时空间距离过大,也会增加双方的心理距离,不利于双方更好地进行合作。③如果面试官与应聘者坐在桌子的同一侧,则双方的心理距离较近,也不会给应聘者造成心理压力,但这样会使考官的位置显得有些卑微,不够庄重,而且也不利于考官对应聘者的表情、姿势等进行观察。④如果采用圆桌会议的形式,多位面试官面对一位应聘者,则应聘者不会觉得心理压力太大,同时气氛也较为严肃。⑤如果面试官与应聘者成一定角度而坐,则可以避免双方目光过于直视,缓和应聘者的心理紧张,避免心理冲突,同时也有利于面试官对应聘者的观察。

因此,在通常情况下,企业最好采用多位面试官面对一位应聘者、面试官与应聘者成一定角度而坐这两种位置安排来进行面试。

3.面试的具体操作实施

面试的具体操作实施步骤如下:

(1)对进入面试的应聘者讲解本次面试的整体计划安排、注意事项、考场纪律。例如,应聘者在面试前不能与已面试过的应聘者进行交流,否则就相当于泄题,因为同一职位的应聘者的面试试题很可能是完全相同的。鉴于此,应聘者在候考室等待面试时,不允许使用手机等通信工具,也不允许在外面随便走动。

(2)以抽签的方式确定应聘者的面试顺序,并依次登记考号、姓名。在面试过程中,形式上的公平性与内容上的公平性同样重要,甚至形式上的公平性会更令人关注,因为形式的公平与否是人们最容易看到的。因此,面试顺序往往由应聘者本人在面试开始前抽签决定,以确保面试的公正性和公平性。

（3）面试开始，工作人员带领应聘者依次进入考场，并通知下一位应聘者做准备。

（4）每次面试1人，面试的程序为：首先由主面试官宣读面试指导语，然后由主面试官或其他面试官按事先的分工，依据面试提纲请应聘者按要求回答有关问题。各位面试官独立在评分表上按不同的要素给应聘者打分。

（5）向每个应聘者提出的问题一般以6~7个为宜，每个应聘者的面试时间通常控制在30分钟左右。

（6）面试结束，主面试官宣布应聘者退席。工作人员负责收集每位面试官手中的面试评分表并交给记分员，记分员在监督员的监督下统计面试成绩，并填入应聘者结构化面试成绩汇总表。

（7）记分员、监督员、主面试官依次在应聘者结构化面试成绩汇总表上签字，结构化面试结束。

二、结构化面试组织实施的注意事项

1.结构化面试的准备时间比传统面试要长，有许多工作需要筹备

（1）考试场地的布置安排。这可以反映企业文化，体现企业的管理水平，给应聘者以企业的初步印象，也会影响到应聘者对企业的接受程度。

（2）面试材料的准备。这包括应聘者的个人资料、面试问题提纲、面试评分表、面试程序表等。

（3）面试时间的安排。一般来讲，每个应聘者都会有应对面试的心理准备，而他们的心理警觉期在20~30分钟之间，如果超过这个时间段，人的心理警觉性就会降低。因此，较长的面试时间对发现问题比较有利。每人每次的面试时间可以安排在连续40分钟以上，如果可能的话，企业还可安排几轮面试。

（4）面试工作人员的分工。参与面试工作的人员一般包括人力资源部的人员、用人部门的人员，有时还需要有顾问专家的加入。人力资源部的人员负责工作与学习经历、薪资、福利、求职动机等一般事项的考核；用人部门的人员负责技能、知识、工作经验等专业业务方面的考核；顾问专家则负责对特殊项目进行考核。

2.结构化面试过程中有效信息的获取与传递

面试官应适度诱导应聘者提供与工作相关的信息。面试官在提问时，应对应聘者的回答采取开明接受的态度，定期地发出信号，如点头、微笑等，以表明其对应聘者的谈话很感兴趣。面试官还应控制面试的进度，确保应聘者在合理的时间内回答问题。在有必要了解具体情况时，面试官可让应聘者做出详细的描述。

在应聘者的必要信息已被全部收集后，面试官应提供给应聘者关于企业及工作的恰当信息，这包含着积极的信息和消极的信息。面试官应诚实地回答应聘者所提出的关于企业和工作的任何问题，这将有助于选聘过程的双向选择。

3.结构化面试成绩的评定及统计

面试结束后，企业可以按预定标准将得分简单相加以得出分数，也可以按工作所需要的每个属性的相对重要性（工作分析中具体规定了每个属性的相对重要性）对得分进行加权求和以得出分数，还可以按照面试官的权威性对得分进行加权求和以得出分数。

在按照工作所需要的每个属性的相对重要性来评价应聘者时，不仅要比较总体的得分，还要关注该属性是否具有可补偿性。也就是说，有时某一类属性的高分可以补偿另一

类属性的低分；有时某一方面的熟练精通并不能弥补另一方面的不足，如缺乏与人和谐共处的能力足可以淘汰应聘者，而不需要考虑其他能力的状况如何。

4.对面试官进行必要的培训

许多研究者认为，一个称职的面试官是通过经验的积累而产生的。但即使是有经验的面试官，他们也常常会对面试结果产生争议，而减少这种争议的有效途径就是对面试官进行培训。

对面试官的培训主要包括以下方面：提问的技巧、倾听的技巧、建立和谐的相互关系的能力、掌握相关资料的能力、各种实践手段、讨论及演示的能力、反馈的能力。通过对面试官的培训，企业可以将面试结果的差异限制在最低限度，从而提高面试的可靠性和有效性。

5.结构化面试的效果评估及改进

结构化面试结束后，企业还应对选拔效果进行评估，对所选聘的人员进行一段时间的跟踪，以测评面试的结果与实际的业绩是否具有较高的一致性。通过这种评估，企业可以了解所定的评价指标是不是合适，现存的评价方法是不是可靠和准确，进而改进评价指标，完善评价方法。

三、结构化面试试题样例及其解析

某省公务员录用结构化面试试题样例及其解析如下：

● 你对将要应聘的单位有什么了解？你是通过什么渠道了解的？

此题测评的要素为语言表达能力，并为深入了解应聘者的求职动机、工作能力等收集信息，题型是背景型题目。这类题目不仅能够使应聘者放松心理，自然进入面试情境，也可以了解应聘者是否有备而来，以收集话题及核实某些背景信息。

● 你有个朋友生病在家，你带着礼物前去看望，偏巧在楼道里遇见了你领导的爱人，对方以为你是来看你的领导，便接下礼物并连连道谢。你应如何向对方说明你的真正来意，又不伤害对方的面子。

此题测评的要素为应变能力，题型是情境型题目。这类题目使应聘者面临一种微妙、棘手、有压力的情境，以观察应聘者思维的敏捷程度，以及情绪的稳定性。

● 从你的自我介绍中，我们知道你做过管理工作，能否举一个你认为管理成功的工作例子，并详细说明你从事计划、组织、协调等方面的情况。

此题测评的要素为组织协调能力及处理问题的风格，题型是行为型题目。对于没有管理经验的应聘者，招聘单位可以换一个角度或问题进行了解。

● 随着经济的发展，环境污染日益成为百姓关注的问题。你对环境与发展的关系有什么见解？

此题测评的要素为综合分析能力，题型是智能型题目。这类题目是为了了解应聘者对热点问题的关注程度、日常观察问题的能力、思考问题的深度、有没有独立的见解、知识面是否宽广、思想是否成熟，而非让应聘者发表专业性的意见。

● 如果在工作中，你的上级非常器重你，经常要求你做一些属于别人职权范围内的工作，同事因此对你颇有微词，你将如何处理这类问题？

此题测评的要素为人际交往能力，题型是情境型题目。这类题目将应聘者置于两难的境地，以测评应聘者处理上下级关系和同级关系的意识及能力。

**任务实施**

江波的工作团队可以将结构化面试的组织实施分为面试之前的准备工作、面试过程、面试后的工作三个阶段。

第一阶段，面试之前的准备工作。

结构化面试的准备时间比传统面试的准备时间要长，需要认真筹备许多具体工作。一是面试场地的布置安排。因为此次面试是对中层管理人员进行甄选，所以面试场地的布置应比较正式和隆重。二是面试材料的准备，包括应聘者的个人资料、面试问题提纲、面试评分表、面试程序表等。三是面试时间的安排。既要使面试官能够充分获取应聘者的真实信息，又不会大量增加面试成本。四是面试官的选择。面试官的结构应合理，并且每个面试官都应有高度的责任感和使命感。公司应对面试官进行业务培训，使其掌握面试的内容、方法技巧、操作要求、评分标准，同时建立面试官资格管理制度，原则上只有经过规定的程序取得面试官资格的人员才能担任面试官。五是面试工作人员的分工。人力资源部的工作人员、用人部门的人员、顾问专家等应各司其职。六是制订面试实施方案。在进行结构化面试前，公司还应制订面试实施方案，以确保面试工作按程序进行。结构化面试实施方案的内容一般应包括：面试的组织领导、面试官（小组）的组成及培训；面试的方法及程序；面试试题的编制方法及印制；面试的时间及场所；有关面试的其他工作。

第二阶段，面试过程。

首先由主面试官宣读面试指导语，然后由主面试官或其他面试官按事先的分工，依据面试提纲请应聘者按要求回答有关问题。各位面试官独立在评分表上按不同的要素给应聘者打分。

第三阶段，面试后的工作。

面试结束后，主面试官宣布应聘者退席。工作人员负责收集每位面试官手中的面试评分表并交给记分员，记分员在监督员的监督下统计面试成绩，并填入应聘者结构化面试成绩汇总表。记分员、监督员、主面试官依次在应聘者结构化面试成绩汇总表上签字，结构化面试结束。

# 知识题

1.什么是结构化面试？结构化面试具有什么样的特点？

2.结构化面试的设计包括哪些步骤？

3.结构化面试的组织实施程序主要包括哪些环节？

4.结构化面试的优点是什么？结构化面试组织实施的注意事项有哪些？

# 案例题

情境一：招聘专员彭宇与其组员一起面试一位医疗器械公司的大区销售经理。当时是以其中的一位组员为主问，彭宇在一旁静静地观察该组员的面试过程。该组员很快与应聘者进入了面试正题，问题类似于：请问你现在下面带几个人？你的工作汇报给什么级别的人？你们的产品与哪些公司竞争？整个面试过程在收集信息及判断应聘者是否真实地反映了自身的状况方面做得非常好，但应聘者非常被动。事后彭宇问起该组员对这位应聘者的判断，该组员给了很多关于应聘者所提供的信息是否丰富、真实方面的评价，但对于应聘者的能力、潜力、适应性、个性等软性素质，该组员的回答却很笼统。

情境二：彭宇的另一位组员与应聘者的寒暄做得很好，其他组员几乎将所有该问的问题一一过了一遍，整个面试过程没有太多挑战性的话题，平铺直叙，点到为止。事后彭宇问起该组员对此次面试的一些看法，彭宇反问了几个问题，发现该组员对于应聘者的评估和反馈很肤浅，只限于对应聘者目前的表现和能力的判断。

问题：

彭宇及其组员的面试存在问题吗？存在什么问题？应该如何解决？

分析提示：

其实上述两个情境有不同的问题，但反映的实质内容是一样的。第一个情境的问题是组员的面试过于偏重对信息的收集和了解，而忽视了对应聘者真正能力的评估和了解。这个问题其实在猎头公司也很普遍，因为猎头公司本身很注重信息的收集，而且有了这些信息，应聘者的好坏、能力高低也不会相差太远。第二个情境的问题是了解了应聘者的经历和一般情况下的能力表现，而忽视了应聘者真正的能力及其潜能方面的关键点。这个问题也很普遍，企业可以把应聘者推荐到一个与他过去的职责及工作环境类似的地方，而一旦现有职位比应聘者过去的职责高或环境更复杂恶劣，对于该应聘者是否真正适合该职位，企业的面试人员就没有自信了，随后的问题也就出来了。所以，对于结构化面试，企业应先对空缺职位进行分析，找出空缺职位的素质关键点，然后对每一个素质关键点设置两到三个问题，并分析出可能的答案，以及如何根据这些答案来判断在此素质关键点上应聘者表现出来的优、良、中、差。

# 实训题

实训项目：结构化面试的模拟练习

实训目的：通过对结构化面试的模拟练习，熟悉和掌握结构化面试的组织实施，体会结构化面试组织实施过程中应该注意的事项。

实训步骤：

步骤一：以小组为单位进行人员分工，做好结构化面试前的准备工作。

步骤二：以主面试官为核心展开结构化面试的模拟过程。

主面试官："你好，首先祝贺你顺利通过了笔试，欢迎参加今天的面谈。请你来是希望通过交谈，增进我们之间的相互了解。我们会问你一些问题，有些问题和你过去的经历有关，有些问题要求你发表自己的见解。对于我们的问题，希望你能认真和实事求是地回答，尽量反映自己的实际情况及真实想法。对你所谈的个人信息，我们会为你保密。面谈的时间为30分钟左右，回答每个问题前，你可以先考虑一下，不必紧张。回答时，请注意语言要简洁明了。好，现在就让我们开始。"具体问题及评分标准不再赘述。

步骤三：各位面试官独立在面试评分表上按不同的测评要素给应聘者打分。

步骤四：工作人员负责收集每位面试官手中的面试评分表并交给记分员，记分员在监督员的监督下统计面试成绩，并填入应聘者结构化面试成绩汇总表。记分员、监督员、主面试官依次在应聘者结构化面试成绩汇总表上签字，结构化面试结束。

实训成果：

撰写一份结构化面试模拟练习的心得体会。

# 甄选方法之三——面试

## 知识目标

了解面试的含义和重要性；了解面试的种类和特征；了解面试的整个流程及可能出现的问题；掌握常规面试的程序和方法。

## 能力目标

能够有效组织实施面试；能够灵活运用面试有关技巧；在面试过程中能够注意把握有关面试的注意事项。

## ● 任务一　面试的准备工作

**任务导入**

B公司是2014年6月成立的一家中美合资公司，主要生产经营以玉米为原料的休闲食品。作为一家面对陌生市场的新公司，设立主管营销工作的副经理职位就显得至关重要。该职位直接领导数名销售主管，管理20余人的销售队伍，并要在短期内为公司的产品打开销路，可谓责任重大，B公司希望通过招聘来找到适合这一职位的优秀人才。约有20名应聘人员参加了第一轮面试，通过此次面试，B公司着重考查了他们的工作经历、实际操作经验和业务方面的知识，并从中选出4人进入下一轮面试。B公司原本希望通过第二轮面试确定副总人选，没想到面试结束后，公司内部对最终人选意见不一，原因是这4个人的条件十分接近，各有所长。他们有的是原公司的销售冠军，有的是地区销售经理，都具有大学及以上学历和多年的营销经验，目前都在知名的食品、饮料公司承担不同级别的销售管理工作。

**任务分析**

面试是企业选拔人员的一项重要手段。B公司也意识到了面试的重要性，虽然该公司人力资源管理工作者了解面试的特征、流程及可能出现的问题，但是在如何使用面试技术、怎样进行胜任特征推断、怎样编制面试方案等方面出现了工作不到位的情况。因此，解决好面试准确性和公平性的问题是人力资源管理者重要的工作内容。针对以上情况，如果该公司事先把面试工作准备得更加充分，例如设置好一个实际问题操作环节来进行测试，然后通过对每个面试者的具体操作完成情况进行分析，就会比较容易选出公司所需要的人。

**知识支撑**

一、什么是面试

面试就是一种在特定场景下，经过精心设计，通过面试官与应聘者双方面对面的观察、交谈等沟通方式，了解应聘者素质特征、能力状况以及求职动机等信息的人员甄选方式。在这里，"在特定场景下"的限定使面试与日常的观察、考查等测评方式相区别；"精心设计"的特点使它与一般性的交谈、面谈、谈话相区别；"面对面的观察、交谈等沟通方式"，不但突出了面试"问"、"听"、"察"、"析"、"判"的综合性特色，而且使面试与一般性的口试、笔试、操作演示、背景调查等人员素质测评的形式也区别开来。

二、面试的种类

1.根据面试的结构化程度划分

根据面试的结构化程度，面试可以分为结构化面试、半结构化面试和非结构化面试三种类型。

结构化面试是指面试题目、面试实施程序、面试评价、面试官构成等方面都有统一明确的规范的面试；半结构化面试是指只对面试的部分因素有统一要求的面试，如规定有统一的程序和评价标准，但面试题目可以根据面试对象不同而变化；非结构化面试是对与面试有关的因素不做任何限定的面试，也就是通常没有任何规范的随意性面试。

正规的面试一般都为结构化面试，如公务员录用、MBA面试即为结构化面试。所谓结构化，主要包括三个方面的含义：一是面试过程把握（面试程序）的结构化。在面试的起始阶段、核心阶段、收尾阶段，面试官要做些什么、注意些什么、要达到什么目的，事前都会有相应策划。二是面试试题的结构化。在面试过程中，面试官要考查应聘者哪些方面的素质，围绕这些考查角度主要提哪些问题、在什么时候提出、怎样提出，在面试前都会有所准备。三是面试结果评判的结构化。从哪些角度来评判应聘者的面试表现，等级如何区分，甚至如何打分等，在面试前都会有相应规定，并在众面试官间统一尺度。

在非结构化的面试条件下，面试的组织非常"随意"。关于面试过程的把握、面试中要提出的问题、面试的评分角度与面试结果的处理办法等，主面试官事前都没有精心准备与系统设计。非结构化面试颇类似于人们日常非正式的交谈。除非面试官的个人素质极高，否则很难保证非结构化面试的效果。目前，非结构化的面试越来越少。

2.根据面试对象的多少划分

根据面试对象的多少，面试可分为单独面试和集体面试两种类型。

单独面试是指面试官与应聘者单独面谈。这是最普遍、最基本的一种面试方式。单独面试的优点是能提供一个面对面的机会，让面试双方较深入交流。单独面试又有两种类型：一是只有一个面试官负责整个面试过程，这种面试大多在较小规模的单位录用较低职位人员时采用；二是由多位面试官参加整个面试过程，但每次均只与一位应聘者交谈，公务员面试大多属于这种形式。

集体面试又叫小组面试，是指多位应聘者同时面对面试官的情况。在集体面试中，通常要求应聘者进行小组讨论，相互协作解决某一问题，或者让应聘者轮流担任领导主持会议、发表演说等。这种面试方法主要用于考查应聘者的人际沟通能力、洞察与把握环境的能力、领导能力等。无领导小组讨论是最常见的一种集体面试法，在不指定召集人、主面试官也不直接参与的情况下，应聘者自由讨论面试官给定的讨论题目，这一题目一般取自于拟任工作岗位的专业需要，或是现实生活中的热点问题，具有很强的岗位特殊性、情景逼真性和典型性。在小组讨论中，面试官通常坐在离应聘者稍远的地方，不参加提问或讨论，通过观察、倾听为应聘者进行评分。

3.根据面试目的划分

根据面试目的不同，可以将面试分为压力性面试和非压力性面试两种类型。

压力性面试是将应聘者置于一种人为的紧张气氛中，让应聘者接受诸如挑衅性、非议性、刁难性的刺激，以考查其应变能力、承受压力能力、情绪稳定性等。典型的压力性面试是以面试官步步紧逼的方式连续就某事向应聘者发问，且问题刁钻棘手，甚至逼得应聘者穷于应付。面试官以此种"压力发问"方式逼迫应聘者充分表现出对待难题时的机智灵活性、应变能力、思考判断能力、气质性格和修养等方面的素质。非压力性面试是在没有压力的情景下考查应聘者有关方面的素质。

4.根据面试的进程划分

根据面试的进程，可以将面试分为一次性面试和分阶段面试两种类型。

一次性面试是指用人单位对应聘者的面试内容集中在一次进行。在一次性面试中，面试官的组成一般都比较全面，通常由用人单位人事部门负责人、业务部门负责人及人事测评专家组成。在一次性面试情况下，应聘者是否能面试过关，甚至是否被最终录用，就取决于这一次面试的表现。面对这类面试，应聘者必须集中精力，认真准备，全力以赴。

分阶段面试又可分为两种类型，即"依序面试"和"逐步面试"。依序面试一般分为初试、复试与综合评定三步。初试的目的在于从众多应聘者中筛选出较好的人选，初试一般由用人单位的人事部门主持，主要考查应聘者的仪表风度、工作态度、上进心、进取精神等，将明显不合格者予以淘汰。初试合格者进入复试，复试一般由用人部门主管主持，以考查应聘者的专业知识和业务技能为主，衡量应聘者对拟任工作岗位是否合适。复试结束后，由人事部门会同用人部门综合评定每位应聘者的成绩，确定最终合格人选。逐步面试，一般是由用人单位的主管领导、部门负责人以及一般工作人员组成面试小组，按照小组成员的层次，由低到高的顺序，依次对应聘者进行面试。逐步面试的内容依层次各有侧重，低层一般以考查专业及业务知识为主，中层以考查能力为主，高层则实施全面考查与最终把关，实行逐层淘汰筛选，逐渐严格。应聘者要对各层面试的要求做到心中有数，力争在每个层次均为面试官留下好印象。在低层次面试时，应聘者切不可轻视大意，在面对高层次面试时，也不必胆怯拘谨。

5.根据面试内容设计的重点划分

根据面试内容设计的重点不同，可将面试分为常规面试、情景面试和综合性面试三种类型。

常规面试就是面试官和应聘者面对面以问答形式进行的面试。在这种面试条件下，面试官处于积极主动的位置，应聘者一般是被动应答的姿态。面试官提出问题，应聘者根据面试官的提问做出回答，展示自己的知识、能力和经验。面试官根据应聘者对问题的回答以及应聘者的仪表仪态、身体语言、在面试过程中的情绪反应等表现对应聘者的综合素质状况做出评价。

情景面试是面试形式发展的新趋势，它突破了面试官和应聘者那种一问一答的常规模式，引入了无领导小组讨论、公文处理、角色扮演、演讲、答辩、案例分析等人员甄选中的情景模拟方法。在这种面试类型下，面试的具体方法灵活多样，面试的模拟性、逼真性强，应聘者的才华能得到更充分、更全面的展现，面试官对应聘者的素质也能做出更全面、更深入、更准确的评价。

综合性面试兼有前两种面试的特点，而且是结构化的面试，内容主要集中在与工作职位相关的知识技能和其他素质上。

6.根据面试的功能划分

根据面试的功能，可以将面试分为鉴别性面试、评价性面试和预测性面试三种类型。

鉴别性面试就是依据面试结果把应聘者按相关素质水平进行区分的面试；评价性面试则是对应聘者的素质做出客观评价的面试；预测性面试是指对应聘者的发展潜力和未来成就等方面进行预测的面试。

7.根据面试结果的使用方式划分

根据面试结果的使用方式，可以将面试分为目标参照性面试和常模参照性面试两种类型。

目标参照性面试就是面试结果须明确应聘者的素质水平是否达到某一既定的目标水平，通常分为合格与不合格两种；常模参照性面试是根据面试结果对应聘者按素质水平高低进行排序，从而进行择优录用的面试，结果往往分为若干档次。

三、面试的特点

1.面试以谈话和观察为主要手段

谈话是面试过程中的主要手段。在面试过程中，作为面试官，主要向应聘者不断地提出各种问题；作为应聘者，主要是针对面试官提出的问题进行回答。在面试过程中，面试官正确地把握提问技巧是十分重要的，熟练的提问技巧不仅可以有针对性地了解应聘者某一方面的情况或素质，而且对于驾驭面试进程、净化面试主题、营造良好的面试氛围，都能发挥重要作用。例如，可以利用应聘者的擅长之处，提出一些启发性问题，调动其思路，展示其才华；当应聘者回答问题答非所问时，可利用提问控制或调整话题；当应聘者讲完后，可以通过短暂的沉思或补充性的追问，形成一个"缓冲区"。可见，熟练的提问技巧对于应聘者的谈吐、转移话题等都有益处。

观察也是面试过程中常用的手段。在面试中，要求面试官善于运用自己的感官，特别是视觉和听觉的运用。运用视觉主要是观察应聘者的非语言行为，它不仅要求面试官在面试中要善于观察应聘者的非语言行为，而且要能推断应聘者的行为类型，进而借助于人的表象层面探寻其深层心理。对应聘者非语言行为的观察，主要有两个方面：一是面部表情的观察；二是身体语言的观察。

在面试过程中，听觉的功能也十分重要。面试官通过倾听应聘者的发言，能够对应聘者的回答做出适度的反应，当应聘者的回答与所提问题无关时，可进行巧妙引导。在倾听应聘者的谈话时，应边听边思索，及时归纳整理，抓住关键实质之处。通过倾听，面试官可以对应聘者的谈话进行分析，比如是否听懂了自己的提问，是否抓住了问题的要害，语言表达的逻辑性、层次性、准确性如何等。除此之外，面试官还可根据应聘者讲话的语音、语速、腔调等来判断应聘者的性格特征。例如，声音粗犷、音量较大者多为外向性格；讲话速度快者，多性格急躁；爱用时髦、流行词汇者大多虚荣心较强等。

### 2.面试是一个双向沟通的过程

面试是面试官和应聘者之间的一种双向沟通过程。在面试过程中，应聘者并不是完全处于被动状态。面试官可以通过观察和谈话来评价应聘者，应聘者也可以通过面试官的行为来判断面试官的价值判断标准、态度偏好、对自己面试表现的满意度等，来调节自己在面试中的行为表现。同时，应聘者也可以借此机会了解自己应聘的单位、职位情况，以此决定自己是否可以接受这一工作。所以说，面试不仅是面试官对应聘者的一种考查，也是主客体之间的一种沟通、情感交流和能力的较量。通过面试，面试官应从应聘者身上获取尽可能多的有价值的信息，应聘者也应抓住面试机会，获取那些自己所关心的关于应聘单位及职位等信息。

### 3.面试内容的灵活性

面试内容对于不同的应聘者来说是相对变化的、灵活的，具体表现在以下几个方面：

第一，面试内容因应聘者的个人经历、背景等情况的不同而无法固定。例如，有两位应聘者同时应聘档案管理岗位，一位有多年从事档案工作的经历，另一位是应届档案管理专业的本科毕业生，那么，在面试中对前者应侧重于询问其多年来从事档案管理方面的实践经验及工作中的有关情况，对后者则应侧重了解其对专业基础知识掌握的情况以及在校学习期间的有关情况。

第二，面试内容因工作岗位不同而无法固定。不同的工作岗位，其工作内容、职责范围、任职资格条件等都有所不同，例如国家技术监督局的有关技术监督岗位和国家人力资源和社会保障部的有关考录岗位，无论其工作性质、工作对象，还是其任职资格条件，都存在着很大差别。因此，其面试的考查内容和考查形式都不能做统一规定，面试题目及考查角度都应有所侧重。

第三，面试内容因应聘者在面试过程中的面试表现不同而无法固定。面试的题目一般应事先拟定，以供提问时参照。但这并不意味着必须按事先拟定好的题目逐一提问，一问到底，毫无变化，而是要根据应聘者回答某一问题的情况，来决定下一个问题问什么以及怎么问。如果应聘者回答问题时引出与拟定的题目不同的问题，面试官还可顺势追问，而不必拘泥于预定的题目。

总之，从面试官角度看，面试内容既要事先拟定，以便提问时"有的放矢"、"不打无准备之仗"，又要因人因"事"（岗位）而异，灵活掌握；既要让应聘者充分表现自己的才华，又不能完全让应聘者海阔天空地自由发挥，最好是在半控制、半开放的情况下灵活把握面试内容。

### 4.面试对象的单一性

面试的形式有单独面试和集体面试两种。在集体面试中多位应聘者可以同时进入考场，但面试官不是同时面向所有的应聘者提问，而是逐一提问并测评，即使在面试中引入辩论、讨论环节，评委们也是逐个观察应聘者表现的。

### 5.面试时间的持续性

面试与笔试有一个显著的区别，那就是面试不是在同一时间展开，而是逐个持续进行。笔试是不论报考人数的多少，均可在同一时间进行，甚至不受地域的限制。面试则不同，首先，面试是因人而异，面试官提出问题，应聘者针对问题进行回答。考查内容不像笔试那么单一，既要考查应聘者的专业知识、工作能力和实践经验，又要考查其仪态仪表、应变能力等，因此只能因人而异、逐个进行。其次，面试一般由用人部门主持，各部门与各岗位的工作性质、工作内容和任职资格条件不同，面试差异大，无法在同一时间进行。最后，每一位应聘者的面试时间不能做出硬性规定，而应视其面试表现而定，如果应聘者对所提问题对答如流，阐述清楚，面试官很满意，在约定时间甚至不到约定时间即可结束面试；如果应聘者对某些问题回答不清楚，需进一步追问，或需要进一步了解应聘者的某些情况，则可适当延长面试时间。

**6.面试交流的直接互动性**

与笔试、心理测验等人员甄选方式不同，面试中应聘者的语言及行为表现与面试官的评判直接相关，中间没有任何中介转换形式。在面试过程中，面试官与应聘者的接触、交谈、观察也是相互的，是面对面进行的，主客体之间的信息交流与反馈也是相互作用的，而笔试、心理测验时一般对命题人、评分人严加保密，不让应聘者知道。面试的这种直接性提高了面试官与应聘者间相互沟通的效果与面试的真实性。

**7.面试的平等性**

在传统的观念中，面试的双方似乎总是不平等的，面试官总是掌握着主动权，他有权选择录用你或者不录用你。在这样的压力下，面试者总是抱着被选择的心态，争取自己的最佳表现，以得到面试方的赏识。于是，我们常常可以在面试现场看到这样的现象：就像小学生一样——腰背挺直，表情严肃，态度认真，从不插话。那么，如此小心翼翼的面试是否就能取得良好的效果呢？很遗憾，答案是否定的。过分拘谨的态度、结结巴巴的讲话、夸张恭维的语言、不吭一声的表现，这既是对自身的否定，也是对面试方不够尊重的表现。不要以为态度拘谨就说明你诚实可靠，不吭一声就说明你听从领导，顺着面试官的话头回答问题就能被录用。如果你一开始就把面试官当做一座只可仰止的高山，让你自己站在他的山脚下，那么你永远不可能到达山顶。所以，面试时你在被面试官选择的同时，你其实也是在选择他以及他所代表的单位，你们是平等的。

**四、面试的主要内容**

虽然从理论上讲，面试可以测评应聘者几乎任何一种素质，但是在测评甄选实践中，我们并不是以面试去测评一个人的所有素质，而是有选择地用面试去测评岗位资质需要测评的内容。一般来讲，面试的主要内容包括：

**1.仪表风度**

仪表风度指应聘者的体型、外貌、气色、衣着举止、精神状态等。像国家公务员、教师、公关人员、企业经理人员等职位，对仪表风度的要求较高。研究表明，仪表端正、衣着整洁、举止文明的人，一般做事有规律，注意自我约束，责任心强。

**2.专业知识**

了解应聘者掌握专业知识的深度和广度，其专业知识是否符合所要录用职位的要求，面试可以作为考核专业知识的笔试的补充。面试对专业知识的考查更具灵活性和深度，所提问题也更接近空缺岗位对专业知识的需求。

**3.工作实践经验**

面试官根据应聘者的个人简历或求职登记表，了解应聘者有关背景及过去工作的情况，据此进行相关的提问，能够补充、证实其所具有的实践经验。通过工作经历与实践经验的了解，还可以考查应聘者的责任感、主动性、思维能力、口头表达能力及应变能力等。

### 4.口头表达能力

面试中应聘者能否将自己的思想、观点、意见或建议等顺畅地用语言表达出来，是面试官考查的一个方面。该项考查的具体内容包括表达的逻辑性、准确性、感染力、音质、音色、音量、音调等。

### 5.综合分析能力

面试中，应聘者能否对面试官提出的问题通过分析后抓住本质，并且说理透彻、分析全面、条理清晰，是综合分析能力考查的一个重点。

### 6.反应能力与应变能力

通过考查应聘者对面试官所提出的问题理解是否迅速、是否准确等，可以反映应聘者对于突发问题的反应能力与应变能力。

### 7.人际交往能力

面试中，通过询问应聘者经常参与哪些社团活动，喜欢同哪种类型的人打交道，有哪种社交倾向和与人相处的技巧等，可以考查应聘者的人际交往能力。

### 8.自我控制能力与情绪稳定性

自我控制能力对于国家公务员及许多其他类型的工作人员（如企业的管理人员）显得尤为重要。一方面，在遇到上级批评指责、工作有压力或是个人利益受到冲击时，能够克制、容忍、理智地对待，不致因情绪波动而影响工作；另一方面，通过对情绪稳定性的考查，可以测试应聘者对工作的耐心程度和韧劲。

### 9.工作态度

通过面试，一是了解应聘者对过去学习、工作的态度；二是了解其对应聘职位的态度。在过去学习或工作中态度不认真，做什么、做好做坏都无所谓的人，在新的工作岗位上也很难做到勤勤恳恳、认真负责。

### 10.上进心、进取心

上进心、进取心强烈的人，一般都确立有事业上的奋斗目标，并为之积极努力，表现在努力把现有的工作做好，且不安于现状，工作中常有创新。上进心不强的人，一般都是安于现状，无所事事，不求有功，但求能敷衍了事，因此对什么事都不热心。

### 11.求职动机

通过了解应聘者为何希望来本单位工作、对哪类工作最感兴趣、对工作的追求等，可以判断本单位所能提供的职位或工作条件等能否满足其工作要求和期望。

### 12.业余兴趣与爱好

通过了解应聘者休闲时间爱从事哪些运动、喜欢阅读哪些书籍以及喜欢什么样的电视节目，有什么样的嗜好等，可以了解一个人的兴趣与爱好，这对录用后的工作安排常有好处。

此外，面试官还会向应聘者介绍本单位及拟聘职位的情况与要求，回答有关工薪、福利等应聘者关心的问题。

### 五、面试的作用与功能

面试与笔试等测评甄选方式相比，其作用和功能有以下几点：

1.可以考查笔试等测评甄选手段难以考查到的内容

笔试是以文字媒介来考查一个人的素质水平，但很多素质特征很难通过文字表现出来，比如一个人的仪表风度、口才、反应的敏捷性等。有些素质特征不能够通过文字形式来表达，但却可以通过面试来考查。例如，通过观察应聘者的面部表情和身体语言就可判断其自信心、性格、情绪等素质特征。

2.可以灵活地考查应聘者的知识、能力、工作经验及其他素质特征

虽然面试是面试官和应聘者的一种双向沟通活动，但面试的主动权主要控制在面试官手里，测评时面试官要专即专、要广即广、要深即深、要浅即浅，具有很大的弹性和灵活性。笔试和心理测验在这方面的考查功能均不如面试。

3.可以弥补笔试的失误，并有效地避免高分低能者和冒名顶替者

如果仅以笔试成绩作为录用依据，那么在笔试过程中发挥欠佳的应聘者就没有机会被录用了，但如果再辅之以面试形式，则这些人便有机会再次表现，从而成为用人单位的理想人选。此外，笔试还存在一定局限性，笔试过程中难免有高分低能甚至冒名顶替者。

4.面试可以测评应聘者的多方面信息

从理论上讲，面试只要精心设计、时间充足、手段到位，就可以测评出应聘者的任何素质。如果说心理测验中的许多问卷是测评应聘者的智力、心理、品德等方面的有效工具，那么把这些心理测验中的问题以口头回答的形式表现出来，也能达到与笔试相同的效果。由于信息量利用的高频率特点，其测评质量可能还会更好。如果在面试中引入无领导小组讨论、角色扮演、管理游戏等情景模拟的测评甄选手段，还可直接考查应聘者的组织能力、领导能力等；如果引入工作演示的方法，还可直接考查出一些应聘者的实际工作能力，甚至还可以通过面试获取应聘者的身体状况信息。

**任务实施**

B公司在面试时的具体方法为：

第一步，先做好面试的准备。B公司要招聘主管营销工作的副经理，那么首先要进行岗位分析，列出营销副经理应具备的能力、素质条件，然后确定面试小组构成人员和面试时间、地点等，做好相关准备工作，进行第一轮面试。

第二步，根据第一轮面试情况，进行评价总结，并确定第二轮面试的方法。本例中，根据第一轮面试后选出的4个人的资料分析，应聘者条件十分接近，各有所长，都具有大学及以上学历和多年的营销经验。因此，可采取综合性面试的方法，事先设置好一个实际业务操作环节来进行测试，引入无领导小组讨论、业务处理、角色扮演、演讲、答辩、案例分析等人员甄选的情景模拟方法，然后通过对各个应聘者的具体操作完成情况进行分析，最后选出公司所需人选。

# ● 任务二　面试的实施程序和技巧

**任务导入**

情境一：

广州一家民营企业招聘绩效经理，行政人事总监负责面试。该总监来自一家知名的外资企业，专业能力值得信赖，对此次招聘的面试过程安排得也非常严谨，包括履历审核、

深度行为面试、纸笔测试以及背景调查等。最后选定的人员来自国内一家比较有名的IT企业，此人在层层筛选中脱颖而出，在专业能力、职业素养、寻求的发展空间等多个方面与此岗位匹配度都很高。但是，该员工最终还是在3个月内主动离职了。

情境二：

在某商场招聘导购员的面试中，由于面试官是位热衷于股市的人士，结果当他在面试中发现一位似乎很精通股市的应聘者时，竟忘了自己的面试官身份，一连串问了许多有关股市方面的具体问题，如：你认为近期股市的走势如何？近期可否购进"仪征化纤"？使应聘者感到非常纳闷。你认为这样的面试会有成效吗？

## 任务分析

在人员招聘中，我们经常看到一些用人部门组织实施不力、实施程序不规范，主要表现在面试试题的保密措施不严、面试顺序任意指定、面试题目难易不同、面试时间长短不一等。这在客观上不仅造成了对应聘者的不公平，而且还会破坏用人单位的形象。此外，由于面试难以标准化和量化，很多时候面试结果与面试官的综合素养有很大关系。例如，在一些企业的招聘面试中，经常发生面试官按照自己的偏好评价人，如果面试官很看重学历，就会对高学历者青睐有加，因此造成在面试开始之前，学历稍低者就铁定已失一分；或者另一位面试官是做市场、搞销售出身的，就会对能言善辩者带有几分好感，而忽略了目前企业所招聘岗位的特点和要求等。如情境一的面试过程非常严谨，但有一个失误：行政人事总监是仅仅带着简历面试的，尽管有丰富的经验，但还是遗漏了两项重要素质——员工的向上协调能力、自我管理能力（绩效管理必须由上而下，要求有很强的执行力），这两项能力在规范的企业中要求不太突出，但是在管理水平不够规范的民营企业就显得十分必要了。情境二则是面试官在面试时随意发问，严重偏离了面试的目的和方向。

## 知识支撑

一、面试的基本程序

面试的程序一般包括以下步骤：

1.确定应聘者的人员名单

一般根据笔试成绩的高低和录用人数的多少，或规定笔试的录取分数线，确定参加面试的人员。面试的应聘人数一般多于或等于拟录用的人数。

2.编制面试试题

由于面试方法不同，试题的形式也各有差异。有的是具体问题，有的是实施方案。无论采用哪种方法，都要围绕测评要素（内容），组织专家进行命题或提出方案。如写调查报告，就要事先确定到哪里去，调查什么，写什么，以及相应的准备工作。又如无领导小组讨论，就要组织命题人员对问题进行筛选提炼，编制讨论题和评价标准等。

3.成立面试测评小组（即面试官小组）

面试测评小组一般由5～7人组成，目前常见的有3种面试官组织形式：一是由人事部门负责组织，面试官由人事部门干部和有关专家组成；二是由人事部门和用人部门联合组成，面试官由两部门分别按一定比例分别指派；三是用人部门自行组织，面试官由本部门选派。无论采取哪种组织方式，面试官都是主角，面试前必须对面试官进行全员培训，以提高他们的操作水平。

4.面试考场的布置

面试考场与笔试考场不同，面试考场的布置应分为两方，一方为面试测评小组成员，另一方为应聘者，两方形成对应格局。

5.进行面试

面试开始时，由应聘者抽签确定面试题目，或由面试官向应聘者逐一提问，应聘者轮流进入考场，接受面试。

6.应聘者答题

应聘者在规定的时间里回答问题，面试官可以连续提问，应聘者必须即兴回答。

7.面试官进行评分

面试测评人员对应聘者进行测评，当场各自打分并做好记录，由指定的人员填写面试测评成绩汇总表，交面试官签名。

8.公布结果

公布面试成绩，并尽快通知应聘者本人。

二、面试试题编制

1.制订试题编制计划

制订试题编制计划，就是对整个试题编制工作做通盘的总体构思，把最基本的东西先确定下来，使后面的工作有所遵循。事实证明，制订好试题编制计划，是试题编制工作按部就班、顺利完成的保证。

试题编制计划应该明确以下问题：

（1）测评目的。明确为何测评及测评结果的用途。

（2）测评项目。明确对哪些素质项目进行测评以及测评结果的质量要求。

（3）测评对象。对考生的总体情况，如学历、专业、工作经历等构成有所了解，明确针对性。

（4）测评模式。明确是口试类的模式还是模拟操作类的模式，口试类模式是采用哪一种或哪几种方式，模拟操作类模式是采用哪一种或哪几种方式。只有具体确定后，才能考虑拟题。

（5）题型。明确采用哪些试题题型。

（6）取材范围。明确选用哪些素材。

（7）对拟题工作的质量与数量要求。

（8）工作程序与工作进度。

2.试题编制的基本要求和设计技术

面试试题尽管类型繁多、性质不同、功能各异，但在设计、编制时，都有一些共同的特征。

（1）面试内容要直接体现面试的目的和目标。笔试的重点在于考查应聘者的知识，而面试的目的是要进一步考查应聘者的能力水平、工作经验、体质精力以及其他方面的情况，以弥补笔试的不足，为选择合适人才提供充分依据。面试内容如果不明确、不具体，则面试的目的难以达到，进而将影响录用考试总体目标及录用计划实现。面试要从面试评价目标出发编制试题。

（2）面试题目必须围绕面试重点内容来编制。编制题目是为了完成对重点内容的考查，进而实现面试的目的。所以，题目所及必须是面试所要考查的重点。否则，面试时就会出现面试官海阔天空、漫无边际的提问，应聘者不得要领、东拉西扯回答的局面。

（3）试题的科学性与可测性统一。面试试题不仅应该是正确的、科学的，而且从达到面试目的而言应该是实用的、有效的。并不是任何表述科学、严密的问题（如笔试中的问题）都可以用在面试之中，用逻辑类题来测评应聘者的思维能力效果往往并不好，因为这类题目在面试的压力下往往令应聘者张口结舌，无话可说，使面试无法进行下去。如果让应聘者就某一社会现象自由地发表自己的看法，常能使他们有话可说，于自然表述中体现出其思维水平。比如：测评应聘者的综合分析能力，可以考虑用这一题目：有句古话"木秀于林，风必摧之；堆高于岸，流必湍之"，你怎么看？（如应聘者不理解这句话的含义，可换一种问法：你对"枪打出头鸟"这句话怎么看？）此题首先可考查其文化素养，如不理解"木秀于林……"的含义，其文化素养可能不高。由应聘者的回答，可自然表现其综合分析能力。根据他的回答，面试官可进一步追问："如果你是秀于林的木，你将如何与别人相处？"进而了解应聘者人际交往的意识与技巧。高素质的应聘者可以联系中华文化的特点，深刻分析"木秀于林……"的含义，指出在我们的社会中，确实有这样的现象，并分析这种现象存在的原因，同时能恰当、积极、建设性地提出，如果自己是"秀于林的木"，将如何做。面试官若能深刻领会出题思路，加以变通追问，试题的有效性一定可以得到充分的保证。

（4）题目要有共性和个性。从面试的重点内容看，除"仪表风度"一项不必编制题目外，其余各项均要编制相应的题目，以便面试时有针对性地提问、考查。另外，由于应聘者的经历不同，不可能对每个人都用同一套题目依序一问到底。因此，每项面试内容可从不同角度出一组题目，面试时根据情况有选择地进行提问，这样效果更佳。

同类岗位的面试题目可分为个性问题和共性问题两大类。

个性问题要针对应聘者的不同经历和岗位要求提出，而且问题必须非常明确具体，能紧紧抓住个人经历和岗位要求中有代表性的东西，提问不在多而在于精。个性问题事先要经过周密考虑，基本上是定型的，但并不排斥根据临场情况做必要的变通。

共性问题主要指围绕岗位所需专业知识所提出的问题，对各个应聘者提问的范围和重点应基本相同，故称为共性问题。但要注意，所谓共性，是指提问的范围、类型、性质、大小和难易程度等，而不是对所有应聘者都使用同一套试题。

（5）问题要有可评价性和透视性。问题要有可评价性和透视性是指问题能够识别应聘者的素质。试题编制一定不可"直来直去"，即正面提问，正面回答，正面评价，这种试题是没有任何作用的。好试题是具有可评价性和透视性的，如下例：

【例题1】房改是目前社会大众普遍关注的问题之一。绝大多数人对于房改政策都持欢迎态度，但对房改具体措施的实施又各执己见，特别是买房，现在对大多数人来说是遥不可及的事情。请结合你自己的住房情况谈一谈你对房改的看法。

这类题目的着眼点不是让应聘者发表什么专业性意见，而是看其观察问题的能力，思考问题的深度，有没有独立见解，思想是否成熟，思路是否清晰，是否言之成理。此题的测试目标是思维能力、语言表达能力。测试点为思维的逻辑性、严密性，思维的广度和深度，分析比较能力，推理判断能力，综合概括能力，观察力和知识面，语言表达的逻辑性、流畅性和准确简洁程度。

【例题2】众所周知，机关工作会议多，效率较低，你认为怎样才能提高会议效率？

此题的测试目标是计划组织能力。测试点有制订计划能力、协调配合能力、组织实施能力以及如何处理好行政首长负责制与充分发挥每个人的积极性的关系。

【例题3】在你生活和工作的环境中，你经常要接触哪些人？你是如何处理同这些人的关系的？如果其中有你不喜欢又不得不与之打交道的人，你如何应付这种情况？

这道题的测试目标是人际关系的合作意识与技巧，特别是难处关系的处理能力。测试点有沟通能力、原则性、灵活性，以及处理问题的方式、主动性、适应能力和应变能力。

（6）试题要有内涵。内容要有价值，与目的内在联系紧密，可以实现目的，否则实现目的就是一句空话。另外，进入面试的可能有多位应聘者，因而面试内容要有可比性，即通过对应聘者按规定内容进行面试，不但可探知某人在这方面的情况，还可对所有应聘者进行比较，以定优劣。

（7）试题的新颖性与启发性相结合。为提高试题的有效性，应该注意材料新、视角新、观念新、表述新、形式新，避免重复特别是简单重复，以便于测评应聘者某些素质的真实水准。但这种新颖、新异、新鲜要与富于启发性结合起来，从而促使应聘者的相似联想和对比联系进入活跃状态，摆脱拘束与紧张，从而表现出其潜在素质。

（8）试题要讲究形式。第一，试题的大小要适度。试题尽量短小精炼，宜采取"大题化小、成套组合"方法。否则，可能会使应聘者觉得题目太大，无从下手，或者太琐碎、细小，也会影响面试效果。第二，试题要新鲜。如角度新、观念新、材料新、形式新。第三，试题要有开放性、启发性。能触发思想火花，启发应聘者思路，并运用自己的实践经验作答。如辩论、演讲的题目，就要有争议性，利于思辨，应聘者愿意谈、可以谈。

3.面试题卡的编制

对于比较规范的面试，为了适应面试官临场选择、组合试题的需要，最好编制面试题卡或面试题本。

面试题卡应包括下列几项内容：

（1）试题。试题包括"给定条件"和"作答要求"两部分。当"给定条件"不言而喻，或应聘者能想出时，也可省略。

（2）答案。面试题的答案，情况比较复杂。有的是有唯一正确答案的，如知识测验；有的是没有统一答案的，但有"可接受答案"、"允许答案"；有的是既没有统一答案，也没有"可接受答案"、"允许答案"，只要求应聘者做出答案就行。在面试题卡中，要针对这些情况分别载明答案的类型，如正确答案、参考答案、答案要点、允许答案、可接受答案、无统一且不需统一的答案等。

（3）用途。用途也即该试题的测评意图、可测评的项目或预期效果等。

（4）标准。针对答案情况，提出测评结论的指标及水平刻度，以便评定等级、分数或评语。

（5）使用方法。对各种注意事项予以说明。

4.试题的试测分析

试题编制好以后，要对其质量进行鉴别，即对该题的鉴别力、难度、形式等问题进行判断。最好的鉴别方法是先选择一些"应聘者"进行测评，通过模拟使用来验证试题的质量。

5.试题的组合

以结构化面试的试题为例，基本试题要在事前根据测评项目、测评时间、测评模式等进行组合，编制成面试题卡。面试时，面试官应在基本试题的基础上，针对应聘者的具体作答提出关联性、展开性问题。

三、面试提问的技巧

在面试过程中必须掌握相应的提问技巧。有效的提问技巧不仅能够帮助面试官识别出所需要的人才，更能够让面试官充当好"伯乐"的角色。常用的面试提问方式有终止式、开放式、引导式、假想式、单选式、多项式等。

1.常用的面试提问方式

（1）终止式。只需要回答"是"或"不是"，如"你是不是了解这个职位"、"你是不是喜欢做×××（某个职位）"等。这种问话方式明快简洁，但是少用为妙，因为这样的提问方式没有鼓励应聘者开口说话。

（2）开放式。开放式提问迫使应聘者非回答不可，如"你对OJT有什么看法"、"你对目前的市场形势看法如何"等。开放式提问是应用最多的问话方式。

（3）引导式。问话的目的在于引导应聘者回答你所希望的答案。如"你对目前的市场形势看法如何……不是很好吧"，这种问法一般来说最好避免，除非你心中有数。

（4）假想式。采用假设问题的提问方式，如"如果你与客户谈判，你会怎样安排呢"。若运用得当，假想式提问非常有助于了解应聘者的真实想法和能力。

（5）单选式。问话要求应聘者在两害之中取其轻，如"你跳槽，是认为自己不能胜任呢，还是认为自己太自负"这种问法未免有些过分，应该尽量避免。

（6）多项式。同时连续提出好几个问题，如"你以前的职位都做些什么？有什么特点？你在职位上有什么优势？劣势？"这种问法很难得到理想的答案。

2.几种新的面试技巧

第一种，行为描述面试。

行为描述面试是基于行为的连贯性原理而发展起来的。所谓行为描述面试，即通过应聘者对自己行为的描述来了解有关信息。一是了解应聘者过去的工作经历，判断他选择本公司发展的原因；二是了解他对特定行为所采取的行为模式，并将其行为模式与空缺职位所期望的行为模式进行比较分析。在行为描述面试过程中，面试官往往要求应聘者对其某一行为的过程进行详细描述，如面试官可提问"你能否谈谈你过去的工作经历与离职的原因"、"请你谈谈你向你们公司总经理辞职的经过"等。

在面试过程中，行为描述面试技巧所提的问题还经常是与应聘者过去的工作内容和绩效有关的，而且提问的方式更具有诱导性。例如，对于与同事的冲突或摩擦，如果这样问："你与你同事有过摩擦吗？举例说明"，显然不如"告诉我，与你工作中接触最少的同事的情况，包括问题是如何出现的，以及你们之间关系最紧张的情况"更便于应聘者如实地回答。

行为描述面试技巧可以从以下几个方面来进行：

（1）收集过去行为的事例，判断行为答复。要了解应聘者是否能真像他们所描述的那样去做，最好的方法就是收集过去行为的一些事例。应聘者曾经做过的一些事例要比他们告诉你"经常做、总是做、能够做、将会做、可能做或应该做"更为重要。面试官应综合应聘者实际描述的和曾经做过的事例来做出正确的判断。这一点可以从应聘者的简历中先了解一部分过去的经历。

（2）提出行为性的问题。通常，行为性问题的提出带有这样的语气，如："请谈谈你在……时遇到的情况，你是怎样处理的？""你是否遇到过……的情形？请谈谈其中一例。"

行为性提问、理论性提问和引导性提问在问题描述上有显著的区别。

行为性问题举例：

请讲一个你最近在工作中遇到的问题（如质量问题、设备问题、工艺问题），你是怎样解决的？请讲一个你必须按照不断变化的要求进行调整的事例。当时的情况怎样？结果又怎样？请描述一个在过去一年中你做的最大一笔订单的情况，你是怎样完成的？作为一名主管，你如何处理棘手的员工事件？

理论性问题举例：

你怎样解决生产过程中出现的问题？如果你必须按照不断变化的要求调整计划，你会感觉怎样？为什么你认为你可以做销售这一行？你如何对付难以管理的职员？

引导性问题举例：

你能解决生产质量出现的问题吗？如果在短时间内换了多个工作岗位，你会介意吗？你能接受我们给你设定的销售目标的挑战吗？你擅长解决矛盾或冲突吗？

（3）利用标准化的评定尺度。在采用行为描述面试技巧时，各个面试官可能会用不同的行为标准对应聘者进行评定，为了保证评定结果的可信度和有效性，进行行为描述面试技巧前必须制定一个标准的评定尺度。表6-1以对工作变动的适应性评价为例加以说明，在此使用了5分制的打分方法。

表6-1　　　　　　　　　　　**对工作变动的适应性评价得分表**

| 分值 | 对工作变动的适应性 | 结论 |
|---|---|---|
| 1分 | 对工作变动几乎无适应能力；不喜欢工作变动 | 不可以接受 |
| 2分 | 尽量适应工作变动；工作表现差 | 尚可接受 |
| 3分 | 可以接受工作变动；及时补充新知识；工作表现不差 | 可以接受 |
| 4分 | 可以接受工作变动；能迅速适应新环境；工作表现进步 | 完全可以接受 |
| 5分 | 非常喜欢挑战性工作；工作表现积极主动；能举例说明自己过去成功适应工作的历史 | 很欣赏 |

第二种，能力面试。

能力面试是另外一种新的面试方法。在招聘中采用能力面试，要把握4个关键的要素：情景（situation），即描述应聘者经历过的特定工作情景或任务；目标（target），即描述应聘者在特定工作情景或任务当中所要达到的目标；行动（action），即描述应聘者在特定工作情景或任务当中所做出的行动；结果（result），即描述行动的结果，包括积极的和消极的结果、生产性的和非生产性的结果。这4个要素的英文缩写就是"STAR",进行能力面试也即寻找STAR。

在面试中运用能力面试时,对面试官也有一定的要求。要能够从一系列的STAR中,去判断应聘者所具备的能力。在询问应聘者的经历时,面试官要多问一些开放式的问题,从应聘者的回答中去发现想要的东西。

具体来讲,能力面试可以从以下3个方面进行展开:

(1)全面地进行能力分析。为了准确地了解和判定工作是否出色,必须进行全面的能力分析。能力分析的结果将作为确定工作是否出色的标准的基础,它有助于企业录用到称职的员工。工作出色的标准通常适用于组织内部相同级别的多个职位。对于一个企业里所有高层领导而言,他们虽然任务和职责不同,但须具备的主要能力和基本素质却是相同的,因此对其工作能力的衡量标准本质上应该是一致的;对组织内部不同级别的职位,所要求的能力有所不同,则工作出色的标准也应有所差异。进行能力分析的主要步骤如下:

第一步,编写详细的工作任务说明,即进行"任务分析"。为了进行全面的任务分析,必须从不同渠道搜集各种信息。

①工作观察。观察那些在职人员所进行的工作,请他们详细描述,并做记录。

②约见在职人员。对每一位在职人员提出相同的问题,这些问题应着重了解他们的主要职责,需要处理的任务类型,与其他同事之间的工作关系,工作过程中最感吃力的部分以及他们出色完成工作所需的技能和能力。

③主要事件分析。针对有代表性的工作案例,举行由该职位优秀员工和管理人员参加的座谈会或交流会,请他们提供一些从事该项工作的效率较高的方法及从事人员的能力要求,并对这些方法和要求做详细记录。

④能力远景会议。参加与组织中"具有预见的人"举行的会议。其目的就是收集各类任务的信息,以及完成任务所需要的知识、技能、能力、动机和其他方面的要求。

第二步,制定职务能力要求,就是对所得到的信息进行分析,按照不同的内容和能力对相似的知识、技能、能力与动机进行分类。在列出一系列能力时,应尽量合乎情理。通常列出的能力要容易衡量,才能将工作能力描述准确。不同级别的职务能力要求不同:基层职位需要5~8种能力;中层职位需要8~11种能力;高层职位如高级管理人员、董事、高级专业人员需要10~14种能力。

(2)确定面试过程中将要考核的能力。因为不可能在短短的时间内对每一种职务能力都能进行考核,所以只能围绕那些对于完成此项工作最重要的而在其他选择体系中没有体现的能力展开。当然,如果在录用的过程中不只面试一次,就有可能对各项能力进行全面考核。

(3)制定面试程序,并对需要考核的能力进行评估。面试程序的制定至关重要,如果面试程序欠佳,则整个面试就会功亏一篑,为了防止这点,必须制定一个框架完整的面试程序。预先拟定问题,制定必要的面试程序,有助于获得与职务能力相关的信息。面试程序的制定可以参考一些指导性材料(如书面材料、视频材料、教室培训等),同时对需要考核的能力进行评估必须制定一个标准的等级评定体系,用以科学地评估面试中获得的信息。

能力面试已被实践证明是一种实际、有效的面试方法,它可以在短时间内收集到涉及工作范围最广、最准确的信息。严密的结构使其更具有科学性，可以具体地研究面试的各个部分，找出最有效的因素，尝试面试的新方法，并提供详细指南，所得结果也具有较强的可靠性。

第三种，压力面试。

压力面试是指有意营造紧张的面试氛围，以了解应聘者如何面对紧张和压力。它通常用于对压力承受能力要求较高岗位的面试。测试时，面试官可能会突然问一些不礼貌或者冒犯的问题，让应聘者感到很突然、很紧张，瞬时间承受较大的心理压力。在这种情况下，心理承受能力较弱的应聘者的反应可能会较异常，甚至不能承受，而心理承受能力强的应聘者则表现较正常，能较好地应对。这样就可以判断出应聘者的心理承受能力、应变能力和处理突发事件的能力。比如，某次面试时，一位应聘顾客关系经理职位的候选人曾提到，她在过去两年内从事了4项工作，面试官就毫不客气地告诉她，频繁地变换工作就反映出你不负责任的态度和不成熟的行为。如果这位应聘者能够从容地对工作变换的必要性做出合理的解释，面试官就会开始其他的话题；相反，若她表示出愤怒和不信任，就可能被看做在压力环境下承受力弱的表现。另外，该方法也可以用来对一些信息的证实，其原理是人在一些突发问题上的反应更真实、更客观。

3.面试提问需要注意的行为

面试官在进行面试的过程中，需要注意避免以下行为：

（1）重复提问。重复提问常见于初次面试和复试的衔接过程中，复试的面试官可能不太了解初试情况，就很容易提出与初试相同的问题。当然，这些问题肯定也是面试官关心的问题，比如说个人的学习情况、工作情况、以前的工作业绩、以前工作的离职原因、对应聘公司的认识等，但这样显然有悖于复试的真实意义，即进一步深层次地评价应聘者。这既浪费了面试双方的时间，使面试官考查应聘者更重要情况的时间变得紧张，同时也使应聘者在回答最能展示自身特长的问题时由于时间关系只好匆匆了之，从而影响复试效果。

（2）遗漏重要信息。由于很多企业面试的题目并没有进行严谨的设计和精心的准备，有很大的随意性，所以提问时遗漏重要信息的事就时有发生。面试官会不断追问应聘者一些无关痛痒的问题，应聘者也反复解释，浪费了大量的精力和时间，反而忽略了更加重要的内容和信息，影响了对应聘者的全面了解。

（3）提出无关问题。面试提问的随意性还表现在面试官会提出一些与面试毫无关系的问题，有些问题甚至涉及个人隐私。由于面试官的专业范围、学历层次、综合素质不同，诸如"你为什么离婚"、"你为什么还不结婚"等这样的提问时有发生。这种与职位要求无关的面试提问不仅不能有效地考查出应聘者的相关素质，而且容易败坏招聘单位的名声。

（4）问题的不确定性。面试官常常只顺着应聘者过去的工作经历去提出问题，而不同的应聘者会有不同的工作经历。用不同的问题考查不同的人，这样很容易给应聘者带来不公平的结果。

（5）凭个人偏好发问。面试官按照个人偏好发问，在很多企业的招聘面试中时有发生，也最难避免。比如面试官很看重学历，那么在面试开始之前，学历稍低者就已失去先机。再如面试官原本是搞销售出身，往往对能言善辩者多几分好感，而忽略了目前企业所招聘岗位的特点和要求，这都是面试官需要注意的。面试时不要带有个人主观判断，应该用大量的事实例子来证明其实际的能力。

（6）疏于记录。在面试的过程中，进行适当及时的记录是非常必要的。但在很多面试过程中，面试官只是在应聘者的考核表上做出总评性质的记录，通常还只是寥寥数笔，甚至干脆是先什么也不写，在脑子里记着，等全部面试完后再给出评价。这种做法在应聘者少的时候问题不是很大，但应聘者较多时，面试官往往就只能对第一个和最后一个人印象比较深刻，而对其他应聘者的印象就比较模糊。在面试结束后，仅凭面试官头脑中的模糊印象和几句简单的总评，对应聘者进行分类，决定取舍，显然有失公允。同时，疏于记录也不利于进行事后监督和总结面试结果。

（7）避免忽略求职动机的考查。目前，企业招聘面试中经常忽略关于求职动机的考查，多数面试官会把精力集中在考查应聘者的专业知识、业务能力和工作业绩方面，而不大关心员工的求职动机。如果应聘者仅是为了一份生活保障而来应聘工作的话，他会试图顺应面试官的嗜好，而隐藏个人的喜好和价值取向。同时，如果没有良好的求职动机，员工就会缺乏主动性，处于一种消极的工作状态，这是企业发展的一大隐患。

（8）避免损害企业形象。面试不仅是企业选择应聘者的一个过程，同时也是应聘者选择企业的过程。即使是企业看中了应聘者，应聘者也不见得一定能看中企业。但是面试安排程序、面试环境、面试官素养等工作环节会给应聘者留下深刻的印象，这些印象直接影响着应聘者对企业的认识。因此，企业对于面试的过程要准备妥当，树立企业的良好形象。

通知应聘者来面谈时，除了要清楚说明日期、时间及地址外，还要说明向谁报到、带什么证明文件、附加资料以及公司联络电话等。在应聘者到达面试的地点后，应让应聘者静静等待，不要被其他访客及同事骚扰，并且不要让应聘者等候超过15分钟。

### 四、面试成绩的评定

通常情况下，面试成绩的评定，一部分工作在面试的当场进行，一部分在面试之后进行。面试的评判人员就是面试的主考人员和面试测评小组成员。面试成绩评定的基本程序如下：

#### 1.制定面试评价表格

面试所采用的测定方法主要是交谈和观察，要评判面试结果首先就要制定评价表格，根据不同的面试考查角度，如仪表仪态、专业知识、工作经验、表达能力、应变能力等，给出"优、良、中、差"或"很好、较好、一般、较差、很差"等不同档次的成绩。

#### 2.制定面试评分标准

评分标准是指面试项目的具体表现形式的分数标准。每一个项目，例如表达能力，其标准的表现形式很多，如表达清晰不清晰、逻辑性、条理性强不强，能不能抓住所要表达的问题的核心等。对于主考官在面试过程中提出的问题，不一定要有标准的正确答案，但应有相应的评分标准。

#### 3.面试测评

主考官对应聘者的各个方面进行测评，填写评价表格，并对应聘者的面试表现情况进行打分。每一位应聘者面试结束后都要由指定人员填写面试测评成绩表。

#### 4.确定面试成绩

面试结束后，测评小组集中开会，讨论每一位应聘者的各个测评项目的分数。对于每一个测评项目，参加测评的人员可以去掉一个最高分和一个最低分，余下的进行平均即得到应聘者该项目的面试得分，最后统计得到每位应聘者的面试成绩。

**任务实施**

针对情景一、情景二出现的问题，主要原因在于面试官的基本能力和素质有待加强，面试技巧有待提高，因此，建议在面试前应做好以下准备：

第一，加强培训，从根本上提高面试官的素质，造就一支专业化的高水平的面试官队伍。例如结构化面试的核心是行为描述方法，必然涉及一些背景性、情景性、思维性、压力性的问题等，需要面试官进行分析和判断，这就要求面试官具有心理学、行为学等知识背景及丰富的人事工作经验。近年来，面试官一般由分管组织人事工作的领导担任，尽管他们具有比较丰富的工作经验，但由于多种原因，这批面试官受过正规人事相关专业教育的很少，专业知识比较欠缺，因此必须加强培训力度。在现实中，没有经过专门培训的面试官常常出现问题，一是应该追问或应继续获取信息的问题没有进一步深入；二是所提问题与测评要素不吻合，如情景二出现的情况，等到面试结束时，对应聘者仍然只有一个模糊印象。

第二，提高认识水平，应以结构化的标准要求促进面试工作科学化。结构化面试是新生事物，2001年机构改革之前，人们对此知之不多。即便是专职的人事干部，也仅是通过试点推行的竞争上岗工作才有了一般性的了解。但作为组织者和面试官，如果不能深刻认识和有效收集信息，对面试环节的设计、试题编制、过程实施、结果评价等逐一规范化，结构化面试仍然可能流于形式。在实践中，由于主客观因素的影响，常常出现这样那样的问题，如面试官组成，这是实施结构化面试的关键控制点，但也很难实现"结构化"，目前比较突出的问题是用人单位内部的面试官所占比例偏高，且学历、专业、职务、年龄等诸要素相近，平时工作关系也比较密切等。

第三，提高组织工作水平，以规范化的标准要求促进面试工作正规化。从实践来看，面试具体操作对面试成效影响很大。如在进行面试场地设计时，因为时间、空间等原因，普遍存在没有把考场内设功能适当合理分开的问题，造成面试官之间相互影响，面试官因而很难做到独立评分，直接影响到录用工作的公正性和客观性。

第四，加强研究力量，根据职位和面试内容的需要设计出最佳组合，创造更科学的方法。结构化面试可根据职位要求、测评要素等，设计出形式多样的测评方法，这一方面体现了规范化面试的科学性和挑战性，另一方面也给组织实施工作提出了更高的要求。在今后的招聘工作中，采用单一方式将会越来越少，非结构化面试终将被结构化面试所取代。

# 知识题

1.面试有哪些作用和功能？

2.面试有哪些基本类型？

3.面试有哪些基本程序？

4.编制面试试题应遵守哪些基本原则？

5.行为描述面试技巧中行为性提问、理论性提问和引导性提问有哪些区别？

6.压力面试过程中要注意什么问题？

## 案例题

（一）广州白鹭牙膏厂是一家历史悠久的国有企业，自1986年以来，该厂在竞争激烈的牙膏市场上独辟蹊径，找准自己的位置，开发出"国际香型、内含口洁素"的"黑妹"牙膏，从此企业产品购销两旺，生产经营规模日益扩大，经济效益也越来越好。

广州白鹭牙膏厂销售科负责该厂产品在全国各地区的促销工作，包括产品销售合同签订、产品的广告工作、售后服务工作和营业推广活动的策划工作等。为了提高销售量，销售科与厂部订立了承包合同，厂部依据销售额和销售货款回收率这两大指标的完成状况对销售科进行考核，相应地，销售科也以这两个指标为主来考核销售员的工作实绩。随着产品销售量的不断增加和营销策略的不断深化，销售科感到人手紧缺，工作十分紧张，急需充实销售员队伍。为此，该厂经过本人申请和文化考试，录用了赵明、钱达、孙青和李强4名职工到销售科，进行为期半年的实习试用，作为正式销售员的候选人。目前，他们的实习期将满，销售科长老萧正考虑从他们中选拔合适人员作为正式销售员，从事牙膏产品销售工作。根据平时对他们的观察和厂领导、销售科同志及用户对他们的评价，对上述4位人选的个人素质和工作状况进行了初步的总结，以此作为选拔销售员的依据。

1. 个人素质方面

赵明，是个刚进厂的小伙子，今年刚满20岁，高中毕业，精力旺盛。他工作肯吃苦，但平时大大咧咧，做事粗心大意，说话总是带有一股"火药味"。

钱达，是为了照顾夫妻两地分居而从外地调进厂里的，今年34岁。他为人热情，善于交往，本人强烈要求做销售工作。

孙青，是市轻工电视大学经济管理专业的毕业生，今年25岁。她工作认真，稳重文静，平时少言寡语，特别是在生人面前话就更少了。

李强，今年29岁，是大学公共关系专业的毕业生。他为人热情，善于交际，头脑灵活，但对销售工作缺乏经验。

2. 工作实绩方面

赵明，工作很主动大胆，能打开局面，但好几次将用户订购的牙膏规格搞错，用户要大号的，他往往发给小号的。尽管科长曾多次向他指出问题，但其仍然时常出差错，用户有意见找他时，他还向人家发火。

钱达，工作效率很高，经常超额完成自己的推销任务，并在推销过程中与用户建立了熟悉的关系。但他常常利用工作关系办私事，如要求用户帮助自己购买物品等。而且，他平时工作纪律性较差，上班晚来早走，并经常在上班时间回家做饭，销售科的同事们对此颇有微词，他曾找领导说情，希望能留在销售科工作。

孙青，负责广东省内的产品推销工作，她师傅曾带她接触过所有的主要用户，并与用户建立了一定的联系，但她自己很少主动独立地联系业务。有一次，她师傅不在，恰巧有个用户要增加订货量，她因师傅没有交代而拒绝了这一笔业务。

李强，负责河北省的产品推销工作，他经常超额完成推销任务，并在推销过程中注意向用户介绍产品的性能、特色，而且十分重视售后服务工作。有一次，一个用户来信提出产品有质量问题，他专程登门调换了产品，用户为此非常感动。尽管如此，他却时常难以完成货款回收率指标，致使有些货款一时收不回来，影响了企业经济效益指标的实现。

老萧必须在月底以前做出决定，哪些人将留在销售科成为厂里正式销售员，哪些拒收。

问题：

如果你是销售科长，根据4人的个人素质和工作实绩你将怎样决定他们的去留？

分析提示：

根据销售员应具备的核心能力，可采取一种恰当的面试方法（如行为描述面试）做进一步的测试，最后根据测试成绩决定他们的去留。

（二）某百货公司要聘请一位总经理，招聘方给3位候选人放了这样一段录像：上午9时30分，一家百货商场进来一位高个小伙，他掏出100元买了一支3元钱的牙膏。上午10时整，又进来一位矮个小伙子买牙膏，他掏出10元钱递给售货员也买了一支3元钱的牙膏，找零钱时，他却说自己给的是张百元钞票，双方起了争执。商场总经理走来询问，小伙子提高嗓门说："我想起来了，我的纸币上有2 888四个数字。"售货员在收银柜中寻找，果真找到了这样一张百元票。

问题是：明知对方在欺诈，假如您是总经理，该如何应付？

第一位应聘者的答案是：首先向顾客道歉，然后当众批评女售货员，并如数找给小伙子97元。这位候选者的优点在于能够从公司大局出发，但其做法有向不法行为低头之嫌。

第二位应聘者的答案是：他会在小伙子耳边说："哥儿们，我们有内部录像系统。"这位候选者犯了一个大忌，就是职业经理人应以诚信为本，因为商场内根本没有录像系统。

第三位应聘者的答案是："既然您没有支付10元钱，那么，收银柜内今天收到的所有10元纸币上就不会有您的指纹，您能保证吗？"这位候选者敏锐地抓住了诈骗者逻辑上的盲区，并当场予以揭穿。最后，他成功胜出。

问题：

为什么第三位应聘者成功胜出，请说明理由。如果你是面试官，你会如何选择？

分析提示：

这是一场情景面试的案例分析，这场情景面试旨在考查应聘者的3层素质：洞察力——对事件本质的把握；全局观——对"顾客至上"理念的理解；道义感——对社会上反诚信现象的态度。面试官可从这3个方面进行判断和选择。

## 实训题

实训项目：穿外套的面试

实训目的：通过此项训练，使同学们了解面试的基本程序，掌握面试技巧和方法。

实训步骤：

背景资料：A公司是一家大公司，需要招聘职员，采用情景模拟法进行面试。A公司先在报纸上刊登招聘职员的广告，广告上声明，应聘者必须穿着外套。其次，将考场设在一间只有一张办公桌和一把椅子的办公室，办公桌和椅子是给主考官准备的，此外，办公室内再没有别的东西了。

步骤一：设计试题和场景。当应聘者进入考场后，主考官先有礼貌地说一句话："请把外套挂在衣帽架上，请坐！"说完又继续办他的事，在主考官的桌上有一大堆急待处理的文件。同学们也可根据具体情况设计考题。

步骤二：设计评分表。

步骤三：应聘者的表现可能出现几种不同情形。

第一类人，规规矩矩地站在一旁，毫无动静地、耐心地等待主考官把事情办完。

第二类人，很有礼貌地向主考官说："对不起，先生，你可能疏忽了，这儿并没有衣帽架和椅子。"

第三类人，先回答一声"好的"，然后四下找衣帽架和椅子，当发现没有这两样东西时，便手足无措地呆立在一旁，感觉浑身不自在，时不时弄点声音出来。

第四类人，勇敢地把话直截了当地说出来："话是这么说，可是，这里并没有衣帽架，也没有椅子。"

第五类人，走出办公室，找来找去，终于找到一把椅子。

步骤四：评分和录用。根据应聘者的不同表现进行评分，最后选择录用者并确定可安排的岗位，并说明理由。

实训成果：

（1）评分表。

（2）录用名单和胜任的岗位。

（3）供参考的评价标准。

第一类人和第三类人：这类人有适应性，不做惊人的言论，领导才能较差，只适合做计算、管理等机械性的工作。

第二类人：反应形式与一般人不一样，他虽然很认真地将对方要求的不合理处指出，但他也考虑到对方"上司"的立场，处理问题很有分寸，属于开拓性的领导人才。

第四类人：适于做业务员和推销员，有积极的推销才能，性格坚韧，勇于向目标挑战。

第五类人：这类人反应非常特殊，言行走在时代的最前面，适合做公关策划工作。这类人善于动脑筋，努力改变现状，但是常比他人多事。

# 甄选方法之四
## ——评价中心

## 知识目标

　　掌握评价中心的基本内容和特点；掌握无领导小组讨论的基本内容和实施要领；掌握公文筐测试的基本内容、特点和施测要领；掌握管理游戏实施的基本方法。

## 能力目标

　　能够组织实施无领导小组讨论；能够组织实施公文筐测试；能够组织实施一般的管理游戏。

## ● 任务一　无领导小组讨论的实施

### 任务导入

　　某公司是本地区规模最大的航空票务服务提供商，随着业务的不断发展和市场的快速扩张，公司希望有更多、更优秀的人才加盟，尤其是需要引进一些中层管理人员。为此，公司想组织一次人才招聘活动，并在招聘活动过程中采用评价中心的无领导小组讨论形式。新来的招聘主管郭兴虽然知道评价中心是一套以测评管理者素质为主的测评工具，即有无领导小组讨论、公文筐测试、案例分析、角色扮演、管理游戏等，但是其没有接触过评价中心技术，更没有实施过无领导小组讨论方法，而公司这次决定采用无领导小组讨论方法来选拔管理人员，他应该如何解决这个问题呢？

### 任务分析

　　作为本地区规模最大的航空票务服务提供商，他们在选拔干部过程中采用了信度、效度都比较高的无领导小组讨论方法。公司将若干应聘者召集到一起来组成任务小组，公司评价人员在有一定距离的地方进行观察，集中在一起的应聘者则要求他们就某一问题开展不指定角色的自由讨论，评价者可以通过各种监控设备对应聘人员在讨论中的各种言语及非言语行为进行观察，以此来对他们做出评价。该方法突破了传统测评方法的局限，着重考察被评价者实际解决问题的能力、组织协调能力、语言表达等综合能力。

**知识支撑**

一、评价中心概述

1.评价中心的含义

评价中心是以测评管理者素质为中心的一组标准化的评价活动。它将被评价者置于一个逼真的模拟工作情境中，采用多种测评手段，观察和评价被评价者在该模拟工作情境中的心理和行为表现，以此来预测其管理技能和潜在能力。该方法突破了传统测评方法的局限，着重考查被评价者实际解决问题的能力，是一种很实用且有效的选拔管理人才的方法。

2.评价中心的特点

评价中心的突出特点在于它的情景模拟性，即通过多种情景模拟来观察被评价者的特定行为，除了情景模拟特点之外，它还有以下几个突出特点：

（1）综合性。评价中心是多种测评技术的综合使用。由于评价中心是一种以测评人员素质为中心的一组标准化的评价活动，评价的方法多种多样，如纸笔测验、管理游戏、公文筐测验、角色扮演、无领导小组讨论、演说、案例分析、事实判断、面谈等，可以说评价中心是一种将多种评价形式综合到一起的测评技术。

（2）动态性。评价中心技术非常强调活动，认为被评价者只有在活动中才会充分表现出其内在素质，如管理游戏、公文筐测验、角色扮演、无领导小组讨论等评价方法，就是向被评价者提供了一种活动的机会，通过活动来观察被评价者的行为与素质。

（3）标准化。就评价内容而言，评价中心测试内容不是随意而定的，而是根据岗位需要来确定的；就评价方法而言，评价中心选择的评价方法是按测试内容需要来设计的；评价的实施过程也是按实施步骤严格进行的；后期的评分、鉴定、报告等都是按统一标准来实施的。

（4）整体互动。评价中心大多数评价活动都是将被评价者置于群体互动之中进行比较，无论是无领导小组讨论、管理游戏等被评价者之间的互动，还是演讲、面试等评价者与被评价者之间的互动，都是通过人员之间的互动活动，对被评价者做出整体性的测评。

（5）信息量大。评价中心使用了多种评价方法，每种评价方法都有自身的观察侧重点，所以，使用评价中心技术会从不同的观察点采集相关信息。同时，每种评价方法又有多个测评人员共同进行测评，测评内容也涉及诸多方面，因此采用评价中心技术所获取的信息丰富，有利于管理人员进行甄选决策。

（6）潜能预测。美国 AT&T 公司是最早使用评价中心技术的企业之一，公司希望采用此方法甄选出具有潜质的基层管理人员，并以此来判断人员的潜在能力，预测其是否能够适合未来的管理工作，是否具备管理能力与相应的工作绩效。

（7）形象逼真。评价中心的每一个情境测试，都是从众多实际工作样本中挑选出来的典型，与实际工作具有高度的相似性，因此整个测评过程形象、直观。

3.评价中心的主要方法

评价中心技术涉及的方法有许多种，主要有无领导小组讨论、文件筐测试、角色扮演、演讲、案例分析、管理游戏等。

二、无领导小组讨论

1.无领导小组讨论的含义

无领导小组讨论是指将数名被评价者（被试）集中起来组成小组，要求他们就某一问题展开不指定角色的自由讨论，评价者（主试）通过对被评价者在讨论中的语言及非语言行为的观察，来对他们做出评价的一种测评形式。所谓"无领导"，就是参加讨论的这一组被评价者在讨论问题的情境中的地位是平等的，其中并没有哪一个人被指定充当小组的负责人。

2.无领导小组讨论的特点

无领导小组讨论的突出特点是具有生动的人际互动性，能看到许多纸笔测验乃至面试看不到的现象，对预测真实团队中的行为比较有效。

3.无领导小组讨论的适用对象

无领导小组讨论的适用对象为具有领导潜质的人或某些特殊类型的人群，评价者可以从中择优选拔企业所需要的优秀人才。

4.无领导小组讨论的实施程序

无领导小组讨论的过程一般分为3个阶段：第一阶段，在5分钟左右的时间内，被评价者了解试题，独立思考，列出发言提纲；第二阶段，被评价者轮流发言，阐述自己的观点；第三阶段，被评价者交叉辩论，继续阐明自己的观点，或对别人的观点提出不同的意见，并最终得出小组的一致意见。

无领导小组讨论的时间一般需要30～60分钟。它的具体程序是：

（1）先分好讨论组，一般每个讨论组以6～8人为宜。

（2）考场按易于讨论的方式设置，一般采用圆桌会议形式，评价者席设在考场四周（或集中于一侧，以利于观察为宜）。

（3）被评价者落座后，监考人员为每人发空白纸若干张，供草拟讨论提纲使用。

（4）主评价者向被评价者讲解无领导小组讨论的要求（纪律），并宣读讨论题。

（5）给应聘人员5～10分钟准备时间（构思讨论发言提纲）。

（6）主评价者宣布讨论开始，每人阐述自己的观点（5分钟），每人发言没有次序安排，等所有被评价者发言结束后开始自由讨论。

（7）各评价者只观察，并依据评分标准为每位被评价者打分，不准参与讨论或给予任何形式的诱导。

（8）无领导小组讨论一般以30～60分钟为宜，主评价者宣布讨论结束后，收回被评价者的讨论发言提纲，同时收集各评价者评分成绩单，考生退场。

（9）记分员按去掉一个最高分、一个最低分，然后得出平均分的方式，计算出最后得分，主评价者在成绩单上签字。

5.无领导小组讨论的优缺点

（1）无领导小组讨论的优点：能检测出笔试和单一面试所不能检测出的能力或者素质；能观察到被评价者之间的相互作用；能依据被评价者的行为特征来对其进行更加全面、合理的评价；能够涉及被评价者的多种能力要素和个性特质；能使被评价者在相对无意中暴露自己各个方面的特点；能使被评价者有平等的发挥机会，从而很快地表现出个体差异；能节省时间，并且能对竞争同一岗位的应聘人员的表现进行同时比较（横向对比）。

（2）无领导小组讨论的缺点：对测试题目的要求较高；对评价者的评分技术要求较高，要求各评价者接受专门的培训；对被评价者的评价易受评价者各个方面的影响，从而导致对被评价者评价结果的不一致；被评价者有存在做戏、表演或者伪装的可能性；被评价者的经验可以影响其能力的真正表现。

6.无领导小组讨论的任务类型

（1）开放问题式任务。此类任务的最大特点是答案范围不确定，主要用于考查被评价者的思维能力，如思考问题是否全面，是否有针对性，思路是否清晰，是否有新的观点和见解。例如："你认为什么样的领导是好领导？"关于此问题，被评价者可以从很多方面，如领导的人格魅力、领导的才能、领导的亲和取向、领导的管理取向等方面来回答。这类任务容易出题，但不容易对被评价者的应答进行评价，同时，不太容易引起被评价者之间的争辩，此类任务所适宜测试的目标相对有限。

（2）两难问题式任务。此类任务的最大特点是被评价者必须从两种互有利弊的答案中做出非此即彼的选择，主要用于考查被评价者的分析能力、语言表达能力以及说服力等。例如："你认为以工作为取向的领导是好领导，还是以人为取向的领导是好领导？"此类任务对于被评价者而言，既通俗易懂，又能够引起充分的辩论；对于评价者而言，不但编制题目比较方便，而且评价也比较有效。需要注意的是，这类任务所提供的两种备选项一定要有相同的选择优势，不能存在明显的优劣差别。

（3）多项选择性任务。此类任务是让被评价者在多种备选答案中选择其中有效的几种或对备选答案的重要性进行排序，主要用于考查被评价者分析问题、抓住问题本质等各方面的能力。例如：

某日，你被调到某旅游饭店当经理，上任后发现2015年第四季度没有完成上级下达的利润指标，其原因是该饭店存在着许多影响利润指标完成的问题，它们分别是：

①食堂伙食差，员工意见大，餐饮部饮食缺乏特色，服务又不好，对外宾缺乏吸引力，造成外宾到其他饭店就餐。

②客房、餐厅服务人员不懂外语，接待国外旅游者过于依赖翻译。

③服务效率低，客房挂出"尽快打扫"门牌后，不能及时把房间整理干净，旅游外宾意见很大，纷纷投宿于其他饭店。

④商品进货不当，造成有的商品脱销，有的商品积压。

⑤总服务台不能把市场信息、客房销售信息、财务收支信息、客人需求和意见等及时地传给总经理及客房部等有关部门。

请问：上述几项因素中，哪3项是造成2015年第四季度利润指标不能完成的主要原因（只准列举3项）？请陈述你的理由。

此类任务对于评价者来说，出题难度较大，但有利于揭示被评价者各个方面的能力和人格特点。

（4）合作操作性任务。此类任务是给被评价者提供一定的作业材料、工具，并要求他们利用这些材料通过群体协作做出指定的设计，或解决给定的实际问题，主要考查被评价者的能动性、合作能力以及在一项实际操作任务中所充当的角色特点。此类任务具有较强的情景模拟性，但对评价者素质和题目的编制要求都比较高。

（5）资源争夺性任务。此类任务是让被评价者就有限的资源进行分配，从而考查其语言表达能力、概括总结能力、发言的积极性和反应的灵敏性等。例如，让被评价者担当各个分部门的经理并就一定数量的资金进行分配。因为要想获得更多的资源，自己必须要有理有据，必须能说服他人，所以此类任务能引起被评价者的充分辩论，也有利于对被评价者的评价，只是对题目编制和现场实施要求较高。

三、无领导小组讨论试题的编制步骤和要求

1.无领导小组讨论试题的编制步骤

无领导小组讨论试题的编制通常有以下6个步骤：

（1）工作调查。

（2）收集编题所需要的信息。

（3）案例筛选。

（4）编制讨论题。

（5）讨论题的检验。

（6）讨论题的修正。

2.无领导小组讨论试题的编制要求

（1）讨论题的数量。对于每一组被评价者而言，至少应有两个讨论题，以备用。

（2）讨论题的内容。讨论题在内容上应与拟任岗位相适应，是一个独立、逼真、与实际工作有关的问题。

（3）讨论题的难度。讨论题一定要一题多义、一题多解，有适当的难度。

（4）讨论题的立意。讨论题在立意上一定要高，也就是说编制的题目要从大处着眼，内涵要深刻；在内容上，一定要具体，即编制的题目要从小处入手，具体、实在、不空谈。

（5）角色平等。讨论题本身对角色的分工在地位上一定要平等，只有这样，被评价者才能有发挥自己才能和潜能的同样机会，被评价者之间才能有可比性。

四、无领导小组讨论的评分和应注意的事项

1.无领导小组讨论的评分

一般而言，对于无领导小组讨论的评分有以下3种方式：

（1）各评价者对每个被评价者的每一个测评要素打分。

（2）各评价者对每个被评价者的某一个测评要素打分。

（3）各评价者对每个被评价者的某几个特定测评要素打分。

在具体实施期间，评价者之间可根据自己的水平和特长等具体情况，有针对性地选择使用某一种评分方式。

评分的内容一般包括3个方面：

（1）语言方面，包括发言主动性、组织协调能力、口头表达能力、辩论说服能力、论点的正确性等。这些不同的要素应根据职位的不同有不同的权重得分。在具体实施过程中，可根据具体情况，确定测评的要素和各要素的权重，以便与具体的岗位、职位相适应。

（2）非语言方面，包括面部表情、身体姿势、语调、语速和手势。

（3）个性特点，包括自信程度、进取心、责任心、情绪稳定性、反应灵活性等测评要素。

2.评分应注意的事项

（1）评价者在观察被评价者的语言和非语言行为时，不要因为被评价者的某些人格特点而对其有所偏见，这会使结果失之偏颇。

（2）在评分过程中，要求多名评价者对同一被评价者的不同能力要素分别打分，取其平均值作为被评价者的最后得分，这样才能保证科学、公正。

**任务实施**

评价中心是一种主要用来测评管理人员素质的工具。公司利用评价中心的无领导小组讨论方法对应聘人员做出评价，就是将数名应聘者集中起来组成小组，要求他们就某一问题开展不指定角色的自由讨论，然后通过对应聘者在讨论中的语言及非语言行为进行观察，来判断他们是否符合公司选人要求。根据目前该票务公司针对中层票务管理人员的工作说明书的描述，结合行为事件访谈法（BEI）来确定作为一名出色的中层票务管理人员所必须具备的素质，可将考查重点放在应聘者的市场意识、沟通能力、领导能力、团队精神以及工作主动性5个方面，具体实施方案如下：

（1）招聘方法：无领导小组讨论。

（2）所需时间：1.5小时。

（3）分组方式：每组5～7人，男女组合。

（4）讨论材料：见附件。

（5）准备事项：桌子1～2张（视应聘者数量而定）；题目和答卷、主面试官打分表。

（6）程序：公司及岗位说明、程序说明、小组讨论30分钟、总结汇报。

附件：

（1）情境：你们正乘一艘科学考察船航行在大西洋的某个海域，考察船突然触礁并迅速下沉，队长下令全队立即转移到橡胶救生筏。据估计，离你们出事地点最近的陆地在正东南方向100海里处。救生筏上备有15件物品，除了这些物品以外，有些成员身上还有一些香烟、火柴和气体打火机。

（2）问题：现在队长要求每个人将救生筏上备用的15件物品按其在求生过程中的重要性进行排列，把最重要的物品放在第一位，次重要的放在第二位，直至第15件物品。请你们一起讨论，在30分钟内定出一个统一方案。

（3）排序用的物品：指南针、小收音机（一台）、剃须镜、航海图（一套）、饮用水、巧克力（2千克）、蚊帐、二锅头酒（一箱）、机油、钓鱼工具（一套）、救生圈、驱鲨剂（一箱）、压缩饼干（一箱）、15米细缆绳、30平方尺雨布一块。

# ● 任务二　公文筐测验实施

**任务导入**

向阳花太阳能集团有限公司历经十余年持续发展，目前已成为国内太阳能光热产业领导者，也是全球比较大的太阳能热水器及热水系统供应商。作为太阳能等新能源应用产品技术研究、生产制造和市场推广的高新技术企业，其产品远销全球100多个国家和地区。随着公司规模的扩大，需要较多的管理人员。最近，公司需要招聘一位集团公司的行政经理，由于岗位性质比较重要，公司对于招聘工作比较重视，集团公司分管人事的副总裁希望人力资源部能够用低成本、高效甄选方法找到合适的人员。人力资源部经理邓琼考虑再三，决定采用评价中心的公文筐测验技术进行选拔，以确保招聘的质量和成效。

**任务分析**

公文筐测验技术是评价中心的一个重要测评手段，通过模拟实际工作中管理人员分析资料、处理各种信息，以及做出决策的一系列活动，可以考查管理人员在文件处理、行政管理、统筹协调、计划能力、决策能力等方面的能力。公司对于招聘集团公司的行政经理采用公文筐测验技术是正确的，人力资源部经理邓琼应该认真考虑公文筐测验的取材，详细制订公文筐测验的组织与实施方案，以便能测试出应聘人员的真正能力。

**知识支撑**

一、公文筐测验概述

1.公文筐测验的含义

公文筐测验又叫文件筐测验，是评价中心用得最多、也是最重要的测评方法之一。公文筐测验是模拟实际工作中管理人员分析资料、处理各种信息，以及做出决策的一系列活动的测验。例如，某测验描述了某公司所发生的实际业务、管理环境，提供给被试的信息包括涉及财务、人事备忘录、市场信息、政府的法令公文、客户关系等十几份甚至更多的材料。测验要求被试以管理者的身份，模拟真实工作中的想法，在规定条件下（通常是较紧迫困难的条件，如时间与信息有限、独立无援、新上任等），对各类公文材料进行处理，形成公文处理报告。通过观察被试在规定条件下处理公文的行为表现和书面作答，评估其计划、组织、预测、决策和沟通能力等。这些呈现的材料通常是放在公文筐中的，公文筐测验因此而得名。

2.公文筐测验的特点

公文筐测验把被试置于模拟的工作情境中去完成一系列工作，与通常的纸笔测验相比，显得生动而不呆板，较能反映被试的真实能力水平。与其他情景模拟测验（如无领导小组讨论）相比，它提供给被试的背景信息、测验材料（文件材料及问题）和被试的作业（答题）都是以书面形式完成、实现的，这样，一方面考虑到被试要在日常工作中接触和处理大量文件的需要，另一方面也使测验便于操作和控制。

公文筐测验的特点在于：

（1）具有灵活性，可以根据不同的工作特性和所要评估的能力设计题目。

（2）作为一种情景模拟测验，可直接观察个体的行为。

（3）由于把人置于模拟的工作情境中去完成一系列工作，因此每个被试都获得了一个条件和机会均等的情境。

（4）它能预测一种潜能，这种潜能可使人在管理上获得成功。

（5）由于公文筐测验能从多个维度评定一个人的管理能力，它不仅能挑选出有潜力的管理人才，还能训练他们的管理与合作能力，使选拔过程成为培训过程的开始。

在实践中，公文筐测验除用作评价、选拔管理人员外，还可应用于管理人员的培训，以提高其管理技巧和解决人际冲突、缓解部门间的摩擦的能力等。

3.公文筐测验考查的维度

公文筐测验所要测评的能力，定位于管理人员从事管理活动时正确处理管理问题、有效进行管理决策所具备的能力。具体来说，要考查以下5个维度：

（1）工作条理性。公文筐测验是要处理一系列没有次序的文件，所以需要被试能系统地事先安排和分配工作，不能毫无章法地处理。

（2）计划能力。表现好的被试能非常有效地提出处理工作的切实可行的方案。

（3）预测能力。该维度考查的内容包括预测的质量、所依据的因素和可行性分析。

（4）决策能力。该维度考查的内容包括决策的质量、实施的方案和影响因素。

（5）沟通能力。该维度考查被试的思路清晰度、意见连贯性和措辞准确性。

4.公文筐测验的取材

在测验材料的设计上，主要围绕管理人员的实际工作要素取材。公文筐测验考查的是解决实际工作中问题的能力，只是这种能力是通过笔试方式表现，而不是通过具体行为方法表现。所以，在公文筐测验中应避免纯管理技术知识和业务性知识的测试，这也符合管理人员的管理能力主要取决于自身素质基础、社会实践经验、所掌握的有关知识三方面交互作用和整合的认识，如果以偏重知识性的或经验性的具体能力为主要测评内容，则很难保证较好的评价效果。

公文筐测验样例如下：

## 公文筐测验样例

● 认真细致、逐字逐句地审读卷首的情境介绍与答题要求。

● 在处理每份文件时：

是否全面掌握事件的各种有用的信息；

是否弄清了事件所涉及的人、事、物及其发生的时间和地点；

是否依据文件所提供的事实，对存在的问题做出正确的判断，抓住了事件的主线；

是否能提出解决问题的基本思路，分清轻重缓急，做出正确的决策；

是否能恰当授权，提出解决问题的具体方法。

● 纸笔公文筐测验举例

背景信息：今天是2015年9月5日，恭喜你有机会在以后的1个小时里担任豪杰贸易公司人力资源部副经理的职务，由于该部的刘经理正在外地分公司视察，因此你将在他回来之前，全权代理他的职务。豪杰贸易公司是一家大型国有股份制企业，其人力资源部下设三个处——人事处、劳资处和福利处，分别处理人力资源调配、工资奖金和员工福利等工作。

问题情境：现在是上午9点，在听取了下属的工作汇报、做好今天的工作安排之后，你来到办公室，秘书已经将你需要处理的近日积压的文件整理好，放在了文件夹内。文件的顺序是随机排列的，你必须在1个小时内处理好这些文件，并做出批示。10点钟在会议室还有1个重要的会议需要你主持。在这1个小时里，你的秘书会为你推掉所有的杂事，将没有任何人来打扰你。另外，很抱歉，由于电话线路正在维修，你在处理文件的过程中没有办法与外界通话，所以需要你以文件、备忘录、便条、批示等形式将所有文件的处理意见、办法等进行书面表述，最后由你的秘书负责传达。

文件示例：

刘经理：

您好！

我是××软件开发公司技术主管李文，我们为贵公司定制的人力资源管理软件系统正在进行试运行。按协议规定，在9月20日之前完成试运行，我们也曾商定过，9月份之前完成对贵公司使用者的培训。由于贵公司一直无法安排时间进行培训，贵公司主管人员以此为由拒绝支付剩余款项。我们希望与您见面协商一下费用支付问题及其他事宜，谢谢您。

分析提示：

公文处理有以下4种可能性：

（1）先做如下处理，再考虑约见乙方。

①授权下属进行详细情况的调查；

②了解软件的实际运行情况；

③了解培训未能进行的原因；

④要求下属提供详细的书面调查报告，围绕合同内容，做好与乙方沟通前的准备；

⑤建议财务等相关部门做好实施准备，注意该项目实施对公司整体计划的影响；

⑥要求下属完成项目合同中未尽事宜，如做好项目培训实施准备、完善系统等；

⑦遵守合同条款，同时也为本公司不能履行合同提出具体对策或做好谈判的准备；

⑧注意公司形象，考虑到与该公司长期合作的可能性，与对方保持良好的合作关系。

（2）回信中道歉并承诺立即解决。

（3）暂时不予处理。

（4）回信指责对方，坚持培训完成后再付款。

## 二、公文筐测验的组织与实施

公文筐测验能考查管理人员的综合性管理技能，尤其是能考查管理人员的胜任能力，也就是针对高层管理者的胜任要求，通过公文筐测验了解其在计划、授权、预测、决策、沟通等方面的管理能力，特别是表现在处理综合各类业务信息、审时度势、处变不惊、运筹自如等方面的素质。

### 1.公文筐测验的实施对象

公文筐测验考查的能力定位于管理人员从事管理活动时，正确处理相关的管理问题、有效地履行管理职责（包括计划、组织、预测、决策、沟通等）所具备的能力。因此，它需要被试具有对多方面管理业务的整体运作能力，包括对人、财、物、信息等多方面的控制和把握。基于以上要求，公文筐测验的适用对象为企业的中高层管理者。利用公文筐测验可为企业有效地选拔中高层管理人员或考核现有管理人员。

### 2.公文筐测验的构成

测验由两部分（测验材料和答题册）组成，以纸笔方式作答。

（1）测验材料。提供给被试的资料、信息，是以各种形式出现的，包括信函、备忘录、投诉信、财务报表、市场动态分析报告、政府公函、账单等。测验中所用的材料一般共有10份，每份材料上均标有材料编号，材料是随机排放在公文筐中的，被试在测验的各个部分都要用到这些材料。

（2）答题册。答题册供被试对材料写处理意见或回答指定问题，是被试唯一能在其上写答案的地方，评分时只对答题册上的内容进行计分。答题册包含总指导语和各分测验的指导语。它提供了完成测验所需的全部指导信息，完成各分测验所需的指导语在各部分开始时给出。

3.公文筐测验的实施过程

（1）依据预定的被试人数选择好适宜的测验地点，布置考场。考场环境应安静整洁，无干扰，采光照明良好。由于要处理大量公文，桌面要比较大。如有多人参加，相互之间距离要远一些，以免相互干扰。

（2）准备好测验所用的材料，如测验材料、答题册等，保证每位被试有完整的测验材料及用品。允许被试自带计算器。

（3）安排被试入场，并宣布测验注意事项。指导语如下："请大家注意，为了不影响考试，请大家关闭通信工具，暂停使用。"

（4）正式实施测验。被试开始作答，计时。

（5）测验时间到，回收测验材料和答题册，测验结束。

4.公文筐测验需要特别注意的事项

（1）公文筐测验的适用对象为中高级管理人员。它可以帮助企业选拔优秀的管理人才或考核现有管理人员，常作为选拔和考核的较后使用的环节。

（2）公文筐测验主要从技能角度对管理人员进行测查，主要考查管理者的计划、预测、决策和沟通能力，所以在测验处理设计上一定要体现技能操作的任务，避免出现纯知识性问题。

（3）公文筐测验对评价者的要求较高，有必要的话要对公文筐评价者进行培训，让他们能熟练掌握评分尺度，保证测验的有效性和可信度。

**任务实施**

公司人力资源部经理邓琼在收到应聘材料之后，开始着手相关的工作，具体工作步骤为：

第一步，依据预定的被试人数选择好适宜的测验地点，布置考场。考场环境应安静整洁，无干扰，采光照明良好。由于要处理大量公文，桌面要比较大。根据参加人数调整相互之间的距离，以免相互干扰。

第二步，邓琼及其工作人员准备好测验所用的材料和用品，如测验材料、答题册等，保证每位应聘人员有完整的测验材料及答题册等，而且允许应聘人员自带计算器。

第三步，企业工作人员安排被试有序入场，在等全部人员安定入场之后，宣布测验注意事项。指导语如下："请大家注意，为了不影响考试，请大家关闭通信工具，暂停使用。"

第四步，正式实施测验。被试开始作答，计时。

第五步，测验时间到，回收测验材料和答题册，测验结束。

邓琼在测验完毕之后，针对每位应聘人员做好测评报告的撰写工作，并将报告和相关资料提交到集团公司高层进行决策。

# ● 任务三　管理游戏的实施

**任务导入**

意大利英邦集团是一家致力于制药和化工领域的跨国集团，1916年创建于意大利。经过近百年的发展，凭借持续的创新能力、灵活的经营模式和客户第一的企业理念，英邦集团已跃居世界百强制药公司之列。上海英邦制药有限公司（以下简称上海英邦）是由英邦集团于1998年在上海投资设立的制药企业，成立十几年来，上海英邦成绩斐然。2000年，通过了国家GMP认证，拥有世界先进的全自动颗粒剂生产线。依靠英邦集团雄厚的研发实力，上海英邦制药的产品涉及呼吸疾病、泌尿疾病、内分泌及心脑血管等治疗领域。为了给人们提供更健康的生活和服务，公司加快了业务发展的速度，业务的增加带来管理人员的增多，而公司对于基层、中层管理人员的招聘一般都来源于内部晋升，所以公司一直以来都会有计划、有步骤地实施一些考查方式和手段来判断哪些员工可以成为基层、中层管理人员的候选对象。刚刚进入第三季度，公司需要按照预先的计划组织实施以管理游戏为主要载体的培训，目的在于考查和训练公司员工的团队合作精神以及组织协调、沟通、授权、领导力方面的能力。那么，上海英邦应该通过实施哪些管理游戏来判断员工是否具备管理能力呢？

**任务分析**

管理游戏是评价中心技术的一种，也是企业考查管理人员能力常用的方式。上海英邦企业文化的特点是基层、中层管理人员基本来自于内部晋升，为此，该公司应长期考查一些具有管理潜质的员工，把他们作为培养对象来用心栽培，这样对企业员工士气提高和员工发展都是十分有利的。例如，公司可采用授权方式游戏，将若干人员组成一个小组，通过游戏方式让员工体会及学习作为一位主管在分派任务时通常犯的错误以及改善的方法。游戏结束之后，大家一起进行讨论，主持人可以先设定一些讨论题目，同时也要求参与培训的人员谈谈自己的心得体会，有些人员在这样的管理游戏中会有深刻的感悟。有计划、有目的地针对一些具有潜力的一线员工进行训练，可以培养其成为公司未来出色的基层、中层管理人员。

**知识支撑**

一、管理游戏简介

管理游戏是评价中心常用的方法之一。在这类活动中，小组成员会被分配不同的任务，一般需要合作才能较好地完成任务。有时引入一些竞争因素，如两三个小时同时进行销售和进行市场占领。通过被试在完成任务过程中表现出来的行为，来测评其素质。例如，"小溪任务"这种游戏就是给一组被试滑轮、铁管、木板、绳索，要求他们把一根粗大的圆木和一块较大的岩石移到小溪的另一端。这个任务只有通过被试的努力协作才能完成。主试可以在客观的环境下，有效地观察被试的能力特征、智慧特征和关系特征。

二、管理游戏的优缺点

管理游戏的优点：能突破实际工作情境时间与空间的限制；模拟内容真实感强，且富有竞争性，更具有趣味性；具有认知社会关系的功能，能帮助参加者对错综复杂的组织内部各部门之间的关系有一个更加深刻的了解。

管理游戏的缺点：操作不便于观察；设计成本高。

**任务实施**

上海英邦实施的管理游戏名为"授权方式"，具体步骤如下：

形式：8人1组。

时间：30分钟。

材料：眼罩4个，20米长的绳子1条。

适用对象：全体参加团队建设及领导力训练的员工。

活动目的：让员工体会及学习作为1位主管在分派任务时通常犯的错误以及改善的方法。

操作程序：

（1）人力资源部主持人在参与培训的人员中选出1位总经理、1位总经理秘书、1位部门经理、1位部门经理秘书和4位操作人员。

（2）人力资源部主持人把总经理及总经理秘书带到其他人看不见的角落后向他们说明游戏规则——总经理要让秘书给部门经理传达一项任务，该任务就是由操作人员在戴着眼罩的情况下，把一条20米长的绳子做成一个正方形，绳子要用尽。

注意事项说明：

（1）全过程不得直接指挥，一定是通过秘书将指令传给部门经理，由部门经理指挥操作人员完成任务。

（2）部门经理有不明白的地方也可以通过秘书请示总经理。

（3）部门经理在指挥的过程中要与操作人员保持5米以上的距离。

问题讨论：

作为操作人员，你会怎样评价你的这位部门经理？如果是你，你会怎样来分派任务？

作为部门经理，你对总经理的看法如何？对操作人员在执行过程中看法如何？

作为总经理，你对这项任务的感觉如何？你认为哪方面是可以改善的？

请各位参与培训的员工谈谈自己的心得体会。

## 知识题

1.评价中心的含义是什么？它有何特点？

2.请叙述无领导小组讨论测评技术的基本原理及功能。

3.请说明实施无领导小组讨论的程序。

4.公文筐测验的含义是什么？它有何特点？

5.请说明公文筐测验的实施程序和需要注意的事项。

6.什么是管理游戏？它有哪些优缺点？

## 案例题

### 公文筐测试实例

背景信息：从现在开始，恭喜你有机会在以后的两个小时内担任××贸易公司人力资源部的副总经理。由于人力资源部的刘总经理正在外地分公司视察，因此你将在他回来之前全权代理他的职务。××贸易公司是一家大型国有股份制企业，其人力资源部下设三个处：人事处、劳资处和福利处，分别处理人力资源调配、工资奖金和员工福利等工作。

问题情境：现在是上午9点，在听取了下属的工作汇报，做好今天的工作安排之后，你来到办公室，总经理秘书已经将需要处理的近日积压的文件整理好，放在了文件夹内。

文件的顺序是随机排列的，你必须在1个小时内处理好这些文件，并做出批示。10点钟在会议室还有1个重要的会议需要你主持。在这1个小时里，总经理秘书会为你推掉所有的杂事，将没有任何人来打扰你。另外，很抱歉，由于电话线路正在维修，你在处理文件的过程中没有办法与外界通话，所以需要你以文件、备忘录、便条、批示等形式将所有文件的处理意见、办法等进行书面表述，最后由总经理秘书负责传达。

文件示例：

刘总：

您好！最近我在工作上遇到了一个麻烦。上次我与两位得力助手共同成功地完成了一项您交给的重大项目后，您在对我们的工作进行评价时，仅仅肯定了我的贡献，并给予我一个出国进行培训的机会。我出国回来后的最近一段时间里，这两位助手和我关系就变得微妙起来，工作的开展也明显受到影响。这样拖下去肯定不是一个办法，您看我该如何处理这个问题？

问题：

你应该如何处理这个文件？

分析提示：

有几种可能的处理方法。

（1）回信不谈个人意见，希望下属谨慎处理。

①肯定下属的工作，肯定其所得到的奖励；

②了解是否存在其他原因，并授权下属独立处理该问题；

③提示下属采取必要措施，不要因此影响当前的工作；

④建议下属采取合适的沟通方法，使问题明朗化；

⑤建议下属公开表扬当事员工，采取必要的激励措施；

⑥建议下属在其团队分享自己的培训成果；

⑦注意此举对团队其他成员的影响；

⑧承认自己的失误，承诺会在适当时机肯定两位员工的成绩；

⑨建议改进团队任务分配和激励计划，避免此类事件再次发生。

（2）回信中不谈看法，回避或拖延问题。

（3）不予处理。

（4）回信或建议面谈。肯定下属的工作，肯定其所得到的奖励，自己亲自与有情绪的员工谈话，消除其误解。

# 实训题

实训项目1：角色扮演——无领导小组讨论测试工作的模拟

实训目的：通过角色扮演，进行无领导小组讨论测试工作的模拟练习，熟悉无领导小组讨论测试工作的测试过程，掌握无领导小组讨论组织与实施技巧。

实训步骤：

步骤一：以小组为单位进行角色分配和任务分工，角色A是某新能源公司人力资源部招聘主管，主要负责主持这次无领导小组讨论选拔方法的组织实施工作；角色Q是其助理；其他人员分别扮演成记分员、评价者、来应聘公司行政经理的应聘人员。

步骤二：角色A、角色Q依据预定的被试人数选择好适宜的测试地点，最好是规范的观察室（外部可以看见里面一切活动，里面看不见外部情况），布置考场。考场环境应安静整洁，无干扰，采光照明良好，最好采用一些监控应聘人员行为的设备。由于应聘人员要围成一个圆圈，所以需要一个较大的圆桌。

步骤三：角色A、角色Q事先分好组，一般每个讨论组6～8人为宜；准备好测试所用的讨论材料和一些纸、笔等用品备用。

步骤四：角色A、角色Q安排应聘人员入场，围绕圆桌落座，并向应聘者讲解无领导小组讨论的要求（纪律），并宣读讨论题。另外，提醒大家为了不影响测试，请大家关闭通信工具。

步骤五：正式实施测试，角色A、角色Q等工作人员为每人发空白纸若干张，供草拟讨论提纲用；给应聘人员5～10分钟准备时间（构思讨论发言提纲）；计时。

步骤六：角色A宣布讨论开始，应聘人员每人阐述自己的观点（5分钟），等所有应聘人员发言结束后开始自由讨论。

步骤七：各评价者只观察，并依据评分标准为每位应聘人员打分，不准参与讨论或给予任何形式的诱导。

步骤八：角色A依据讨论情况，宣布讨论结束，收回应聘人员的讨论发言提纲，同时收集各评价者评分成绩单，应聘人员退场。

步骤九：记分员按去掉一个最高分、一个最低分，然后得出平均分的方式，计算出最后得分，角色A在成绩单上签字，整个无领导小组讨论测试结束。

实训成果：

对无领导小组讨论测试形成一份测试报告和撰写一份工作总结报告。

实训项目2：角色扮演——公文筐测试工作模拟

实训目的：通过角色扮演，进行公文筐测试工作安排的模拟练习，熟悉公文筐测试实施过程，了解公文筐测试的取材方式，掌握公文筐测试的组织与实施技巧。

实训步骤：

步骤一：以小组为单位进行角色分配和任务分工，角色A是某公司人力资源部招聘主管，主要负责主持这次公文筐测试的组织实施工作，角色G是其助理；角色B、C、D、E、F是来应聘公司行政经理的应聘人员。

步骤二：角色A、角色G依据预定的被试人数选择好适宜的测试地点，布置考场。考场环境应安静整洁，无干扰，采光照明良好。由于要处理大量公文，桌面要比较大。如有多人参加，相互之间距离要远一些，以免相互干扰。

步骤三：准备好测试所用的材料，如测试材料、答题册等，保证每位被试有完整的测试材料及用品。允许被试自带计算器。

步骤四：角色A、角色G安排角色B、C、D、E、F应聘人员入场，并宣布测试注意事项。指导语如下："请大家注意，为了不影响考试，请大家关闭通信工具，暂停使用。"

步骤五：正式实施测试。角色B、C、D、E、F应聘人员开始作答，计时。角色A、角色G巡视。

步骤六：测试时间到，角色A、角色G回收测试材料和答题册，测试结束。

实训成果：

对公文筐测试形成一份测试报告和撰写一份工作总结报告。

实训项目3：管理游戏——空方阵

实训目的：通过空方阵游戏增强小组成员之间的配合、小组与小组之间的沟通及配合，从而找出经常出现的问题以及探索出解决这些问题的方法。通过游戏还可以体会小组工作时领导的产生及领导的作用。

实训步骤：

形式：5人一小组，10人一个大组，24人一班最佳。

时间：40分钟。

材料及场地：2套空方阵塑料板，教室及其他会议室或走廊。

适用对象：参加团队建设、领导力及沟通课程的全体学员。

操作程序：

（1）10人的大组中分为2个小组，一组命名为"计划团队"，另一组命名为"执行团队"，还有2位组员为"观察团队"。

（2）主持有3份不同的指令分别交给"计划团队"、"执行团队"、"观察团队"。

（3）整个任务将在25分钟内完成。

（4）现在开始分别给"计划团队"、"执行团队"、"观察团队"指令。

活动讨论：

（1）对比2个大组，选出最先完成任务的大组，听他们分享自己在工作过程中的感受，为什么能够完成得比另外一组快？

（2）由观察员谈谈2个大组分别在完成任务过程中的表现。

（3）总结在这个游戏中最大的启示是什么，进行关于领导力的讨论，就沟通方面、合作及配合方面出现的问题找出解决的方法。

实训成果：

要求学员写一份参加活动的心得体会。

# 员工录用

## 知识目标

理解录用工作的原则和流程；掌握劳动合同签订的原则和流程；熟悉入职及培训各个环节的工作安排；掌握录用的基本决策方法。

## 能力目标

正确运用录用决策方法；正确签订有关的劳动合同；把握有关劳动合同的基本内容；熟练进行录用背景调查；熟练进行有关入职引导工作。

## ● 任务一　录用决策的方法选择

### 任务导入

人力资源部的叶明和同事们都在纳闷："我想我们是用错人了！"在一个月前，人力资源部向公司的技术中心经理推荐了3名比较合适的候选人，技术中心的徐主任从中挑选了在面试现场表现最出色的应聘者。但是，经过一个月的试用过程，发现这位应聘者并不能胜任上司交给的工作，现在技术中心徐主任正准备换人呢！唉，叶明比较纠结，怎么做了这么多工作就是找不对一个人啊？

### 任务分析

叶明和徐主任在这次录用人员方面出现的偏差反映出录用工作的复杂性，不是说工作做得越多就一定能确保录用到合适的人员。当时人力资源部推荐了3名候选人，徐主任挑选了面试最出色的人员，但是使用效果不理想，说明录用决策受许多因素的影响。首先，作为主要录用决策判断的责任人，徐主任是否掌握了应聘者的全面资料；其次，徐主任是否对用人的标准有确切的把握；最后，徐主任是否采用合适的决策方法等。因此，徐主任有必要对应聘人员条件、待聘岗位的任职条件、录用决策方法等方面进行认真的思考。

### 知识支撑

#### 一、录用决策主体

录用决策主体是指最后决定录用的决策人，一般是公司的高层人员和决策机构。

录用的原则是谁用人谁拥有决策权。由于企业的岗位要求不同，录用决策主体也会不同。一般而言，对于一线员工来说，主要由其主管或者人力资源部主管单独决定；对于一般管理人员录用，除了该职位的主管以外，由人力资源部和有关用人部门负责人一起参与决策，公司高层最终决定；企业高管人员聘用程序比较复杂，由人力资源部提出申请，经过选拔报企业高层（董事会）集体表决决定。一般来说，录用决策主体的职责是：

（1）企业总经理（企业最高决策机构）做最后的录用决策。

（2）人力资源部门负责与录用人员签订劳动合同，办理入职手续等相关事宜。

（3）人力资源部门与用人部门对新员工进行入职引导，确保他们能够适应新的工作环境及履行工作职责。

（4）业务部门负责在试用期之内对新招聘人员进行考核，并决定是否予以转正。

二、录用决策的类型

企业录用决策受到许多因素的影响，人力资源管理的原则是"人尽其才、才尽其用"。在现实中，招聘录用随着招聘环境的不同而有所变化，因此会出现不同的录用决策类型。

1.录用决策以人为标准

这种录用决策方式是以人为主，把人安置在最合适的岗位上去，实现人尽其才，才尽其用。从人员自身素质的角度，根据个体的特点来安排相应的工作岗位，如某位人员在备选岗位上的某一特质非常突出，我们就需要根据其特点来安排职位。

2.录用决策以职位为标准

这种方式是指按照岗位要求来选择合适人员，也就是按照岗位说明书的资格条件来进行录用决策。

3.录用决策以双向选择为标准

由于以人为标准和以职位为标准的选拔均有欠缺，因此结合使用这两种方法可以更加合理地配置人员。虽然这样的配置方式不一定能最优配置每一个岗位，但因为其平衡了多方面因素，实践中往往也会取得比较理想的效果。

三、录用决策的方法

一般而言，录用决策的方法主要有以下几种：

1.诊断法

诊断法主要是由决策者根据某项工作和应聘者资格条件，在分析应聘者所有资料的基础上，凭经验做出决策。

2.多重淘汰法

多重淘汰法是指采用淘汰方式，对应聘者进行多种相关测试的方法。应聘者必须在每种测试中都要达到一定水平，只有通过每一关测试，才能算合格人员。对于全部测试考核项目都通过者，再按测试得分高低，排出名次，择优录用。

3.赋予权重法

这种方法是对应聘者的各种测试结果根据不同需要赋予不同的权重，综合所有测试结果决定录用人选。不同测试的成绩可以互为补充，最后根据应聘者在所有测试中的总成绩做出录用决策。

### 4.综合法

在这种方法下，有一部分测试项目采用的是淘汰方式，有一部分测试项目根据岗位任职资格条件对应聘者特征的要求程度赋予某些特质不同的权重。在应聘者通过一些淘汰性测试之后，才对其测试的其他项目赋予不同权重，以突出一些工作过程需要的特质。

**任务实施**

用较少的成本录用到合适的人员，且其在工作岗位上表现出色，是每个企业都期望的事情，尤其是对录用决策者而言更为重要。要做到有效的决策，叶明和徐主任应该遵循以下几个步骤：

第一，需要认真分析应聘者的全面资料，明确3名候选人到底谁善于做什么（现在的、潜在的）、他们愿意做什么、志向是什么等，再通过一些甄别手段判断候选人是否适合岗位，而不是凭面试感觉判断应聘者是否适合空缺岗位。

第二，需要考虑其他的必要因素，如技术中心团队人员组成的特点等。

第三，需要考虑选择哪种录用标准更有效，选择哪种决策方法更恰当。

第四，在完成以上步骤后，共同做出人员取舍的决定。

## ● 任务二　背景调查

**任务导入**

李延协助招聘主管招收了3名技术研发人员，半年来这些研发人员确实开发了一些有市场前景的产品和技术。但是，公司的销售人员却常常抱怨说，我们新开发的产品被竞争对手抢了先机，新开发的技术也被竞争对手抢先申请了专利。公司为此蒙受了巨大的损失，引起了公司领导的高度重视。经调查发现，在新招聘的3名技术研发人员当中居然有竞争对手的前雇员，公司领导非常恼火，责成人力资源部好好反省一下新员工调查工作。作为招聘助理，李延确实应该反省一下，思考如何做好背景调查工作。

**任务分析**

对于录用人员，特别是对拟聘一些关键岗位的重要人员进行背景调查是非常必要的，一旦没有做好就有可能给公司造成巨大的损失。进行录用人员的背景调查，需要明确背景调查的主要内容，熟悉背景调查的工作流程，明确背景调查工作的注意事项。

**知识支撑**

一、背景调查

什么是背景调查？通俗来讲，背景调查就是"调查背景"，就是对拟录用人员以往的经历（包括工作时间、岗位名称、工作职责、教育经历、薪资水平等）和他人的评价进行调查。经历是指客观事实，评价是指他人的主观感受。过去的成绩虽然不能代表现在和将来，但过去的事例可以让我们预测拟录用人员将来的表现。

二、背景调查的内容

背景调查应本着内容简明、实用、低成本的原则。背景调查内容简明是界定了背景调查工作的范围，哪些调查必须做，哪些调查可以暂缓；调查内容实用是强调调查内容必须要与工作岗位有密切关系；低成本则是强调背景调查要节约成本支出。一般而言，背景调查内容分为两类：一是通常的项目，如毕业学历、学位的真实性等；二是与职位说明书要求相关的工作经历、技能、业绩、成果等。

1.学历水平

无论用人企业对应聘者的学历要求如何，都必须对其学历的真实性做调查。一个连学历都会造假的人员，其诚信度会大打折扣。

2.个人资质

用人企业需要对应聘者提供的自身过去的行为表现的情况（比如说过去的工作经历、技能培训、所获资质成果等）进行了解，通过考查其过去的行为业绩来推测其未来工作业绩的可能性。

3.个人资信

用人企业希望通过对其前一工作环境中的个人品行、成长经历、个人的兴趣爱好和性格等方面的表现来考量拟录用人员的品德。

4.其他

通过背景调查，可以反映出拟录用人员对用人企业的认同感、忠诚度等情况。

三、背景调查的技巧

1.调查方式尽量采用电话调查而非传真调查

了解应聘人员的以前信息，对于原工作单位来说是向他们了解已经离职人员的信息，是一件麻烦对方的事情，在这种情况下再让对方填写离职员工信息，并且还需要加盖公章确认，应该没有哪个企业愿意配合这么做。所以，比较恰当的方式是打电话过去调查，态度比较亲切一些，以聊天的方式打听消息，而且要根据对方的态度灵活掌握进度。

2.选择合理的联系时间

选择恰当的时机也比较重要。在工作时间内，对方人力资源部的人员都比较忙，一般下午四点钟左右的时候会稍微好一点，在这个时间对方配合你的概率会大一些。如果在星期一的上午等一些比较繁忙的时间段打电话，对方大多不会理睬你。

3.调查的内容要循序渐进、由浅入深

调查还要把握好过程细节，要注意询问的内容、深浅程度，千万不要开门见山就问一些对方不方便透露的问题，如应聘人员原来的工资待遇等。所以，要灵活掌握提问的顺序，一般由融洽的问题入手，一点一点深入，再根据对方的态度来决定交谈的程度。

4.要有坚持到底、不达目的誓不罢休的精神

背景调查开展难度大，工作中难免会碰到钉子，遭到拒绝，但是不能因此退缩，第一次不行可以换个时间再进行调查，如果人事部门不行可以迂回到业务部门进行调查，直接找业务主管进行了解。

另外，所有的背景调查工作都需要调查者有一个足够亲切和诚恳的态度，千万不要冷冰冰，一副以自我为中心的架势。

四、背景调查的实施和注意事项

1.背景调查的实施

（1）调查时机的选择。新员工的调查最好安排在面试结束之后与上岗前的间隙进行，这个时机的调查更有针对性。

（2）调查主体的选择。背景调查可以由企业自己操作，也可以委托调查公司进行。

（3）调查客体的选择。可以根据调查内容把调查对象分为几类，分头进行调查，如分

别到档案管理部门、原来任职的公司等处实施调查。

2.背景调查注意事项

背景调查的主要注意事项为：一是一般情况下要征得拟录用人员的同意；二是要多渠道了解拟录用人员的情况；三是只调查与工作岗位有关的信息；四是必要的时候可以委托专业调查公司进行调查，以保证调查进度。

五、背景调查表样例

背景调查表的样式参见表8-1、表8-2。

表8-1　　　　　　　　　　　　　　　　人员背景调查表

| 姓名 | | 性别 | | | 特长/爱好 | | 身份证号 | |
|---|---|---|---|---|---|---|---|---|
| 进入单位日期 | | 所在部门 | | | 担任职务/岗位 | | 合同签订起止时间 | |
| 劳动关系终止时间 | | 离职类别 | □辞职　□合同期满　□辞退　□开除 | | 离职手续是否齐全 | | 离职时的身体状况 | |
| 工作表现 | | | | | | | | |
| 工作业绩 | | | | | | | | |
| 同事关系 | | | | | | | | |
| 奖惩情况 | | | | | | | | |
| 犯罪记录 | | | | | | | | |

（注：本表由应聘者最后一个工作单位以手写方式独立填写完成，并务必加盖单位公章确认）

单位名称（加盖公章）：　　　　　　　　　　　　联系电话：

年　月　日

**任务实施**

为了避免给公司带来不必要的损失，李延所在的公司应该在决定录用这3名技术研发人员时进行必要的背景调查。首先，李延的工作小组要确定背景调查的内容。除了一些通用项目之外，还应该特别关注研发的技术保密性问题，所以技术研发人员在专业技术领域的成长经历、资质、社会关系层面等都是要重点调查的内容。其次，制订背景调查实施方案。关注背景调查的时机、选择谁进行调查、利用什么渠道进行调查等。再次，注意背景调查的注意事项。一是通常情况下进行背景调查要征得拟录用人员的同意；二是要多渠道了解拟录用人员的情况；三是只调查与工作岗位有关的信息；四是必要的时候可以委托专业调查公司进行调查。

表8-2

**员工背景资料调查表**

单位：××公司

| 姓名 | | | 性别 | | | 民族 | | 照片 |
|---|---|---|---|---|---|---|---|---|
| 出生年月 | | | 籍贯 | | | 文化程度 | | |
| 政治面貌 | | | 兵役状况 | | | 婚姻状况 | | |
| 工作部门 | | | 岗位 | | 介绍人或担保人 | 姓名 | | |
| 身份证号码 | | | | | | 工作单位 | | |
| 户口所在地 | | | | | | 职务 | | |
| 现住址及联系方式 | | | | 政审时间 | | | | |

| 个人简历 | |
|---|---|
| 家庭成员 | |
| 部门审核 | |
| 保卫部门审核 | |
| 备注 | 1.部门审核栏由部门对该员工填写的情况是否属实做出审核意见<br>2.个人提供常住户口所在地派出所出具的无犯罪记录证明或政审证明 |

填表日期：

# ● 任务三 入职面谈

**任务导入**

前面提到李延协助招聘主管招收了3名技术研发人员，在决定录用时，公司的领导要求李延和招聘主管与他们进行了一次详细的面谈。招聘主管把这个任务交给了李延，要求李延通知这3位技术研发人员，并且安排好整个面谈的工作。李延刚刚入职，对录用面谈的程序、内容和注意事项不是特别了解，所以他要在招聘主管的指导下完成此次任务。

**任务分析**

在外聘的3位人员进入企业之后，人力资源部为了使其尽快适应公司的环境，专门安排有关人员就其工作职责、企业的规章制度、企业文化、企业的组织结构等情况进行至少一次的沟通，这样可以加深其对公司的了解，有利于以后工作的开展。李延接受任务之后，立即按照公司的入职面谈管理制度安排了入职面谈。

**知识支撑**

一、入职面谈的重要性

1.加强企业对新员工的进一步了解

通过谈话可以了解新员工的思想、兴趣、爱好等一般层面的信息情况，也可以通过一些比较深层次的话题来了解新员工的价值观、人生观等方面的信息。

2.加强新员工对企业的了解

入职面谈可以给新员工提供一个了解企业的机会，比如企业文化、薪酬、福利、企业的整体运营等方面的情况。

3.引导新员工尽快融入企业，熟悉岗位工作

入职面谈的执行者主要根据录用岗位级别高低来决定。通常情况下，经营管理层的高级管理人员入职面谈由董事长、总经理或者人力资源管理专家顾问来执行；中层管理人员的入职面谈由分管的领导来执行；基层管理人员的入职面谈由部门主管或分管领导来执行；普通员工的入职面谈可以由用人部门的负责人、人力资源部主管来执行。

二、入职面谈的内容和地点

入职面谈的主要内容包括新员工的工作兴趣、教育背景、工作经历、家庭情况、个人问题、自我评估、薪酬期望、以往工作的绩效表现、以往工作中的人际关系处理情况、有关激励成长的问题等。

入职面谈的场所一般在公司的办公室，也可以根据实际情况选择一个气氛轻松的地点进行。

**任务实施**

李延实施入职面谈的具体步骤是：

第一步，通知录用人员面谈的时间和地点。

第二步，熟悉面谈内容，做好面谈准备工作（包括准备面谈表等材料）。

第三步，正式举行面谈，并且做好相关的记录工作。

第四步，做好新员工录用面谈资料的归档工作。

新员工入职面谈表样式见表8-3。

表8-3　　　　　　　　　　　　　　**新员工入职面谈表**

| 姓名 | | 性别 | | 招聘部门 | | 日期 | |
|---|---|---|---|---|---|---|---|
| 1.了解家庭情况 | | | | | | | |
| 2.入职办理是否顺利 | | | | | | | |
| 3.对企业的第一感觉 | | | | | | | |
| 4.对工作岗位的认知,是否了解明天的工作情况 | | | | | | | |
| 5.个人职业生涯规划 | | | | | | | |
| 6.在公司发展的愿景等 | | | | | | | |
| 7.有无需要了解公司的其他方面和需要公司提供哪些方面的帮助 | | | | | | | |
| 8.告知工作中出现问题的解决渠道 | | | | | | | |
| 9.了解新员工个人生活方面信息 | | | | | | | |
| 10.对新员工的加入表示欢迎,并提出试用期期间的要求等 | | | | | | | |

# ● 任务四　入职体检

**任务导入**

　　广州道奇建筑材料有限公司是一家直接引进国外先进生产技术、生产设备、产品配方以及原材料的高科技建筑涂料专业公司。为了向社会提供健康、绿色环保、品质一流的产品,公司通过了一系列涂料生产国家标准认证,其产品被确认为"中国绿色、环保、节能建材产品",公司也取得了"中国建材行业AAA级质量服务信用企业"等荣誉称号。由于发展迅速,公司决定招聘20名一线生产工人,经过初步筛选、面试等程序,决定录用应聘者中的15名人选。鉴于建筑材料行业的特殊性,对入职员工的身体条件要求比较严格,为了防止以后出现不必要的劳动纠纷,人力资源部的招聘专员薛敏建议公司在签订劳动合同之前应该对所有新入职员工组织入职体检。公司采纳了薛敏的建议,同时把新员工入职体检的事情全权交给他去处理。那么,薛敏该如何安排这次新员工的入职体检呢?

**任务分析**

　　新员工进入企业后,在正式工作之前需要进行身体健康检查,目的是为了确保员工的身体状况能适应企业的工作性质,同时还可以避免以后出现不必要的劳动纠纷。企业可以在录用通知上要求被录用者提交医院出具的体检报告;当然,如果企业条件许可或者为防止员工体检造假，企业也可以统一组织新员工进行体检。广州道奇建筑材料有限公司是一家生产高科技建筑涂料的专业公司，由于建筑材料的生产不可避免地会影响员工的身体健康，所以公司对员工的体检是高度重视的。

**知识支撑**

一、入职体检的定义

入职体检是专项体检之一，是指为了保证入职员工的身体状况能够承受从事相关专业的工作，在集体生活中不会造成传染病流行，不会因个人身体原因而影响他人而进行的一种身体检查的方式。

二、入职体检的意义

1.入职体检对用人单位意义重大

入职体检能够帮助用人单位提前了解员工的身体状况，以便用人单位衡量该员工是否能够适应岗位的要求，从而为其改善工作环境或者调换岗位，从而避免后续的一系列问题的产生。一般来说，用人单位安排的体检是根据单位的工作性质而设定的项目。

2.入职体检对员工意义重大

入职体检能够帮助员工了解自身身体状况，有助于预防疾病及健康管理，发现问题也有助于及时确诊和治疗。

三、入职体检的内容

入职体检一般包括以下内容：

1.入职体检实验室检查

（1）抽血化验（均使用一次性真空负压采血管）。

（2）血常规18项：检查有无贫血、炎症、血液病等。其中包括红细胞数目（RBC）、白细胞数目（WBC）、血小板数目（PLT）、血红蛋白（HGB）、中间细胞数目（MID#）、淋巴细胞数目（LYMPH#）、粒细胞数目（GRAN#）、平均红细胞体积（MCV）、平均红细胞血红蛋白（MCH）、平均红细胞血红蛋白浓度（MCHC）、平均血小板体积（MPV）、红细胞分布宽度（RDW）、红细胞压积（HCT）、血小板分布宽度（PDW）、血小板压积（PCT）、淋巴细胞百分比（LYMPH%）、粒细胞百分比（GRAN%）、中间细胞百分比（MID%）共18项检查结果。

（3）肝功能：谷丙转氨酶（ALT）是检查肝功能最直接的指标。

（4）血型：血型检查。

2.入职体检科室项目

（1）心电图：检查心脏最常用的方式。心电反应性疾病检查尤其对心律失常是最准确的诊断方法，对心肌缺血和其他非循环系统疾病，如低血钾和甲亢也有一定的诊断意义。

（2）胸透：心、肺、膈疾病检查。

（3）内科：心、肺、肝、脾、胆囊、神经系统检查等。

（4）眼科：视力、眼睑、结膜、眼球、色觉、眼底、裂隙灯检查等。其中，通过裂隙灯检查可以发现全身其他部位病变所引起的眼底变化，如糖尿病、高血压等。

入职体检表样式如表8-4所示。

表 8-4

**入职体检表**

| 姓名 | | 性别 | | 出生日期 | | 近期二寸免冠<br>正面半身<br>彩色照片 |
|---|---|---|---|---|---|---|
| 身份证号 | | | | | | |
| 出生地 | | 民族 | | 婚否 | | |
| 既往病史 | | | | | | |

| 眼 | 裸眼视力 | 左 | | 右 | | 医师意见：<br><br>签名： |
|---|---|---|---|---|---|---|
| | 矫正视力 | | | | | |
| | 眼疾 | | | | | |
| | 色觉 | | | | | |

| 耳鼻喉 | 听力 | 左 | | 右 | | 医师意见：<br><br>签名： |
|---|---|---|---|---|---|---|
| | 耳疾 | | | | | |
| | 鼻及鼻窦 | | | | | |

| 内科 | 呼吸 | 次/分 | 脉搏 | 次/分 | 血压 | /mmHg | |
|---|---|---|---|---|---|---|---|
| | 发育及营养 | | | | | | 医师意见：<br><br>签名： |
| | 心肺功能 | | | | | | |
| | 肝、脾、双肾 | | | | | | |
| | 腹部查体 | | | | | | |

| 辅助检查结果 | 胸片 | | 医师签名： |
|---|---|---|---|
| | 心电图 | | 医师签名： |
| | 肝肾功能 | | 检验师签名： |
| | 血常规 | | 血型 | | 检验师签名： |

| 体检结果 | 结果（请在以下项目序号前用"√"表示选定该项体检结果）：<br>① 健康或正常　　　②一般或较弱　　　③有慢性病<br>④ 传染病传染期　　⑤精神病发病期　　⑥身体残疾<br>说明：如选择上述结果③，请继续在下列符合的项目上用"√"表示。<br>1.心血管病　　　　2.脑血管病　　　3.慢性呼吸系统病<br>4.慢性消化系统病　5.慢性肾炎　　　6.结核病<br>7.神经或精神疾病　8.糖尿病　　　　9.其他：＿＿＿＿＿＿＿＿<br>医师签名：　　　　体检日期：　　年　月　日 |
|---|---|

**四、入职体检合格的参考标准**

下面是入职体检合格的参考标准。

第一条　风湿性心脏病、心肌病、冠心病、先天性心脏病、克山病等器质性心脏病，不合格。先天性心脏病不需手术者或经手术治愈者，合格。遇有下列情况之一的，排除心脏病理性改变，合格：

（一）心脏听诊有生理性杂音；

（二）每分钟少于6次的偶发期前收缩（有心肌炎史者从严掌握）；

（三）心率每分钟50～60次或100～110次；

（四）心电图有异常的其他情况。

第二条　血压在下列范围内，合格：收缩压90mmHg～140mmHg（12.00～18.66Kpa）；舒张压60mmHg～90mmHg（8.00～12.00Kpa）。

第三条　血液病，不合格。单纯性缺铁性贫血，血红蛋白男性高于90g/L、女性高于80g/L，合格。

第四条　结核病不合格。但下列情况合格：

（一）原发性肺结核、继发性肺结核、结核性胸膜炎，临床治愈后稳定1年无变化者；

（二）肺外结核病：肾结核、骨结核、腹结核、淋巴结核等，临床治愈后2年无复发，经专科医院检查无变化者。

第五条　慢性支气管炎伴阻塞性肺气肿、支气管扩张、支气管哮喘，不合格。

第六条　严重慢性胃、肠疾病，不合格。胃溃疡或十二指肠溃疡已愈合，1年内无出血史，1年以上无症状者，合格；胃次全切除术后无严重并发症者，合格。

第七条　各种急慢性肝炎，不合格。

第八条　各种恶性肿瘤和肝硬化，不合格。

第九条　急慢性肾炎、慢性肾盂肾炎、多囊肾、肾功能不全，不合格。

第十条　糖尿病、尿崩症、肢端肥大症等内分泌系统疾病，不合格。甲亢治愈后1年无症状和体征者，合格。

第十一条　有癫痫病史、精神病史、癔病史、夜游症、严重的神经官能症（经常头痛头晕、失眠、记忆力明显下降等），精神活性物质滥用和依赖者，不合格。

第十二条　红斑狼疮、皮肌炎和多发性肌炎、硬皮病、结节性多动脉炎、类风湿性关节炎等各种弥漫性结缔组织疾病，不合格。

第十三条　晚期血吸虫病，晚期血丝虫病兼有象皮肿或有乳糜尿，不合格。

第十四条　颅骨缺损、颅内异物存留、颅脑畸形、脑外伤后综合征，不合格。

第十五条　严重的慢性骨髓炎，不合格。

第十六条　三度单纯性甲状腺肿，不合格。

第十七条　有梗阻的胆结石或泌尿系结石，不合格。

第十八条　大动脉炎、血管闭塞性脉管炎、雷诺氏病，不合格。

第十九条　淋病、梅毒、软下疳、性病性淋巴肉芽肿、尖锐湿疣、生殖器疱疹，艾滋病，不合格。

第二十条　双眼矫正视力均低于0.8（标准对数视力4.9）或有明显视功能损害眼病者，不合格。

第二十一条　双耳均有听力障碍，在佩戴助听器情况下，双耳在3米以内耳语仍听不见，不合格。

第二十二条　未纳入体检标准，影响正常履行职责的其他严重疾病，不合格。

五、有关入职体检的相关法律、法规条款

1.《中华人民共和国劳动合同法》

第四十条：有下列情形之一的，用人单位提前三十日以书面形式通知劳动者本人或者额外支付劳动者一个月工资后，可以解除劳动合同：（一）劳动者患病或者非因工负伤，在规定的医疗期满后不能从事原工作，也不能从事由用人单位另行安排的工作的……

第四十二条：劳动者有下列情形之一的，用人单位不得依照本法第四十条、第四十一条的规定解除劳动合同：（一）从事接触职业病危害作业的劳动者未进行离岗前职业健康检查，或者疑似职业病病人在诊断或者医学观察期间的……（三）患病或者非因工负伤，在规定的医疗期内的。

2.《中华人民共和国职业病防治法》

第六十条：劳动者被诊断患有职业病，但用人单位没有依法参加工伤保险的，其医疗和生活保障由该用人单位承担。

3.《中华人民共和国就业促进法》

第三十条：用人单位招用人员，不得以是传染病病原携带者为由拒绝录用。但是，经医学鉴定传染病病原携带者在治愈前或者排除传染嫌疑前，不得从事法律、行政法规和国务院卫生行政部门规定禁止从事的易使传染病扩散的工作。

4.《就业服务与就业管理规定》

第十九条：用人单位招用人员，不得以是传染病病原携带者为由拒绝录用。但是，经医学鉴定传染病病原携带者在治愈前或者排除传染嫌疑前，不得从事法律、行政法规和国务院卫生行政部门规定禁止从事的易使传染病扩散的工作。

用人单位招用人员，除国家法律、行政法规和国务院卫生行政部门规定禁止乙肝病原携带者从事的工作外，不得强行将乙肝病毒血清学指标作为体检标准。

5.《中华人民共和国食品安全法》

第四十五条：食品生产经营者应当建立并执行从业人员健康管理制度。患有国务院卫生行政部门规定的有碍食品安全疾病的人员，不得从事接触直接入口食品的工作。

从事接触直接入口食品工作的食品生产经营人员应当每年进行健康检查，取得健康证明后方可上岗工作。

6.《公共场所卫生管理条例》

第七条：公共场所直接为顾客服务的人员，持有"健康合格证"方能从事本职工作。患有痢疾、伤寒、病毒性肝炎、活动期肺结核、化脓性或者渗出性皮肤病以及其他有碍公共卫生的疾病的，治愈前不得从事直接为顾客服务的工作。

7.《关于进一步规范入学和就业体检项目维护乙肝表面抗原携带者入学和就业权利的通知》

入学、就业体检需要评价肝脏功能的，应当检查丙氨酸氨基转移酶（ALT，简称转氨酶）项目。对转氨酶正常的受检者，任何体检组织者不得强制要求进行乙肝项目检测。

六、注意事项

第一，警惕入职体检中的弄虚作假。

第二，招用劳动者时，应根据实际需要对拟聘对象进行体检，重点审查是否有潜在疾病、职业病等。

第三，注意不要违反法律关于禁止就业歧视的规定（比如乙肝、乙肝病毒携带者），除国家规定的特殊行业、职业外，不要以应聘者患有乙肝或应聘者为乙肝病毒携带者为由拒绝录用。

第四，入职体检之前，尽量避免签订劳动合同，以免承担不必要的责任。

**任务实施**

薛敏为此次体检做了充分的准备，将入职体检程序分为以下几个步骤：

第一步，制订入职体检工作计划。员工入职体检的工作确定后，就开始着手积极制订相应工作计划。

第二步，选择员工入职体检机构。在入职体检工作计划的指导下，选择正规、可靠的体检机构。

第三步，确定员工入职体检项目。在考虑行业特征、工作岗位需要的前提下，结合咨询体检机构的意见确定员工入职体检的项目。

第四步，发出体检通知。向新入职员工发出体检通知，说明详细的时间、指定的体检机构、主要检查项目及体检前相关注意事项。

第五步，在规定的时间陪同15名新入职员工前往指定体检机构进行体检。

第六步，体检报告由体检机构送达广州道奇建筑材料有限公司。

# ● 任务五　办理录用手续

**任务导入**

李延协助招聘主管通过笔试、面试、心理测试等一系列的选拔方式确定了小黄、小张、小高为技术中心新录用的员工。接到录用通知之后，小黄在公司规定的时间内来到公司报到，李延接待了小黄，但因为李延刚刚进入人力资源部，对办理录用手续的工作流程还不熟悉，招聘主管高飞只好暂停手上其他的工作，帮助李延完成小黄的其他录用手续的办理工作。

**任务分析**

应聘者经过企业的层层选拔被录用后，企业人力资源部发出录用通知，被录用者按期报到，人力资源部应该及时给新员工办理其他录用手续。所以，李延应该按照规范的工作流程尽快给小黄办理其他录用手续。

**知识支撑**

一、办理录用手续的工作流程

办理录用手续的工作流程为：录用通知书的发放→验证有关证件→组织入职体检→新员工到企业报到→填写入职表格（提供身份证原件和复印件、离职证明、各类证书等）→签订劳动合同（办理工作证、办理工资卡等）→新员工岗前培训。

二、录用通知书

1.录用通知书的内容

录用通知书的主要内容包括：

（1）对新员工的加盟表示欢迎，让新员工知道企业对于他们的重视。

（2）新员工报到的具体内容。

（3）报到的时间和地点。

（4）其他应该注意的事项。

2.录用通知样例

录用通知样例如下：

**录用通知**

_____先生/女士：

您好！

非常感谢您应聘我公司！经过慎重筛选，我公司已决定录取您到本公司_____部_____岗位任职，如体检结果达标，公司将正式录用。正式报到日期为_____年_____月_____日。

1.请提供与原单位的解除或终止劳动合同证明。

（1）提供退工单、劳动手册原件（如有），带好前公司开具的离、辞职证明。

（2）注明档案、保险、公积金是否能够转入公司情况（需提供社保转移凭证及个人公积金转出凭证）。

2.在正式报到时，请将个人相关资料原件及复印件交我公司查验、备案，根据我公司有关规定，持假证者一经发现将立即终止试用。需携带的个人相关资料明细如下：1寸近期免冠照片2张（背后注姓名、岗位及所属部门），身份证原件及复印件，学历、资格、职称证明原件及复印件，区级及以上医院办理的健康证或体检表（含肝功及血常规项目）原件。

3.您的入职引导人是_____。

4.您的薪资详见附件薪资结构表，相关劳动保险及福利按地区规定及公司规定执行。

5.试用期为2个月。

6.员工工资卡为××卡，请及时办理。

7.报到地址为×××××××。

联系人：××××

联系电话：××××

××××有限公司

2015年_____月_____日

三、新员工办理报到相关事宜的通知样例

新员工办理报到相关事宜的通知样例如下：

**关于2015年新录用员工报到相关事宜的通知**

一、报到时间

1.集中报到时间：2015年7月6日、7日（上午8：00—11：30，下午1：30—4：30）；

2.暑假期间报到时间：2015年8月2日、3日（上午8：30—11：30，下午2：00—4：00）。

二、报到地点

1.集中报到地点：校本部实验楼116室；

2.暑假期间报到地点：校本部主楼306室。

三、报到人员范围

已经取得派遣证、最高学历证、学位证（博士学位证可后交）的人员。博士后出站人员需持博管会开具的"分配工作介绍信"以及设站单位出具的"工资介绍信"。

四、报到所需材料

（一）现场递交人事处材料

1. 报到证及其复印件1张；

2. 户口迁移证（京外生源、境外院校）/常住人口登记卡（京外生源、京内院校）；

3. 2张2寸、4张1寸近期免冠照片；

4. 身份证复印件2份；

5. 获得的最高学历证、学位证的原件及复印件1份（博士学位证书可开学后交，但"租房补贴"手续相应延迟办理）。

（二）其他部门所需材料

1. 保卫处：身份证及复印件1份、1寸彩色近期免冠照片1张（仅京外生源适用）；

2. 计生办：婚育状况调查表；

3. 数字校园：身份证原件，所获得的（本科或专科、硕士、博士）学历、学位证的原件及复印件1份；

4. 校医院：1寸近期免冠照片1张、7元钱；

5. 财务处：身份证复印件1份。

五、报到流程

1. 现场交验材料后，填写"调入人员登记表"、"输机表"；

2. 领取转单、员工到职通知书、聘用合同书、服务期合同（仅博士及副教授及以上人员适用）；

3. 填写卡片（4张）、履历表；

4. 博士及副教授以下人员需要做二级代理：委托书1份、委托管理人事档案合同书3份、调查表1份；

5. 持"转单"去各相关单位盖章完毕，到集中报到地点办理工作证、继续教育手册。（注：暑假期间报到人员，开学后再去转单）。

六、组织关系转移

（一）组织关系转移抬头

1. 从京内单位转来，抬头写"××大学党委组织部"；

2. 从外省市以及在京的中央国家机关、军队系统、国资委下属企业、银行系统、铁路系统、民航系统、全国性社团或机构等单位转来，抬头写"北京市委教育工委组织处"。

（二）组织关系介绍信请直接交组织部

七、注意事项

1. 交回材料包括聘用合同2份、社会保险调查表1份；

2. 已取得学位的博士及副教授及以上人员可持"介绍信"到房土处办理租房补贴手续；

3. 人事处预计在8月底举行新到职员工岗前培训，具体时间及地点另行通知；

4. 回具体单位签订聘用合同时，联系人事秘书及时订立"岗位聘任书"以确保开学时上交人事处聘任科（岗位聘任书的聘期为2015年9月1日至2016年12月31日）；

5. 暑假期间报到人员，开学后再去转单。

人事处

2015年7月4日

四、员工登记表的内容

一般来说，员工登记表应包括以下内容：员工个人信息、教育背景、培训经历、工作经历、家属基本情况等。

员工登记表的作用：一是员工的通信地址可以作为公司向员工送达有关通知和文件时的地址使用；二是记录员工有关信息，如果将来发现存在欺诈，员工登记表就是证据；三是可以证明入职时间；四是可以根据工作年限确定年休假天数，因为法定带薪年休假与员工累计工作年限相关。

一般而言，员工登记表应配合收集员工的身份证复印件、学历和学位证书复印件以及其他证件复印件。此外，员工登记表应由员工亲自填写，并亲自签名确认。

五、大学生办理录用手续流程

1.应届毕业生本地生源（以上海为例）

（1）与公司人力资源部签订《就业协议书》。

（2）拿到毕业证书后到学校凭《就业协议书》换领报到证。

（3）带齐户口簿、身份证、毕业证书的原件和复印件各一份和两张一寸照片办理《劳动手册》。大专（含）以上学历请到户籍所在地的职业介绍所办理，大专以下学历请到户籍所在地的街道办理。

2.应届毕业生异地生源（以上海为例）

（1）与公司人力资源部签订《就业协议书》。

（2）把办理"进沪就业"申请所需的材料交给公司人力资源部，拿到毕业证书后自行到学校凭《就业协议书》换领报到证。

（3）带齐户口簿、身份证、毕业证书的原件和复印件各一份和两张一寸照片办理《劳动手册》。大专（含）以上学历请到户籍所在地的职业介绍所办理，大专以下学历请到户籍所在地的街道办理。

（4）如果申请"进沪就业"审批通过，接到公司通知后到公司领取《上海市单位招用从业人员名册》和《劳动合同》正本一份，办理登记手续，索取单位营业执照和单位组织机构代码证的复印件（《上海市单位招用从业人员名册》必须加盖公司章）。

（5）到高校中心办理落户事宜，同时办理《劳动手册》。必须带齐《户籍、档案受理凭证》（白卡）、报到证复印件、劳动合同原件、《上海市单位招用从业人员名册》、两张一寸照片、单位营业执照复印件和单位组织机构代码证复印件。按要求到指定医院参加体检，请户籍所在地派出所出具《无刑事犯罪记录证明》并盖章，填写完整的员工信息表一并交回公司人力资源部。完成所有手续后，向公司人力资源部交齐相关资料后签订《雇员合同》。

**任务实施**

小黄收到录取通知书后，在规定的时间到人力资源部办理入职手续，填写一系列表格，确认有关资料，然后由人力资源部交接给用人部门或者进行上岗前培训。上岗前培训期间的工资待遇由公司根据具体情况而定。公司办理入职手续的要点是：

1.验收相关证件

新录用的员工须向人力资源部提供身份证、工作证明、学历证书、技能培训证书、职称证书等复印件，以及婚姻状况证明、近照、个人档案、社会保险资料等。人力资源部收到相关资料后要认真仔细检查，避免出现虚假信息。

2.要求新员工进行上岗前的体检

为了保证新员工以健康的身体状况投入工作，一般都要求新录用的员工到有一定资质的医院进行体检，办理入职手续时需要提交体检报告。有条件的企业也可以组织新员工统一进行体检。

3.新员工到企业报到后需要填写一系列表格

新员工正式到企业报到后应该填写一些必要的表格。例如，应填写的员工入职登记表内容主要包括员工个人信息、工作经历、所受教育、培训经历等内容。员工入职登记表样式见表8-5。

表8-5

**员工入职登记表**

| 姓名 | | 性别 | | 出生年月 | | 籍贯 | | 照片 |
|---|---|---|---|---|---|---|---|---|
| 民族 | | 政治面貌 | | 年龄 | | 婚否 | | |
| 参加工作的时间 | | 职称 | | 聘入本公司的时间 | | 最高学历 | | |
| 专业 | | 毕业院校 | | 人事关系所在单位 | | | | |
| 身份证号码 | | 户口所在地 | | | | | | |
| 家庭住址 | | 家庭联系人 | | | 家庭电话 | | | |
| 紧急情况联系人 | | 与本人关系 | | | 联系电话 | | | |
| 个人电子邮箱 | | 其他联系方式 | | | 移动电话 | | | |
| 户口性质 | | 本市城镇 □ | 本市农村 □ | | 外埠城镇 □ | | 外埠农村 □ | |

| 教育背景 | 起止时间 | 学校名称（中学至今） | 专业 |
|---|---|---|---|
| | | | |
| | | | |
| | | | |

| 工作经历 | 起止时间 | 单位名称 | 担任的职务 | 基本工资 | 证明人及电话 |
|---|---|---|---|---|---|
| | | | | | |
| | | | | | |
| | | | | | |

| 主要家庭成员 | 姓名 | 年龄 | 与本人关系 | 工作单位及职务 |
|---|---|---|---|---|
| | | | | |
| | | | | |
| | | | | |

| 主要业绩陈述 | |
| --- | --- |
| 国家职业资格证书名称及其编号 | |
| 非学历等级证书 | |
| 荣誉证书 | |
| 爱好及特长 | |
| 自我评价 | 工作、业务能力自述：<br><br>综合评价：<br>（评定结果：优、良、一般或强、较强、一般，请在横线上填写）<br>品德性格____ 自信心____ 事业心____<br>纪律性____ 组织能力____ 协调能力____<br>表达能力____ 写作能力____ 逻辑思维能力____ 工作主动性____ |
| 进入公司工作的目的及打算 | |
| 工资福利期望 | |
| 个人声明 | 上述填写的资料和递交给公司的相关资料全部属实。<br><br>本人签名： |

4.签订劳动合同

劳动合同是劳动者与用工单位之间确立劳动关系，明确双方权利和义务的协议。劳动合同的签订标志着劳动者与用工单位之间正式劳动关系的确认。

5.新员工上岗前须参加入职培训

公司可以委托人力资源部门进行企业层面的培训，如企业文化、企业发展方向、经营宗旨、组织结构、企业有关的规章制度等。公司的用人部门负责进行部门业务的培训，如给新员工介绍部门情况，介绍部门的同事、岗位技能培训等。

6.入职试用资料保存

完整的入职试用资料应包括求职履历表、面试评估审核表、新员工入职担保书、各种复印件（如学历证明、资格证书、上岗证、身份证等复印件）以及劳动合同，这些新员工的个人资料需交专门人员负责保管。

7.入职其他手续

新员工入职后，应办理工作证（工卡）和工资卡。另外，人力资源部还应及时与信息部门联系，开通新员工的网络权限，根据工作需要分配电子邮箱等。

# ● 任务六　签订劳动合同

**任务导入**

　　A公司是一家餐饮集团，由于业务发展需要，今年准备招聘30名店长助理。经过了多轮考核和层层选拔，人员终于确定。入职体检结果显示，全部人员均身体合格。由于人力资源部最近人手比较紧张，签订劳动合同这项工作就交给了人力资源部今年新入职的应届法学硕士毕业生黄明，人力资源部经理对其进行了工作安排并指出签订劳动合同不仅要从法律的角度去思考问题，还要注意签订劳动合同的流程，各个环节缺一不可。

　　假设你是黄明，第一次负责这项工作，你将如何把这项工作做好？

**任务分析**

　　劳动合同是确立劳动合同双方权利义务关系的协议。劳动合同对于保护劳动者及用人单位的合法权益意义重大，所以签订劳动合同不仅必要，而且也符合法律的规定。人力资源管理部门不仅要保证劳动合同本身的合法性和合理性，而且要熟悉劳动合同签订的流程，顺利地完成劳动合同的订立。

**知识支撑**

　　一、劳动合同的定义及特征

　　劳动合同是指劳动者与用人单位之间在平等自愿、协商一致的基础上签订的，用于确立劳动关系，明确双方权利、义务和责任的协议。

　　劳动合同具有以下特征：

　　1.合法性

　　劳动合同必须依法订立，做到主体合法、内容合法、形式合法及程序合法。只有合法的劳动合同才能产生相应的法律效力，才能得到法律的保护。

　　2.合同双方主体地位平等

　　劳动合同订立过程中，合同双方的主体地位是平等的，任何一方不得胁迫或命令对方。

　　3.劳动合同是诺成合同

　　只要当事人双方意思表示一致，劳动合同即可成立。我国劳动法规定，劳动合同应当以书面形式订立。

　　4.劳动合同是有偿合同

　　劳动合同当事人双方享有对等的权利和义务，一方在享受权利的同时负有相应的给付义务。

　　5.劳动合同是双务合同

　　劳动合同的当事人双方互相负有对等的给付义务。

　　二、劳动合同的内容

　　根据《中华人民共和国劳动合同法》第十七条规定，劳动合同应当具备以下条款：

　　（1）用人单位的名称、住所和法定代表人或者主要负责人；

（2）劳动者的姓名、住址和居民身份证或者其他有效身份证件号码；

（3）劳动合同期限；

（4）工作内容和工作地点；

（5）工作时间和休息休假；

（6）劳动报酬；

（7）社会保险；

（8）劳动保护、劳动条件和职业危害防护；

（9）法律、法规规定应当纳入劳动合同的其他事项。

劳动合同除以上规定的必备条款外，用人单位与劳动者可以约定试用期、培训、保守秘密、补充保险和福利待遇等其他事项。

三、劳动合同的形式

我国劳动法规定，劳动合同应当以书面形式订立。

四、劳动合同的期限

根据劳动法及劳动合同法的规定，依据合同签订的时间长短，劳动合同可以分为以下三种：

1.有固定期限的劳动合同

有固定期限的劳动合同是指订立劳动合同时约定了一定的期限。当劳动合同期限届满，双方当事人的劳动法律关系即行终止。

2.无固定期限的劳动合同

无固定期限的劳动合同是指订立劳动合同时，只约定了起始日期，没有约定终止日期的劳动合同。但劳动合同双方当事人可以约定合同终止的条件，当约定的合同终止的条件出现时，双方当事人的劳动法律关系即行终止。

3.以完成一定工作为期限的劳动合同

以完成一定工作为期限的劳动合同是指订立劳动合同时，双方当事人将完成某项工作约定为终止合同条件的劳动合同。

五、与劳动合同相关的法律法规

与劳动合同相关的法律法规主要包括《中华人民共和国劳动法》、《中华人民共和国劳动合同法》、《中华人民共和国劳动合同法实施条例》等。

六、劳动合同示例

劳动合同示例如下：

### 劳动合同

甲方：××有限公司　　　　　　　　　　乙方：＿＿＿＿＿＿＿＿＿＿

法人代表：×××　　　　　　　　　　　联系方式：＿＿＿＿＿＿＿＿＿＿

公司地址：×××××　　　　　　　　　身份证号码：＿＿＿＿＿＿＿

根据《中华人民共和国劳动法》（以下简称《劳动法》）和有关法律、法规的规定，甲乙双方本着平等自愿、协商一致的原则，同意签订本合同。双方共同信守本合同所列条款，并确认本合同为双方解决争议时的依据。

一、工作岗位

甲方根据工作需要，聘用乙方从事＿＿＿＿＿＿＿＿＿＿＿＿工作。

二、合同期限

甲乙双方选择以下第_____种形式确定本合同期限。

（一）固定期限____年____月，合同期从____年____月____日起至____年____月____日止。其中，试用期____天。

（二）无固定期限，合同期从____年____月____日起。

三、权利保证

甲方尊重和保护乙方依相关劳动法律法规和××有限公司《职员手册》所享有的各项权利。

四、工作时间

乙方每日工作时间不超过八小时，平均每周工作时间不超过四十小时。

甲方应当保证乙方每周至少休息一天。

若因生产经营需要延长工作时间，按《劳动法》的规定执行。

五、薪金和福利待遇

（一）薪金。乙方薪金待遇按甲方依法确定的薪金分配制度、方式和标准执行，签订本合同时，甲方有责任向乙方做出明确说明。但甲方支付给乙方的薪金不得低于当地政府公布的当年度最低薪金标准。

甲方每月____日为发薪日。遇法定节假日时，以其前一日为发薪日。

（二）假期。乙方在合同期内的各种节日、假日均按国家和甲方有关规定执行；乙方因工负伤及女职员孕期、产期、哺乳期待遇按国家规定执行。

（三）补贴。乙方在合同期内各种补贴、福利费，按甲方依法制定的有关规定执行。

（四）住房。乙方试用期满，甲乙双方视具体情况商定解决乙方住房问题，乙方入住甲方住房需遵守公司相关住房管理规定。

六、劳动保护和劳动条件

甲方必须为乙方提供符合国家规定的劳动安全、卫生条件和工作场地。

七、社会保险

甲方必须按公司所在地政府的有关政策规定，为乙方办理社会保险，按规定缴纳社会保险费。

八、劳动纪律

劳动纪律以××有限公司《职员手册》和其他依法制定的规章制度为准。

乙方在合同期内必须做到：

（一）严格遵守国家各项法律、法规，遵守甲方制定的符合国家有关规定的各项规章制度，维护甲方的集体荣誉和对外信誉，严守甲方机密，具备良好的责任感和职业道德。

（二）忠于职守，熟悉业务，高效率地完成本职工作。

（三）公私分明，不利用甲方资源谋取私利。

（四）团结协作，维护良好的人际关系。

九、合同的变更、解除、重新订立和违约责任

（一）变更。经甲乙双方协商同意可以依法变更劳动合同。变更后的合同文本或合同条款经双方盖章或签字后生效。

（二）有下列情形之一的，甲方可以解除劳动合同，无须事先通知和提供任何补偿：

1.乙方在试用期被证明不符合录用条件的；

2.乙方严重违反甲方管理制度和规定的；

3.乙方严重违反职业道德的；

4.乙方以欺诈等手段，使甲方在违反真实意思的情况下订立劳动合同的；

5.乙方被依法追究刑事责任的。

（三）有下列情形之一的，甲方可以在征询职工委员会意见后解除与乙方的劳动合同，但应提前三十日书面通知乙方本人：

1.甲方因机构调整无适合工作安排的；

2.乙方患病或非因工负伤，医疗期满后，不能从事原工作也不能从事由甲方另行安排的工作的；

3.乙方经过培训或者调整工作岗位，仍不能胜任工作的；

4.本合同订立时所依据的客观情况发生重大变化，致使原劳动合同无法履行，经甲乙双方协商不能就劳动合同达成协议的。

（四）有下列情形之一的，乙方可以通知甲方即时解除劳动合同：

1.在试用期内的；

2.甲方未按照劳动合同的约定支付劳动报酬或者提供劳动条件的；

3.甲方以暴力威胁或者非法限制人身自由的手段强迫劳动的；

4.甲方以欺诈、胁迫等手段，使乙方在违反真实意思的情况下订立劳动合同的。

（五）有下列情形之一的，乙方可通知甲方解除劳动合同，但应提前三十日递交书面报告：

1.乙方考取中等及以上专业学校，需脱产学习的；

2.到中国香港、澳门、台湾地区或国外留学、定居的；

3.乙方有其他个人原因要求辞职的。

（六）乙方有下列情形之一的，甲方不得在合同期内解除劳动合同：

1.患有职业病或因工负伤的；

2.患病（不含职业病）或非因工负伤在医疗期（医疗期最长不得超过一年）内的；

3.已婚女职员在孕期、产假期和哺乳期内的（乙方违反计划生育规定的除外）；

4.劳动合同有效期内，甲方不得因法定代表人的变更而解除劳动合同。

以上情况如发生第（二）款中情形之一的，甲方也可以解除劳动合同。

（七）有下列情形之一的，本合同自行解除：

1.甲方依法宣告破产，依法解散或被撤销时；

2.乙方死亡的。

（八）解除劳动合同时，甲乙双方应按有关程序办理解除劳动合同的手续。

（九）合同期满，甲乙双方同意延续劳动关系的，在合同期满前三十日内双方重新订立劳动合同。

（十）补助费。符合下列情形之一的，甲方应发给乙方补助费：

1.双方协商一致同意解除合同的；

2.符合本合同第九条第（三）款和第（四）款第2、3、4项解除劳动合同的；

3.甲方依法解散或者被依法撤销的。

补助费标准按乙方在甲方工作的时间长短计算，每满一年，发给乙方一个月的薪金，但最多不超过十二个月。满半年不满一年的，按一年计发；不满半年的，发给半个月的薪金。

（十一）医疗补助费。符合本合同第九条第（三）款第2项解除劳动合同的，甲方按国家有关规定发给乙方一次性的医疗补助费。

（十二）在合同期满或未满，因各种原因解除或终止合同时，乙方必须遵守以下规定：

1.必须如数交回甲方财物、相关文件材料，办理人事、财务、行政等清理手续，并做好工作移交。否则，甲方有权依法索回被乙方占用的财物。

2.住甲方宿舍的，必须按与甲方有关部门签订的《住房契约》规定执行。

3.在解除合同之次月底前，应将社会保险转离甲方。若一时确实难以转出，甲方为其保留六个月，期间所发生的保险费用，由乙方自付，乙方需一次性向甲方预交半年保险金和档案管理费。对保留半年尚不能转出者，甲方停止为其缴纳社会保险。

4.如因学习、进修、出国考察事宜与公司签订的协议，必须在该协议终止或解除后才能解除劳动合同。签订以上协议之前合同即将到期的，公司可以要求职员续签合同。

（十三）违约责任。

1.甲方违反《劳动法》第九十一、九十五、九十七、九十八、九十九条其中之一的，应当依法承担赔偿责任；

2.乙方违约解除劳动合同或者违反劳动合同中约定的保密事项，对甲方造成经济损失的，乙方应当依法承担赔偿责任。

十、争议处理

双方发生劳动争议后，应依法通过协商、调解、仲裁及诉讼程序解决。

十一、双方认为需要约定的其他事项

_____

_____

十二、其他

（一）本合同未尽事宜，参照政府及甲方有关规定执行或由双方协商解决。

（二）本合同一式两份，甲乙双方各执一份。

（三）本合同甲乙双方签字盖章后生效。乙方必须由本人亲自签署，委托他人代签无效，涂改无效。

甲方：××有限公司（印章）　　　　　　　乙方：_____

代表人：×××

双方签订合同时间：____年____月____日

鉴证机关盖章：

时间：____年____月____日

**任务实施**

一般来说，签订劳动合同应包括以下几个步骤：

第一步，人力资源部填写签订劳动合同审批表。

第二步，单位负责人或分管领导审核签订劳动合同审批表。

第三步，人力资源管理人员填写，员工本人签署。

第四步，劳动合同统一上交人力资源部。

第五步，法定代表人或其委托人签署盖章。

第六步，到劳动局鉴证、备案。

第七步，合同一份由人力资源部存档，一份交员工本人保管。

## 知识题

1.简述录用决策的类型和录用决策的方法。

2.说明背景调查的内容与调查技巧。

3.简述背景调查的实施与注意事项。

4.劳动合同由哪些部分构成？请详细说明劳动合同期限种类。

5.如何做好新员工录用手续的办理工作？

## 案例题

普顿斯化学有限公司是一家跨国公司，以研制、生产、销售医疗药品及农药为主，露秋公司是普顿斯化学有限公司在中国的子公司，主要生产、销售医疗药品。随着生产业务的扩大，为了对生产部的人力资源进行更为有效的管理、开发，公司希望在生产部建立一个处理人事事务的职位，工作主要是生产部与人力资源部的协调。人力资源部经理王量对应聘者进行了初步的筛选，留下了5人交由生产部经理李初再次进行筛选，李初对其进行选择后，留下了2人，决定由生产部经理与人力资源部的经理两人协商后决定最终人选。这2个人的简历及具体情况如下：

赵安：男，32岁，企业管理硕士学位，有8年一般人事管理及生产经验，在此之前的两份工作均有良好的表现。

钱力：男，32岁，企业管理学士学位，有7年的人事管理和生产经验，以前曾在两个单位工作过，第一位主管评价很好，没有第二位主管的评价资料。

看过上述的资料和进行面谈后，生产部经理李初来到人力资源部经理室，与王量商谈何人可录用。

李初："两位候选人看来似乎都不错，你认为哪一位更适合呢？两位候选人的资格审查都合格了，唯一存在的问题是，钱力的第二位主管给的资料太少，虽然如此，我也看不出他有什么不好的背景，你的意见呢？"

王量："很好，李经理，显然你我对钱力的面谈表现都有很好的印象，人虽然有点圆滑，但我想我会容易与他共事，相信在以后的工作中不会出现大的问题。"

李初："既然他将与你共事，当然由你做出决定更好，明天就可以通知他来工作。"

于是，钱力被公司录用了，进入公司6个月以后，他的工作不如期望做得好，对于指定的工作他经常不能按时完成，有时甚至表现出不胜任其工作的行为，所以引起了管理层的不满。显然，钱力对此职位不适合，必须加以处理。

问题：

1.为什么会错选钱力？

2.王量和李初是如何进行录用决策的？运用什么样的方法可以发现钱力的缺点？

3.王量和李初要如何进行背景调查才能选到合适的人员？

4.如果你是人力资源部经理王量，你该如何进行录用面谈和办理入职手续？

5.从此案例中，你发现了什么问题？在实际工作中，应如何避免？

分析提示：

企业组织的生存与发展取决于它们在竞争环境中所处的优势地位，而在所有的竞争优势要素中，人力资源的质量是最为重要的，人力资源称为组织发展的"第一要素"。因此，企业组织中人力资源管理的各个环节和组成部分都必须以人力资源的质量要素为前提。如果将人力资源管理看成一个动态的系统的话，那么人员的招聘与录用工作就可称为人力资源管理系统的输入环节，其工作质量也将直接影响人力资源的输入和引进质量。如果人员招聘与录用的质量较高，将会促进组织的健康、快速、高效发展，更好地实现企业组织的战略与发展目标；相反，如果人员招聘与录用的质量较低，或录用的人员不符合企业组织的要求，则会阻碍其发展。在需要用人的时候，找不到合适的人选，这对企业组织的正常发展极为不利。所以，人员招聘与录用将随着企业组织的发展，在人力资源管理中占有越来越重要的地位，其成功与否将直接影响一个企业组织的兴衰成败。

在人员招聘与录用过程中，招聘人员将会遇到各种各样的问题，需要招聘人员具备公正的态度及相应的知识和技能，才能在招聘过程中避免各种误区，保证所招人员符合组织的要求，否则不仅不利于组织的发展，同时也不利于个人的职业生涯发展。在此案例中，由于招聘人员的个人原因而导致的错误应当避免。

# 实训题

实训项目：企业录用工作调查

实训目的：通过对企业有关录用工作的实际考察，熟悉录用决策的方法、背景调查的实际操作内容及技巧、入职面谈的程序、入职手续的办理工作。

实训步骤：

步骤一：以小组为单位联系一家企业，落实调查对象和商讨调查工作的进程。

步骤二：每个小组制定好调查大纲，讨论录用决策、背景调查、手续办理等方面工作的具体问题，做好小组成员的分工，明确各自的职责。

步骤三：到企业正式展开调查，按照事先制定好的调查大纲采集相关信息，并要求有关人员做好记录。

步骤四：小组成员集中讨论信息资料，并对调查工作进行总结。

步骤五：汇总各个小组资料，做好最后的总结工作，撰写一份录用工作调查报告。

实训成果：

撰写一份录用工作调查报告。

# 新员工入职培训

## 知识目标

了解新员工入职培训需求分析的定义、层次和任务；掌握新员工入职培训的内容和方式；掌握新员工入职培训课程体系的设置；掌握新员工入职培训实施的各个阶段的内容。

## 能力目标

熟练使用新员工入职培训需求分析的方法；编制新员工入职培训需求调查表；熟练掌握新员工入职培训的方法；开发新员工入职培训课程；实施新员工入职培训。

## ● 任务一 新员工入职培训需求分析

### 任务导入

K公司是国内某大型著名电器集团公司，自成立以来，K公司就相当重视新员工的入职培训，一直把它作为集团培训体系中的重点，给予了相当的关注，并为此设立了专门的培训学院来统筹安排并规划新员工的入职培训。通过多年来新员工入职培训的组织实践，培训学院针对企业用工的特点，摸索出了一套行之有效的新员工培训方案，最大限度上发挥了新员工培训的作用，使新入职的员工通过系统培训能够迅速转变成为具有K企业文化的企业人，敬业爱岗，为企业的发展做出了应有的贡献。

K公司新员工入职培训的最大特色是能够针对不同的新员工类型，规划出不同的新员工培训方案，而且能够运用多种培训方法和培训方式来实施新员工培训。培训学院新员工培训负责人王敏坦言，K公司新员工入职培训的成功都建立在科学有效的新员工入职培训需求分析的基础之上。

那么，一项行之有效的新员工入职培训需求分析是怎么做出来的呢？

### 任务分析

K公司新员工入职培训负责人王敏认为，新员工入职培训需求分析是成功进行新员工入职培训的基础，做好新员工入职培训需求分析工作是新员工入职培训的重中之重。新员工入职培训需求分析应以企业新员工入职培训计划为指导，以充分了解企业岗位需求和新员工自身条件为基础，采取科学合理并行之有效的新员工入职培训需求分析方法为手段，得出新员工入职培训需求结论，最后撰写新员工入职培训需求分析报告。

**知识支撑**

一、新员工入职培训概述

新员工入职培训是指组织为到新岗位任职的员工开展的培训。新员工入职培训的对象是到新岗位任职的员工，包括通过校园招聘的应届毕业生、社会招聘的在职人员、留学归国人员、待业人员等。

新员工入职培训对新员工和组织都意义重大。新员工入职培训可以使新员工迅速了解组织，使之更快地适应新环境和新工作，同时也能够增强员工的团队意识；可以使新员工迅速熟悉自己的岗位和工作，从而迅速进入角色；可以提高新员工的岗位胜任能力，从而有效提高组织的运营效率。

二、新员工入职培训需求分析的定义

新员工入职培训需求分析是指在规划和设计新员工入职培训前，采用科学的方法对培训的目的、培训的内容、培训课程如何设置进行深入研究的过程。它具有很强的指导性，是有效实施新员工入职培训的前提，也是新员工入职培训的首要环节。可以说，一项有效的新员工入职培训是建立在科学的培训需求分析基础之上的。

三、新员工入职培训需求分析的层次

新员工入职培训需求分析分为三个层次：

（1）组织分析。组织分析包括组织目标分析、组织环境分析、组织现状分析及竞争对手分析等。

（2）工作分析。工作分析包括工作任务分析和任职资格分析。

（3）新员工分析。新员工分析包括新员工的工作态度分析和工作能力分析。

四、新员工入职培训需求分析的任务

新员工入职培训需求分析要完成以下几项任务：

（1）确定培训的内容和方式。

（2）确定培训的时间和地点。

（3）培训成本预算。

（4）实施培训需求调查。

五、新员工入职培训需求分析的方法

1.经验法

新员工入职培训需求分析一般建立在经验的基础上，比如对于组织概况的培训是每次新员工入职培训的必备内容，这就是根据经验法得出的培训需求。

2.工作说明书分析法

通过对新入职员工的岗位工作说明书的分析、概括来确定培训需求。这种方法确定的培训需求只能针对岗位分别进行。

3.工作任务分析法

通过分析工作任务的难点和关键环节来确定培训需求。

六、新员工入职培训需求分析报告

一般来说，新员工入职培训需求分析报告应包括新员工入职培训需求分析背景、新员工入职培训需求分析的目的、新员工入职培训需求分析的方法和流程、新员工入职培训需求分析的结果和根据结果所给出的培训建议（包括了培训内容、培训方法、培训时间和地点等）。

七、新员工入职培训需求调查表示例

新员工入职培训需求调查表样式见表9-1。

表9-1 **新员工入职培训需求调查表**

填表人姓名：　　　　　　　　　　　　　　　填表时间：　　　年　　月　　日

| 培训类别 | 培训内容 | 是否同意 | 培训方法 | | | | | | | |
|---|---|---|---|---|---|---|---|---|---|---|
| | | | 研讨 | 案例分析 | 头脑风暴 | 课堂授课 | 实地培训 | 拓展训练 | 自我培训 | 其他 |
| 公共教育 | 1.公司概况 | | | | | | | | | |
| | 2.公司业务 | | | | | | | | | |
| | 3.公司规章制度 | | | | | | | | | |
| | 4.公司福利待遇 | | | | | | | | | |
| | 5.其他 | 请说明： | | | | | | | | |
| 业务知识 | 员工根据各自的岗位特点提出需求 | 是否同意 | 培训方法 | | | | | | | |
| | | | 研讨 | 案例分析 | 头脑风暴 | 课堂授课 | 实地培训 | 拓展训练 | 自我培训 | 其他 |
| | 1.计算机基础知识 | | | | | | | | | |
| | 2.互联网知识 | | | | | | | | | |
| | 3.商务谈判 | | | | | | | | | |
| | 4.广告创意 | | | | | | | | | |
| | 5.技术开发 | | | | | | | | | |
| | 6.领导能力 | | | | | | | | | |
| | 7.人际沟通 | | | | | | | | | |
| | 8.市场调查 | | | | | | | | | |
| | 9.其他 | 请说明： | | | | | | | | |
| 其他知识 | 请说明： | | | | | | | | | |

**任务实施**

一般来说，K公司进行新员工入职培训需求分析主要包括以下几个步骤：

第一步，做好新员工入职培训需求分析的准备工作。新员工入职培训需求分析的准备工作包括建立员工档案、向主管上级汇报情况及征求意见、准备培训需求调查等。

第二步，制订新员工入职培训需求调查计划。在准备工作完成之后，就要开始制订新员工入职培训需求计划，该计划包括新员工入职培训调查工作的行动计划、确定调查目标、选择适当的调查方法和确定调查的内容等。

第三步，实施新员工入职培训需求调查工作。在新员工入职培训调查计划的指导下具体开展需求调查工作，根据采用的新员工入职培训需求分析的方法的不同，调查的内容也不尽相同，要根据具体情况具体设计调查项目。

第四步，进行新员工入职培训需求分析工作。将在新员工入职培训需求调查工作中所取得的资料和信息进行归类、整理并分析、总结，得出新员工入职培训需求的结果。

第五步，撰写并提交新员工入职培训需求分析报告。

# ● 任务二　新员工入职培训的内容和方式

**任务导入**

K公司是国内某大型著名电器集团公司，其成功的新员工入职培训在业内得到公认。K公司的新员工入职培训针对新员工的学历、岗位及工作经验的不同，将新入职的员工分成一线员工入职培训、有经验的专业技术人员入职培训和应届毕业生入职培训三种类型，不同的类型培训内容和培训重点也各有不同。针对一线员工的入职培训，除了共同性的企业文化、人事福利制度、安全基本常识、环境与质量体系等内容以外，还规划了一线优秀员工座谈、生产岗位介绍、生产流程讲解、消防安全演练等课程，而且还采用"师带徒"方式指派专人对新员工进行生活和工作方面的指导；对于有经验的专业技术人员的入职培训，除了共同性的必修内容外，还增加了企业环境与生产线参观、企业历史实物陈列室讲解、集团未来发展规划、团队建设与组织理解演练、团队与沟通技能训练、销售与开发介绍及公司产品销售实践等课程；对于应届毕业生的入职培训，除了一些共同性的课程外，还针对其特点，安排了校友座谈、公司各部门负责人讨论、极限挑战、野外郊游等活动。同时，还为新员工规划了三个月生产线各岗位轮流实习、专业岗位技术实习等内容，采取"导师制"方式指派资深员工辅导新员工进行个人职业生涯规划设计，并对整个一年的工作实习期进行工作指导与考核，使其能尽快熟悉企业，成为真正的企业人。另外，针对企业用工的特点，人力资源部对不定期招聘的单个新员工采取报到教育的方式，每一个新招聘的员工，不管是从何时进入企业的，在办理入职手续之前，必须经过培训学院的报到教育，由培训学院指派专人进行个别的单独培训，培训时间安排为三小时，培训内容为一个新入职的员工必须掌握的内容，如上下班时间与规定、公司基本礼仪、办公室规定、公司基本组织架构等。只有等新员工人数达到培训学院规定的培训人数后，才开始针对新员工的类型，组织实施新员工入职培训。

通过不同形式、不同内容的新员工入职培训方案的实施，有效地贯彻了集团公司"选才、用才、留才"的人力资源宗旨，并且通过培训缩短了新入职人员在公司的实习过程，使部分有能力、有才干的人能够很快脱颖而出，成为公司的骨干，降低了招聘成本，规避了用人风险，成为公司人力资源管理中最为重要的一环。

根据以上资料，我们了解了K公司新员工入职培训的内容和重点，假设你是人力资源部专员，这次K公司的应届毕业生的新员工入职培训的内容和方式由你来确定，请你做出一份相应的培训方案。

**任务分析**

K公司新员工入职培训的内容和方式是新员工入职培训的核心内容，在对新员工入职培训的需求进行科学分析的基础上，制订行之有效的新员工入职培训方案，确定培训的内容和方式就成为决定培训成功与否的关键环节。本次任务要求我们针对应届毕业生制订新员工入职培训方案，重点在于针对应届毕业生的特点，为其设计切实可行又能达到新员工入职培训目的的培训内容和方式。

**知识支撑**

一、影响新员工入职培训内容的因素分析

1.组织文化

新员工的入职培训往往带有企业文化色彩。例如，日本丰田公司注重团队精神，沟通技巧就成为其岗前培训的重要内容。

2.组织的特点

组织的特点不同，其新员工入职培训的内容也各有侧重点。例如，非营利组织的新员工入职培训不可缺少的内容是关于服务精神的培训；危险性生产企业的新员工入职培训中，安全教育是其必不可少的培训内容。

3.新员工的素质

新员工素质的高低同样会影响入职培训的内容。对于应届毕业生的培训更侧重于职业化的培训，而对于农民工的培训则更侧重于规范化的培训。

二、新员工入职培训的内容

一般来说，新员工入职培训的具体内容包括：

1.组织概况

组织概况包括组织的历史、现状及行业地位，组织文化，组织的战略和发展前景，组织结构及主要领导，部门职能，组织的产品和服务等。

2.工作环境

工作环境包括组织的内部环境和外部环境。

3.法律文件和规章制度

法律文件和规章制度包括与工作相关的法律法规和组织的规章制度，比如行政办公管理制度、财务管理制度、人力资源管理制度。

4.岗位职责

岗位职责包括新员工的主要职责、工作绩效考核的具体规定、本部门岗位与其他部门的关系、相关部门的职责等。

5.职业礼仪

职业礼仪包括着装与化妆、电话礼仪等。这部分培训内容对于应届毕业生尤其重要。

6.职业生涯规划

职业生涯规划主要向新员工介绍组织倡导的员工发展理念，让新员工了解组织对员工的职业生涯设计。通过该培训可以使新员工个人的职业生涯目标与组织目标尽可能一致，明确其努力方向。

7.行为规范及职业必备

行为规范及职业必备主要指的是对员工行为标准、工作场所行为规范、与上级及同事交往的方式、个人与企业的关系、指示及命令的接收方式、必要的保密要求、办公系统的使用等的培训。

8.技术培训

技术培训主要是对于技术性要求特别强的岗位进行实地训练的培训。

三、新员工入职培训的方式

1.脱岗培训

新员工入职培训一般在员工上岗前进行，所以新员工入职培训一般采取脱岗培训的方式。脱岗培训可以采用课堂讲授法、视听法、户外拓展训练法、角色扮演法、案例分析法等培训方法。

2.在岗培训

在岗培训主要适用于一些技能性要求较强岗位的技能培训，可以采用"师带徒"、"日常工作指导"、"一对一指导"等培训方法。

四、新员工入职培训的方法

1.课堂讲授法

这种方法是指培训师将他想要传授给培训对象的内容用语言表达出来的一种培训方式。课堂讲授法使用范围广泛，要求讲授的内容要有科学性、系统性，条理清晰，重点突出；要求培训师语言要清晰、生动、准确，要能够与受训者进行良好的互动。

2.视听法

这种方法是指利用幻灯片、电影、录像、电脑等各种视听资源进行培训的一种方法。在新员工培训中对于组织概况的培训经常采用视听法来完成。视听法要求培训师按讲课的主题选择合适的视听资料，并在播放前清楚地说明培训的目的，在培训结束后培训师还必须做重点总结。

3.角色扮演法

这种方法是让受训者根据简单的背景资料扮演分配给他们的角色，借助角色的演练来理解角色内容，从而提高其主动面对现实和解决问题的能力的一种培训方法。该方法是在新员工入职培训中对管理人员培训所采用的最广泛的一种体验性方法，可以应用于人际关系的培训和行为领域的培训。

4.案例分析法

这种方法是通过描述一个成功或失败的案例，让受训者分析其中哪些是正确行为，哪些是错误行为，并提出其他可能的处理方式的一种培训方法。该方法的使用有助于提高受训者分析问题、解决问题的能力。

5.实地培训法

这种方法是在真实的工作场所进行培训的一种方法，具体又包括了"师带徒"、职务轮换等多种方法。该方法可以有效地提高受训者的实际动手能力，可以使他们迅速掌握所需技能。

6.拓展训练法

新员工拓展培训项目是近年来比较流行的一种培训方法，具体的拓展项目又可以分为地面项目和高空项目两类，如蜘蛛网、过河抽板、跨越毕业墙等都是常采用的拓展训练项目。该方法可以很有效地培养受训者的团队合作精神并增强个人意志力。

7.研讨法

这种方法是指由培训师有效地组织受训者对工作中的问题进行讨论，并得出共同的结论，由此让受训者在讨论过程中相互交流、启发，以提高受训者知识和能力的一种培训方法。该方法可以有效地提高受训者的工作能力，便于交流信息、产生新知，比较适合新入职管理人员的培训。

8.头脑风暴法

头脑风暴法是一种通过会议的形式，让所有受训者在畅所欲言的气氛中，针对某一问题提出所有能想到的意见并自由交换看法和见解，激发受训者的创意及灵感，以产生更多创意的培训方法。该方法主要用于启发新员工的思考能力和想象力。

9.企业内部网络培训法

该方法是一种较新的培训方法，是指组织通过内部网络将文字、图片等各种形式的培训资料放在网上，形成一个网上资料馆、网上课堂，提供给新员工进行学习。

10.自我培训法

自我培训法要求新员工自己进行训练，达到"教"与"学"的统一。自我培训同时也是一种激励，激励员工超越自我，实现自我。自我培训法中最常使用的一种具体方法就是"读书法"，即鼓励员工多读书。

**任务实施**

K公司经过反复检验，打造了被证明行之有效的专门针对应届毕业生的新员工入职培训内容和方式。整个入职培训规划时间为六天，全部项目由以下三部分组成：

一、相见会

1.破冰术（ice breaking）

通过培训学院精心设计的游戏，让新员工自我介绍、相互认识，使相互间有一个初步的了解。

2.组织团队

把新员工分成若干个小组，每组人数三至七名（最好是五名），每个小组成员要求搭配合理（性别搭配、学校搭配、体能搭配、家庭背景搭配），每个小组民主选出一名组长，带领全组成员完成本小组团队建设的内容，如组名、组徽、组口号、组歌等。

3.举行进入公司仪式

在音乐的伴奏下，新员工代表带领大家向公司总裁庄严宣誓（宣誓词为公司晨读内容）。

二、培训内容展开

1.人事福利制度介绍

由人力资源部负责人介绍公司在劳动用工合同、工资、奖金、福利、休假等人事方面的相关制度，使新员工清楚地了解自己能享受的权利和应承担的义务。

2.公司发展历史、组织架构、发展规划介绍

使新员工对企业有一个较清晰的了解，帮助新员工发现企业的优势、特点，从而树立起自豪感。该部分由企业文化中心、发展中心负责人讲授。

3.通信及电视的开发管理课程

由通信与家电开发中心负责人带领新员工参观开发中心，并在参观过程中逐项介绍公司新产品研发的主要流程及各个阶段，使新员工初步了解新产品研发过程中各个流程的重要作用。

4.营销管理课程

由营销公司负责人介绍公司产品的营销战略、市场定位、销售策略及竞争对手分析，使新员工能够迅速了解公司产品的营销方式和所面临的竞争压力。

5.安全、健康、纪律教育课程

由安全委员会负责人讲授，主要介绍公司基本的规章制度和违规处罚标准。其目的是培养新员工的安全意识，养成良好的生活与工作习惯，同时提醒员工在今后的工作中注意遵守，共同创造文明有序的工作环境。

6.岗位礼仪及公司礼节教育

由培训学院讲师讲授，主要涉及集团公司在问候、着装、汇报工作等商务礼仪方面的培训和个人办公中应注意的礼节问题，目的是创造公司内部文明的工作环境，维护公司对外的企业形象。

7.商场促销活动（实践课程）

由培训学院、销售公司共同组织，安排员工到各个商场进行现场促销，亲身体验市场上各个家电厂商间的激烈竞争气氛，培养新员工居安思危的思想观念。活动结束后，通过讨论来深化新员工的认识水平。

8.参观公司各部门及产品生产线

由培训学院组织参观公司的各个职能部门，由各个部门负责人介绍本部门的业务范围与业务重点，同时参观公司产品生产线，了解产品的各个生产流程，进一步加深对公司的感性认识。

9.角色转变课程

由培训学院讲师讲授，主要包括以下几个部分：

（1）组织理解游戏。通过游戏，让新员工认识到组织中不同的成员对目标理解存在的差异，并初步认识个体与组织间的关系。

（2）团队、沟通技能培训。通过科学设置的系列课程项目，体悟团队的作用，以增进参与意识，消除抱怨与负面冲突，培养自我授权的团队领导力。

（3）企业模拟挑战赛。运用相关软件，通过挑战赛形式来达到培养新员工正确面对竞争的观念。培养新员工既要勇于冒险，也要勇于承担责任的精神，同时还要培养小组成员的团队意识和团队成员间的合作能力。

三、室外活动（选择实施）

1.极限能力培训

通过一次长途拉练来锻炼新员工的意志力和团队合作精神。

2.野外郊游

郊游通常安排在海边。新员工们可以在宁静的大海边放松自己，体会生活的美好。同时，需要对培训进行最后的总结，提交书面的培训总结报告，并评选出本次培训的各种奖项（如最有成就的小组、最富有合作精神的小组、本次培训最出色先生/女士、最有前途的组长等），由培训学院予以表彰。

# ● 任务三 新员工入职培训课程的设置

**任务导入**

K公司是国内某大型著名电器集团公司，自成立以来，公司就相当重视新员工的入职培训，一直把它作为集团培训体系中的重点，为此还成立了专门的培训学院来统筹安排并规划新员工的入职培训。经过多年实践，该培训学院针对企业用工的特点，摸索出了一套行之有效的新员工培训方案，使新入职的员工在经过系统培训之后能够迅速适应工作角色，敬业爱岗，为企业的发展做出了应有的贡献。通过多年的不断探索，K公司开发了整套新员工入职培训的课程体系，并在实践中不断完善。随着80后、90后新员工的不断加入，新员工的特点在不断发生着变化，因此新员工入职培训的课程体系也需要不断调整才能适应新时代的需要。

假设你是培训学院的课程开发人员，请为新员工入职培训开发相关的新课程体系。

**任务分析**

新员工入职培训是一项复杂的系统工程，入职培训课程的设置是其中的重要环节。入职培训课程要在培训课程目标的指导下，选择科学的课程设置方法和设计模式，最后还要对设计好的课程进行评估和完善，最终形成新员工入职培训课程体系。

**知识支撑**

一、新员工入职培训课程设置的要素

1.课程目标

新员工入职培训课程目标要根据组织的实际需求来确定，从而保证新员工入职培训目标的实现。

2.课程内容

课程内容的选择与组合要以实现课程目标为出发点。

3.课程模式

课程模式的选择要能够有效体现课程内容。

4.课程评估

课程评估侧重于测评课程目标达到的程度。

5.学习者

课程设置要充分考虑受训者的学习背景与学习能力。

6.执行者

执行者必须是充分理解课程设置思想的主持人或培训师。

7.时间

新员工入职培训一般时间较短，要充分利用时间。

8.空间

新员工入职培训可以选择在教室、会议室、工作场所、户外拓展训练基地等多种场所进行。

二、新员工入职培训课程开发方法简介

目前，新员工入职培训课程开发中可能用到的方法有：

1.ISD

ISD（instructional system design）即教学系统设计，是以传播理论、学习理论、教学理论为基础，运用系统理论的观点和知识分析教学中的问题和需求，从而找出最佳答案的一种理论和方法。

2.DACUM

DACUM（develop a curriculum）即课程开发，是通过职业分析来确定某一职业所要求的各种综合能力及相应专项技能的系统方法。

3.ADDIE

ADDIE（analysis，design，development，implement，evaluation）是一套系统的培训教学方法，其核心主要包含要学什么（学习目标的分析）、如何去学（学习策略的运用）、如何判断学习者已经达到学习成效（学习效果评估）三个方面。

三、不同岗位培训课程内容示例

1.全体新员工培训课程内容

培训课程内容主要包括组织的愿景、组织的价值观、组织的行事准则、组织运营准则、员工行为规范和员工个人发展计划等。

2.新入职销售人员培训课程内容

培训课程内容可以包括销售基本概念和理论、行业知识、顾客类型与心理把握、销售渠道的开发与管理、销售人员的仪表与礼仪技巧、销售人员的心态、销售人员的时间管理、面对大客户的销售艺术、销售人员心理素质训练、销售人员潜能开发、销售谈判艺术、促成销售的方法和增加销售业绩的方法等。

3.新入职生产管理人员培训课程内容

培训课程内容可以包括制订并执行生产计划、工艺技术、现场管理、品质管理、安全生产知识、生产设备的使用和维护等。

4.新入职客户关系管理人员培训课程内容

培训课程内容可以包括经销商关系维护、销售促进、代理商关系管理、顾客关系维护、售后服务技巧和处理客户投诉等。

5.新入职技术人员培训课程内容

培训课程内容可以包括市场需求调查、产品开发、竞争性产品研究、新产品策略、设备操作、新技术研究、工艺流程改善、品质管理、目标管理、项目管理、质量管理、技术安全管理、生产安全管理、技术人员职业操守和操作规范等。

6.新入职财务管理人员培训课程内容

培训课程内容可以包括预算的编制、企业投资决策、成本核算、费用控制、合理避税、内部审计、财务管理人员职业操守和操作规范等。

7.新入职一线服务人员培训课程内容

培训课程内容可以包括品牌战略与服务、服务营销与公关礼仪、如何实施顾客满意度调查、如何预防和处理顾客抱怨、顾客心理与人际关系应对、服务人员顾客拜访艺术、服务人员的电话沟通艺术和服务人员言行的自我管理等。

8.新入职人力资源管理人员培训课程内容

培训课程内容可以包括组织发展与人力资源管理、国内外人力资源管理的历史、人力资源管理者的职能与素质要求、人力资源管理的原理与运用、人力资源管理系统建设、组织结构设计与岗位描述、人力资源招聘与录用管理办法、员工的满意度调查等。

**任务实施**

一般来说，K公司新员工入职培训课程体系的开发可以分为以下几个步骤：

第一步，新员工入职培训课程目标的确定。确定新员工入职培训课程目标是一项具有挑战性的工作，经过需求分析以后，如何把培训的目标转化为课程的目标就成为课程设置者的一项重要工作。

第二步，新员工入职培训课程体系的建立。在对入职培训需求分析进行分类整理的基础上，按照需求程度的高低，建立培训课程体系。

第三步，编写新员工入职培训课程大纲。在建立培训课程体系之后，就要编写各个课程的大纲，也就是要确定各个课程的内容模块。

第四步，培训内容的不断开发与完善。培训课程大纲经反复修改并定稿后，就要进行课程内容的编制与开发，初稿完成后，还需要不断加以完善，直到最后定稿。

第五步，课程设置的评估。课程设置的评估是研究课程价值的过程，主要有以下作用：诊断课程、改进课程、比较各种课程的相对价值、评估课程目标达到的程度、预测培训需求等。

# ● 任务四　新员工入职培训的实施

**任务导入**

培训学院是K公司为进行企业员工培训而创办的专门机构。7月份，K公司新招聘的300名应届毕业生新员工已经全部入职。在此之前，培训学院已经根据新员工入职培训的目标和培训需求分析报告确定了新员工入职培训的内容和方式，并针对这些培训内容开发了有针对性的新员工入职培训课程体系。培训学院筹备已久的新员工入职培训即将正式开始。

假设你是这次新员工入职培训的负责人王敏，你将如何组织实施新员工入职培训？

**任务分析**

新员工入职培训开始之前的所有工作都是在为培训正式实施做准备的，整个新员工入职培训工作的效果也体现在实施培训的阶段。培训组织人员应在新员工入职培训实施过程中做好充分准备和衔接工作。只有保证每个环节的实施效果及各个环节之间的良好配合，才能最终圆满地完成新员工入职培训的任务。

**知识支撑**

一、确定培训内容

新员工入职培训的内容包括知识培训、技能培训和素质培训三个层次。其中，知识培训是新员工入职培训的第一层次，虽然简单易行，但员工容易忘记，如果组织仅仅停留在知识培训层次上，效果不好是必然的；技能培训是新员工入职培训的第二层次，技能一旦学会，一般不容易忘记；素质培训是新员工入职培训的最高层次。新员工入职培训究竟选择哪个层次的培训内容要根据受训者的具体情况来决定。一般来说，普通员工倾向于知识培训和技能培训，管理人员则倾向于知识培训和素质培训。

二、确定培训讲师

1.培训讲师应具备的能力

培训讲师除了需要具备深厚的理论知识、过硬的教学经验、丰富的实战经验和人格魅力外，还需要具有激励他人的能力、建立关系的能力、变通的能力、沟通的能力以及诊断问题并找出解决办法的能力等。总的来说，培训讲师必须德才兼备。

2.培训讲师应扮演好四种角色

（1）教师。教师角色要求培训讲师要具备课程的研发能力和课堂讲解能力。

（2）演员。演员角色要求培训讲师能像演员一样吸引受训者的注意力，能够将课程用表演的方式演绎出来。

（3）教练。教练角色要求培训讲师能够体现教练的示范性，发挥教练般的耐心指导作用。

（4）咨询顾问。咨询顾问角色要求培训讲师具备顾问级的专业知识和丰富经验，具备诊断和咨询功能。

3.培训讲师的选择

培训讲师的选择是培训项目能否取得成功的关键，其选择要根据每个培训项目的具体需求而定。培训讲师既可以从组织内部选择，也可以从组织之外进行选聘。对于外部培训讲师的选择要广开门路，多方考察，慎重选择。

三、选择培训方法

1.不同培训方法之间的比较

不同培训方法之间的具体比较参见表9-2。

表9-2 不同培训方法的比较

| 培训方法 | 师资要求 | 培训投入 | 时间要求 | 对受训者的要求 | 效果 |
|---|---|---|---|---|---|
| 课堂讲授法 | 高 | 少 | 可长可短 | 水平较为一致为好 | 较好 |
| 视听法 | 低 | 较少 | 可长可短 | 对培训内容有一定了解 | 较好 |
| 角色扮演法 | 不高 | 少 | 较长 | 能积极参与，把握角色 | 较好 |
| 案例分析法 | 较高 | 较少 | 较长 | 有一定的工作经验 | 一般 |
| 实地培训法 | 高 | 少 | 较长 | 无特殊要求 | 好 |
| 拓展训练法 | 高 | 较多 | 较长 | 能积极参与，重团队合作 | 较好 |
| 研讨法 | 较高 | 少 | 较长 | 有一定工作经验 | 好 |
| 头脑风暴法 | 不高 | 少 | 较长 | 需要积极发表自己的见解 | 较好 |
| 企业内部网络培训法 | 不高 | 较多 | 较长 | 懂电脑知识 | 好 |
| 自我培训法 | 低 | 较少 | 长 | 需要有自我学习的积极性 | 好 |

2.不同的培训目标下培训方法的选择

通常情况下，组织的培训目标包括更新知识、培养能力和改变态度三方面。培训目标与培训方法的对应关系见表9-3。

表9-3 **培训目标与培训方法的对应关系**

| 培训目标 | 培训方法 |
|---|---|
| 更新知识 | 课堂讲授法、视听法、企业内部网络培训法、自我培训法等 |
| 培养能力 | 角色扮演法、案例分析法、头脑风暴法、研讨法、实地培训法等 |
| 改变态度 | 角色扮演法、拓展训练法等 |

3.不同的培训课程内容下培训方法的选择

为了达到最佳的培训效果，不同的培训课程内容需要采用与之适应的培训方法，具体见表9-4。

表9-4 **不同培训课程内容下培训方法的选择**

| 培训课程内容 | 培训方法 |
|---|---|
| 企业管理 | 课堂讲授法、自我培训法等 |
| 营销知识 | 课堂讲授法、自我培训法、研讨法等 |
| 生产管理 | 课堂讲授法、企业内部网络培训法、案例分析法等 |
| 人际沟通能力 | 角色扮演法、拓展训练法等 |
| 创新能力 | 头脑风暴法等 |
| 销售技能 | 角色扮演法、头脑风暴法等 |
| 团队精神 | 拓展训练法等 |
| 谈判技能 | 角色扮演法、研讨法等 |
| 管理技能 | 角色扮演法、自我培训法等 |

四、培训实施管理

1.培训资料的准备

需要准备的培训资料包括员工手册、培训教材以及其他材料。

2.培训后勤保障

培训后勤保障包括培训场地的准备与管理、培训设施的准备与管理、培训相关人员的生活安排等。

3.各部门的协调配合

对于新员工入职培训，人力资源管理部门人员、高层管理者、相关部门负责人等要各司其职，协调配合。

五、新员工入职培训评估

1.新员工入职培训的评估内容

评估内容包括培训效果的评估和培训组织及教学实施的评估。其中，新员工入职培训效果的评估一般通过测试或问卷的形式来进行，主要考查新员工对入职培训内容的理解程度和掌握程度，具体考核项目见表9-5；新员工入职培训组织和教学实施的评估主要包括后勤工作和课程内容、质量两方面的考核，常用的培训反馈项目见表9-6。

表9-5 　　　　　　　　　　　　**新员工入职培训效果考核表**

文件编号：　　　　　　　　　　　　　　　　　　　填表日期：　　年　月　日

| 姓名 | | 专长 | | 学历 | |
|---|---|---|---|---|---|
| 培训时间 | | 培训项目 | | 培训部门 | |

一、新员工对培训目的的了解程度

二、对新员工专门知识（包括技术）的考核

三、新员工对各项规章制度的了解情况

四、新员工提出的改善意见（以实例说明）

五、分析新员工工作专长，判断其适合工作与否并说明理由

六、辅导人员评语：

表9-6 　　　　　　　　　　　　**新员工入职培训反馈信息表**

文件编号：　　　　　　　　　　　　　　　　　　　填表日期：　　年　月　日

| 培训名称及编号 | | 参加人员姓名 | |
|---|---|---|---|
| 培训时间 | | 培训地点 | |
| 培训方式 | | 使用资料 | |
| 培训师姓名 | | 主办单位 | |
| 受训人员意见<br>（培训后反馈） | 1.课程安排是否合理？<br>2.所学内容与工作联系是否密切？<br>3.对所学内容是否感兴趣？<br>4.所学内容能否用于工作中？<br>5.对培训师的授课方式是否满意？<br>6.培训师授课是否认真？<br>7.培训师是否能够针对新员工特点安排课堂活动？<br>8.培训的组织工作是否到位？ | | |
| | 受训心得： | | |
| | 对公司下次新员工入职培训的建议： | | |

2.新员工入职培训的评估方法

新员工入职培训的评估方法有两种：一种是定性分析法；另一种是定量分析法。其中，定性分析法包括问卷调查评估法、观察法等；定量分析法包括成本-收益分析法、投资-收益分析法以及加权分析法等。

3.新员工入职培训评估报告

通过新员工入职培训评估报告可以更清晰地了解培训的总体效果。撰写新员工入职培训评估报告包括四个步骤：统计归纳调查结果，制作相关的统计表或统计图；分析相关数据的规律性；阐述目前的培训成效，并预测可能达到的长期成效；对入职培训工作提出问题和改进建议。新员工入职培训报告的内容应做到有理有据、公正合理，主要包括对入职培训过程的叙述、培训评估调查数据的分析说明、对培训评估效果的阐述与预测、对存在问题的分析与改进四个方面的内容。

**任务实施**

一般来说，K公司新员工入职培训的实施一般包括如下步骤：

第一步，做好新员工入职培训实施前的准备工作。在新员工入职培训实施前有很多准备工作要做，大体可以分为三类，即培训氛围的准备、培训师的准备和培训工具的准备。

第二步，新员工入职培训实施的控制和纠偏。要对新员工入职培训的实施控制和纠偏到位，就必须以培训需求为出发点，以培训目标为依据，同时收集相关信息来比较现状和目标之间的差距，从而有针对性地采取一定的措施来弥补未达到的地方。

第三步，新员工入职培训后的跟进工作。新员工入职培训后的跟进工作要从三个方面来进行，即获取受训者的反馈信息，与受训者交流心得，跟踪观察受训者的工作情况。

# 知识题

1.新员工入职培训需求分析是否必要？为什么？

2.新员工入职培训需求分析的方法有哪些？

3.新员工入职培训的内容一般包括哪些方面？

4.新员工入职培训的方法一般采用哪几种？

5.新员工入职培训课程的开发方法有哪些？

6.简述新员工入职培训实施的步骤。

# 案例题

G公司是国内知名的大型机械生产厂商，随着近年来机械行业的迅速发展，市场竞争日益加剧，G公司希望通过加大培训力度，获得在市场上的竞争优势。在各项培训中，新员工的入职培训是各个公司进行培训的必要内容，G公司也不例外。G公司每年投入在新员工入职培训中的费用较大，但效果却并不理想。经分析，发现其新员工入职培训存在如下几个方面的问题：

（1）新入职的中层管理人员的培训问题。通常情况下，由于从外部引进的新入职中层管理人员较少且认为他们本身工作经验丰富，一般疏于对这部分新进员工进行培训。当然，对于从企业内部晋升或者岗位调动的中层管理人员的入职培训更是少见。

（2）新入职的技术人员的培训问题。新进技术人员分为两部分：一部分在研发部；另一部分则分布在车间，是车间的技术员。研发部的技术人员工作侧重于研究与开发，而车间的技术人员则侧重于解决车间里的技术问题，对于这两部分新员工的培训应该有所区别。

（3）新入职的一线操作人员的培训问题。新进一线操作人员大多是农民工，流动性很强，对他们的培训往往由于频繁的流动而无法收回成本。

（4）新入职的销售人员的培训问题。新进销售人员一般由公司在各地的分公司独立招聘，由于工作地点分散，很难对新进销售人员进行集中培训，进而导致一些问题反复出现而得不到解决。

（5）分散入职员工的培训问题。对于成批进来的新入职员工可以进行集中培训，但对于分散、零星进来的员工却不能对他们进行及时培训，只能等人数凑到一定数量以后再集中培训，这会导致入职很长时间的员工对企业仍然不甚了解。

问题：

1.结合新员工入职培训的相关内容，分析G公司出现上述问题的根本原因是什么？

2.假设你是G公司人力资源部专员，为改善目前新员工入职培训中存在的问题，你认为应该从哪些方面着手？

分析提示：

现代培训理论认为，新员工入职培训的首要步骤就是要做好新员工入职培训需求分析。确定需求分析在技术上主要包括组织分析、工作分析和新员工分析。G公司新进员工众多、岗位复杂，而且公司没有做好详细的培训需求调查工作，很难有计划、有目的地对新入职员工开展培训，因而也就难以形成有效的新员工入职培训制度和系统的新员工入职培训体系。

# 实训题

实训项目：模拟新员工入职培训

实训目的：通过模拟新员工入职培训，掌握新员工入职培训的整个流程和各个环节的具体操作方法与步骤，熟悉新员工入职培训需求调查、新员工入职培训课程体系的建设等。

实训步骤：

步骤一：将学生按每8~10人分成若干个小组，每个小组分别模拟不同类型企业的培训人员。假设该企业今年新招聘了一批员工，新员工数量、岗位由各小组自行决定。

步骤二：制作新员工入职培训需求调查表，并上网查找相关调查表进行对比。从网上查找一份相关企业新员工入职培训需求分析报告，了解新员工入职培训分析报告的内容。

步骤三：根据网上查找的需求分析报告确定新员工入职培训的内容和方法。

步骤四：根据以上资料，开发新员工入职培训课程体系。

步骤五：模拟实施新员工入职培训。

实训成果：

一次生动的新员工入职培训实施模拟；新员工入职培训需求调查表（自己制作）；新员工入职培训需求分析报告（网上下载并整理完善）；新员工入职培训课程体系（自己制作）。

# 评 估 篇

# 招聘与录用的评估

## 知识目标

    掌握招聘与录用评估的基本内容；熟悉招聘与录用效果检测和分析的方法；掌握招聘需求评估、招募工作评估、甄选工作评估、录用工作评估的基本指标和具体实施过程。

## 能力目标

    能够运用统计工具对招聘与录用结果成效进行分析；能够利用有关知识对招聘需求、招募工作、甄选工作和录用工作进行正确的评估。

## ● 任务一　成本收益评估

### 任务导入

    从2015年5月1日开始，钟林所在的人力资源部开展了为期两周的一系列校园招聘活动。此次招聘计划招聘4个岗位共28人，其中招聘岗位为基建工程师、IT工程师、HR实习生、物流实习生。公司人力资源部在杭州各大高校进行了3次招聘活动，总计应聘人数为900余人，其中通过网络应聘的人员有400多人，通过校园宣传提交简历的人员有500余人。经各部门招聘负责人层层甄选，公司最终录用了其中26人。在招聘花费方面，公司进行的3次招聘活动总共花费36 000元。任务完成之后，公司招聘主管刘东海要求钟林就这次招聘进行成本收益的评估。那么，钟林应该怎样进行成本收益的评估呢？他应该采用哪些指标和方式进行评估呢？

### 任务分析

    目前，许多企业对招聘效果的评估做得不够，有的是没有意识到要对招聘结果进行评估与总结，甚至许多公司职能部门的管理者不太清楚应该如何评价招聘工作的效果；有的管理者只关心招聘到了多少人，在招聘上花了多少时间、多少成本，或者在一段时间内关注新雇员是否喜欢这里的工作。那么，对于招聘结果该如何进行成本收益评估呢？首先，要计算招聘活动的成本，然后计算招聘活动的收益，再利用招聘收益成本比公式进行计算，数值越高代表招聘效果越好。

**知识支撑**

一、招聘总成本的评估

招聘总成本的评估是指对招聘过程中的费用进行调查、核实，并对照预算进行评价的过程。

1.招聘总成本

招聘总成本是人力资源的获取成本，它由两部分构成：一部分是直接成本，包括招募费用、选拔费用、家庭安置费用、工作安置费用和其他费用（如招聘人员差旅费、应聘人员招待费等）；另一部分是间接费用，包括内部提升费用和工作流动费用等。

（1）招募成本。招募成本是指为吸引和确定企业所需要的人力资源而发生的费用，主要包括招聘人员的直接劳务费用、直接业务费用、其他相关费用。

（2）选拔成本。选拔成本是指对应聘人员进行甄别选择，以做出录用决定所支付的费用。

（3）录用成本。录用成本是指经过招聘选拔后，把合适的人员录用到企业所发生的费用，包括录取手续费、调动补偿费、搬迁费和旅途补助费等由录用而引起的有关费用。

（4）安置成本。安置成本是指为安置已经被录取的员工到具体的工作岗位上所发生的费用。安置成本由为安排新员工的工作所必须发生的各种行政支出费用、为新员工提供工作所需要的装备条件以及录用部门因此所损失的时间成本而发生的费用构成。

（5）离职成本。离职成本一般是指因招聘不慎，因员工离职而给企业带来的损失，一般包括直接成本和间接成本两部分。

（6）重置成本。重置成本是指因招聘方式或程序错误致使招聘失败而重新招聘所发生的费用。

（7）其他一些间接性费用。

此外，企业也常用单位招聘成本来描述招聘成本，单位招聘成本即招聘总成本与实际录用人数之比。如果招聘实际费用少，录用人数多，意味着单位招聘成本低，相反，则意味着单位招聘成本高。

2.招聘总成本的评估

招聘总成本的评估是指对招聘工作中所发生的一切费用进行调查、核实、统计，然后参照一定的标准进行分析评估的活动。企业一般参照预算标准（或者目标标准）和企业历史标准这两种标准进行评估。企业对招聘总成本进行评估时，既要考虑总成本绝对值的大小，又要考虑与相关标准进行比较的相对值的大小，还要考虑招聘总成本所产生的实际价值与效用。

二、招聘的收益

招聘的收益是指所有招聘总成本能够带来的收益，包括招募收益（吸引应聘者、树立企业形象）、甄选的有效性、录用人员的素质及发展能力、录用人员的工作绩效及贡献。简单地说，招聘的收益就是由于新员工的加入所带来的总体性收益。

三、招聘收益成本比

它既是一项经济评价指标，同时也是对招聘工作有效性进行考核的一项指标。招聘收益成本比越高，说明招聘工作越有成效。它可以用以下公式表示：

招聘收益成本比=所有新员工为组织创造的总价值÷招聘总成本

**任务实施**

对这次校园招聘活动的评估，钟林可以采用招聘成本收益评估的方法。成本收益评估方法也是检查招聘工作成效的一种常用工具。具体操作方法是：首先，统计招聘流程中各个环节的费用，如招募成本、甄选成本、录用成本等；其次，核算本次招聘工作的总成本；再次，根据以往这些岗位员工对企业的贡献价值来预计新员工在岗位上可能创造的价值；最后，利用招聘收益成本比来衡量这次校园招聘工作的有效性。

# ● 任务二　信度和效度评估

**任务导入**

王强是亿康人寿公司的人力资源部招聘助理，最近公司内勤岗位出现空缺，急需补充人员，招聘主管要求他协助做好人员招聘工作。王强接受任务之后，按照公司以往的面试流程，设置了四轮面试来识别应聘人员是否适合内勤岗位。刚来公司的李东好奇地问："公司为什么要设计这么多轮面试程序呢？"王强回答说："公司只想把招聘工作做得更加有效。"四轮面试过后，两名应聘人员被录用，经过一段时间试用后基本满足岗位工作要求。王强要求李东做一次选拔方法的评估。

**任务分析**

面试是任何一家企业招聘人员都要采用的甄选手段，也是一种十分有效的选拔手段。面试方法作为人员选拔的工具，其信度和效度经过了企业长期实践的检验。本例中，亿康人寿公司使用多轮面试的方式来判断应聘人员是否适合岗位，保证了人员选拔的正确性，进而也说明面试这种方法本身是可靠和有效的。可以说，亿康人寿公司所采用的多轮面试的做法是招聘信度评估中用稳定性来确保招聘工作成效的具体体现。

**知识支撑**

一般而言，说明招聘方法的成效指标主要是招聘的信度和效度。与此相对应，招聘方法的成效评估就是招聘的信度评估和效度评估。

一、招聘的信度评估

1.招聘信度的含义

招聘的信度是指招聘的可靠性程度，具体指通过某项测试所得到的结果的稳定性和一致性。稳定性和一致性程度越高，说明测试方法的信度越高；否则，就意味着测试方法是不可靠的。例如，我们用磅秤来称某人的体重，第一天的测量结果是120磅，第二天的测量结果是110磅，因为正常情况下体重在一天之内是不会变化这么大的，这说明作为测量工具的磅秤有误差，也就是说它的信度比较差。通常这一测评指标又可以细分为稳定系数、等值系数和内在一致性系数三种。

2.三种指标系数的测定

（1）稳定系数。稳定系数指用同一种测试方法对一组应聘者在两个不同时间进行测试得到结果的一致性，一致性可用两次结果之间的相关系数来测定。此法不适用于受熟练程度影响较大的测试，因为应聘者在第一次测试中可能记住了某些测试题的答案，从而提高了第二次测试的成绩。

（2）等值系数。等值系数指对同一组应聘者使用两种对等的、内容相当的测试得到结果的一致性。如对同一应聘者进行两次内容相当的个性测量时，两次测试结果应当大致相同。等值系数可用两次结果之间的相关程度（即相关系数）来表示。

（3）内在一致性系数。内在一致性系数指将同一组应聘者进行的同一测试分为若干部分分别进行，各部分所得结果之间是否一致即反映了测试的内在一致性。内在一致性系数可用各部分结果之间的相关系数来判别。

二、招聘的效度评估

1.招聘效度的含义

招聘的效度是指招聘的有效性，具体指测试方法测量出的测评内容的有效程度，也就是说在多大程度上能测量出要测的内容。如果测量有效程度比较高，说明测试方法的效度比较高；反之，就表明测试方法的效度比较低。例如，如果我们用一份测试执行力的试题去测试创新能力，那么这份试题的效度就非常低了，因为测试内容根本没有反映出创新方面的信息。所以，用人单位必须使用招聘效度来观察通过测评工具了解到的应聘者的品质、特点与其想要测试的品质、特点的符合程度。

2.效度测定的主要指标

效度测定的主要指标有预测效度、内容效度和同测效度三种。

（1）预测效度。预测效度是希望通过预先测试的结果，来反映预测将来行为的有效性。通过对应聘者在选拔中所得分数与其被录用后的绩效分数相比较来了解预测效度，若两者相关性越大，则说明所选的测试方法、选拔方法越有效，进而可用此法来进一步评估、预测应聘者的潜力。例如，企业使用某种选拔测试方法进行员工的选拔录用，甲在测试中的分数比乙高，但在录用之后的使用过程中发现，在大致相同的环境里，乙的工作绩效比甲高，说明企业这次预测不够准确，即这次招聘方法的效度不高。

（2）内容效度。内容效度是指某测试的各个部分对于测量某种特性或做出某种估计有多大效用。在测试内容效度时，主要考虑所用方法是否与计划测试的特性有关，如招聘打字员，测试其打字速度及准确性、手眼协调性和手指灵活度的操作测试的内容效度是较高的，因为准确性、灵活性等是打字员应具备的职业特性，是特别需要测定的。内容效度多用于知识测试与实际操作测试。

（3）同测效度。同测效度是指对现有员工实施某种测试，然后将测试结果与这些员工的工作表现或绩效考核成绩加以比较，若两者相关性很大，则说明此测试效度高。一般情况下，这种方法不适用于选拔员工，因为这种效度是根据现有员工测试而得出的，而现有员工所具备的经验、常识是应聘者所缺乏的，因此应聘者可能因缺乏经验而得不到测试的高分，从而错误地被认为缺乏潜力，而事实可能并非如此。

**任务实施**

招聘亿康人寿公司的内勤员工，面试是分多轮进行的。第一轮是人力资源部面试，采用一套公司常用的结构式问题提问，如"你学习工作情况如何"等；第二轮是用人部门负责人面试，除一些专业内容之外，负责人还问了一些和第一轮相似的问题。公司如此安排进行两轮的面试就是确保招聘信度，即选拔的可靠性。假如亿康人寿公司还进行多轮面试，如总经理面试、总公司的视频面试等，目的还是面试信度的实践检验，即通过实践操作来检验，而非通过计算数据来检验。在案例中，亿康人寿公司没有进行面试效度检测。

这是因为，企业选用人员时要综合考虑的因素较多，如企业用人理念、招聘制度、招聘成本等，所以一般不会进行多角度的综合评估，尽管评估指标的多元化可以保证招聘人员的质量，但也可能为此付出昂贵的成本代价。

# ● 任务三 招聘需求确定的评估

**任务导入**

大连华安新能源汽车公司成立于1998年7月，业务主要涉及混合动力、纯电动、燃料电池等节能与新能源汽车核心技术研发、系统集成设计、相关零部件制造、纯电动场地车生产及销售等业务。目前，公司已建立了一支包括归国专家在内的200多人的新能源汽车研发专业团队，培养了一支高学历、高素质、高能力的新能源汽车研发核心人才队伍。近年来，公司不断致力于新车型的研发，力求为客户提供更加全面周到的产品和服务，所以决定在研发中心内部成立一个新车型开发小组，并于去年正式启动了这个项目。为了更好地推进项目实施，研发中心招聘了5名技术人员，该小组运行一段时间之后，发现技术人员的结构存在着一定问题。时值年底，公司人力资源部正在进行招聘工作评估，其中招聘需求的确定也是评估内容之一。那么，招聘主管江涛该怎样对研发中心的人员需求乃至全公司其他部门的人员需求展开评估工作呢？

**任务分析**

招聘人员需求的确定是招聘工作的另一个基础。没有人员需求的确定，招聘工作就没有办法展开。大连华安新能源汽车公司对招聘人员需求的确定做评估，就是要考查招聘需求确定主体工作是否有成效，主要表现在企业高管人员、人力资源部工作人员、用人部门负责人的工作职责和作用是否明晰到位；公司各个部门的人员需求信息、全公司的招聘人员需求信息是否及时、科学和全面。

**知识支撑**

一、招聘需求评估的对象与内容

招聘需求评估的对象主要是企业高管人员、人力资源部和用人部门三方面。

1.对企业高管人员的评估

对企业高管人员进行评估的原因有：一是企业高管人员对企业未来人力资源需求的确定有着极其重要的影响力；二是企业高管人员对企业总体用人标准有指导性影响。这些方面会对企业招聘工作的各个环节（如招聘范围、成本、甄选难度、录用工作等）发挥重要作用。

评估内容主要是看他们对企业未来人力资源需求的确定是否方向明确、政策清晰，提出的要求是否符合企业目前的经营状况。具体地说，企业高管人员提出的用人理念、制定的人事政策、提出的人员需求情况是否能够很好地指导实践，是否能在后续的招聘工作中得到顺利实施。

2.对人力资源部的评估

对人力资源部的评估主要侧重于其工作职责。人力资源部在招聘需求确定方面的主要职责是：招聘需求信息收集时间的确定；收集各个部门用人需求的具体信息；整理分析、汇总各个部门的具体用人情况，报请领导审批；进行招聘需求数据库的建设。

### 3.对用人部门的评估

用人部门是人员使用的基本单元。在招聘需求的确定中，基层用人单位主要涉及本部门的工作岗位分析、岗位工作人员任职条件的确定、本部门岗位的调整及人员的调整以及本部门用人信息的及时发现、汇总与提交等工作。用人部门的具体工作质量直接影响整个招聘工作的好坏。

### 二、评估的主要指标

企业对招聘需求的评估可以从及时性、全面性和科学性三个方面展开。

### 1.及时性

招聘需求确定的及时性直接影响且决定着招聘工作开始的时间，还影响着招聘的后续工作。招聘需求确定的及时性主要体现在以下几个方面：一是人力资源部及时通知并催促各个用人部门递交人员需求信息；二是人力资源部对采集的信息进行分析、整理和汇总；三是报审各个用人部门的人员需求信息，及时反馈领导对人员需求信息的批复。在企业招聘工作中，招聘需求工作往往会用一个具体的时间段来量化招聘需求确定的及时性。

关于及时性的评估，可以从企业之间规定的工作时限来考查，也可以从招聘工作的效果来考查，如招聘需求信息没有及时采集，就可能错过招聘的最佳时机。

### 2.全面性

招聘需求确定的全面性主要体现在：一是需求信息采集点是全面的，不能存在漏采的情况；二是各用人部门递交的需求信息要详细、全面。

人力资源部门人员可以通过考查需求信息中是否包含招聘岗位名称、人数、任职资格要求、上岗时间等方面来进行评估。

### 3.科学性

招聘需求的确定应该建立在对企业未来人力资源需求、人力资源供给和现有人力资源状况分析的基础上。招聘需求确定的科学性主要表现在：一是招聘岗位的设置是必要的；二是拟聘岗位的人员需求数量是准确的；三是拟聘岗位的任职资格条件适合企业文化、岗位要求和社会实际。

对招聘需求科学性的考查可以从招聘过程进行，也可以从招聘结果进行。

**任务实施**

江涛对招聘需求确定工作评估的具体步骤是：

第一步，评估确定招聘需求时是否有招聘计划、人力资源规划、职位说明书、用人部门的人力资源基本情况，是否需要对绩效不合格的人员进行调整等，这些是确定招聘人数的科学依据。例如，技术中心的年度目标是什么？本部门现有的人员变动情况怎么样？对人员需求有无特殊的要求？针对这些问题，江涛要与用人部门进行沟通，用人部门负责人根据实际情况填写部门人员需求登记表。

第二步，评估确定招聘需求的及时性。用人部门是否能够及时提出人员需求计划，以及人力资源部门是否有足够的时间去组织招聘是考核的重点。

第三步，评估招聘需求的全面性。作为人力资源部的招聘主管，江涛除了处理研发中心的人员需求之外，还要汇总企业其他部门的人员需求。因此，招聘人员需求确定的信息采集点应全面，不能存在漏采等情况。

# ● 任务四 招募工作的评估

**任务导入**

大连华安新能源汽车公司的招聘主管江涛不仅收集了公司总部技术中心的人员需求，还采集了综合管理部、电子电器部、北京研发中心等用人部门的人员需求。确定了人员需求之后，他通过比较知名的招聘网站和报纸等媒体发布了人员需求信息，然后通过人才市场招聘会等渠道进行了选拔，终于把需求的人员招进了公司。在新员工入职后不久，电子电器部的刘部长找到江涛说："你们设计的招募广告没有突出企业的形象，北京选拔的人员与大连选拔的人员使用有差别啊！"就在这个时候，电话铃响了，是北京研发中心的莫主任打来的电话，询问为什么北京需要的人员还没有全部到位。江涛连忙解释说："这次招募的应聘者人数比较多，初审合格率也较高，自然影响到人员的选拔周期，希望莫主任能够谅解。"在接待完刘部长、莫主任之后，江涛要求刚刚入职的招聘助理黄林尽快对招募工作进行评估。那么，黄林应该怎样进行招募工作的评估呢？

**任务分析**

招募工作就是吸引求职人员来企业应聘的过程。黄林对招募工作的评估主要可以从以下7个方面展开：招募数量的评估、招募质量的评估、招募成本的评估、招募成本效用的评估、招募时间的评估、招募渠道的对比分析、招募广告的分析。在实际工作当中，通常不需要对7个方面都进行评估，而是根据工作的需要有重点地选择评估指标。

**知识支撑**

**一、招募数量的评估**

一般而言，通过招募工作吸引来企业应聘的人数越多，就越有可能从中挑选出更多的优秀人员，招聘工作也就可能越有成效。相反，如果来企业应聘的人数越少，企业挑选的余地就越小。所以，应聘人数是衡量招募工作成效的一个重要的检测指标，我们一般用应聘比来描述：

应聘比=应聘人数÷计划招聘人数×100%

应聘比越大，说明企业的招募信息发布的效果越好，企业可以在较大范围内挑选应聘者；反之，企业则需要在较小的范围内进行挑选。一般来讲，应聘比率至少应该在200%以上，越是重要的岗位，该比率越大，录用人员的质量才可能越有保证。

**二、招募质量的评估**

企业招聘的最终目的是要录用到合适的人才。所以，招募工作能否给企业提供适当的候选人员，也就成为检验招募工作的一项重要指标。

招募质量的评估一般可以通过不同阶段被挑选出的合格人数和最终被录用人数来表示，即用初审合格率、复审合格率、录用比3个比率来描述：

初审合格率=通过求职材料筛选的人数÷应聘人数×100%

复审合格率=通过复审测评的人数÷应聘人数×100%

录用比=录用人数÷应聘人数×100%

在这3个指标中，初审合格率最能体现招募工作的质量，因为初审基本上是按照招聘计划的要求进行的。一般而言，如果初审合格率高、复审合格率高、录用比低，就说明招募工作的质量比较高。另外，招聘完成比也能在一定程度上反映出招募工作质量的高低。招聘完成比可用公式表示为：

招聘完成比=录用人数÷计划招聘人数×100%

三、招募成本的评估

首先需要对招募成本构成进行分析，然后才能对其进行有效的评估。

1.招募成本构成

招募成本是企业为了吸引所需的人才而发生的费用，它由3个部分构成：一是发生在招募工作人员方面的费用；二是发生在招募中介方面的费用；三是发生在招募对象方面的费用。

（1）发生在招募工作人员方面的费用。这部分费用也称为招募工作人员费用，主要由两大部分组成：一是参与招募工作的职员的劳动报酬，主要是招募期间工作人员的工资和福利；二是招募工作人员外出招募时发生的差旅费。

（2）发生在招募中介方面的费用。这部分费用也称为业务费用，主要由3大部分组成：一是中介机构方面的费用，主要有人力资源库查询使用费、代理招聘费、招聘会场地费、长期招募场地租赁费、宣传设备设施租赁费、宣传材料费等；二是媒体方面的费用，主要是广告费，即在各个媒体刊登广告的费用；三是相关专家方面的费用，主要指为选择招募渠道、设计招募广告、获取高级人才信息而向有关专家支付的直接或者间接的推荐费用。

（3）发生在招募对象方面的费用。这部分费用也称为预付费用，主要由两大部分组成：一是针对大学生的招募费用；二是针对来自社会的专业技术人才和高级管理人才的招募费用。招募成本可用公式表示为：

招募成本=招募工作人员费用+业务费用+预付费用

2.招募成本的评估

招募成本的评估是指对招募工作中所发生的一切费用进行调查、核实、统计，然后参照一定的标准进行分析评价的活动。

（1）招募成本预算。招募成本预算的内容包括招募工作人员费用、招募中介费用、招募对象费用。由于实际招募工作情况的不确定性，招募成本预算一般做得稍微宽松。

（2）招募成本核算。招募成本核算是对整个招募过程中所发生的费用进行统计、计算和核实。通过核算工作可以了解招募经费的使用情况以及与招募成本预算的差别情况。

（3）招募成本的评估。招募成本的评估通常采用3种成本比较标准，分别是：预算编制或者目标标准、行业标准、企业历史标准。企业将现实中发生的招募成本与这3种标准进行比较时，不能只顾数字的高低，还要考虑外部经济环境和招募工作的质量。

另外，招募成本评估既要评估招募工作的总成本，还要评估招募工作的单位成本。招募成本评估既要重视控制招募成本，还要注重招募质量，要能够及时发现问题和解决问题。

四、招募成本效用的评估

招募成本效用是指招募期间的费用支出对于吸引应聘者的效用，可以用应聘人数除以招募期间的费用来表示。该比例越大，说明招募期间费用开支的效用越高，用于不同招募渠道的费用组合越理想，越能吸引到大量合适的应聘者；反之，则说明无效的花费较多，招募费用支出不理想，效果不佳。招募成本效用可用公式表示为：

招募成本效用=应聘人数÷招募期间费用

### 五、招募时间的评估

企业能否在较短的时间内吸引到一定数量的合格应聘人员，体现的是招募工作的效率问题。招募时间是在招募需求确定之后，从开始接受应聘到获取一定数量的合格应聘者的时间。一般而言，企业在实际操作中对招募时间的确定方法是：从企业发布招募信息或者开始寻找应聘者的时刻起，到至少收到两倍于计划录用人数的合格应聘人员材料数为止的天数。

企业招募时间评估就是看招募工作者能否在规定的时间内完成工作。

### 六、招募渠道的对比分析

招募渠道有内部招募和外部招募两种形式。一般而言，内部招募比外部招募在招募成本、招募时间、甄选的准确度方面有自己的优势，但也存在诸如招募数量方面存在局限、有时难以确保招募质量等不足。因此，企业往往需要通过大量的外部招募来解决人员需求问题，对招募渠道的招募效果进行比较分析也就显得尤为重要。

针对不同的招募渠道，在招募数量、质量、成本、时间、信度和效度等几个方面进行比较分析，能够找出那些为企业招募工作带来低成本、高效率、高效益的招募渠道，并可以在以后招募工作中加以改进和利用。

### 七、招募广告的分析

招募广告是企业快速有效发布招聘需求信息的重要宣传工具。招募广告的成效如何主要取决于广告媒体的选择和广告内容的设计。

招募广告媒体的选择是解决如何有效地将信息传递到有需求的求职者当中去的问题。如果企业能够有针对性地选择恰当的宣传媒体发布信息，就能够以合理的广告费用在较短的时间内吸引到足够数量的合格应聘者。招募广告内容的设计主要是解决如何吸引更多的应聘人员的问题。人们普遍认为，招募广告中的岗位要求、应聘方式、待遇和发展信息是招募广告设计的必备要素。

**任务实施**

黄林对招募工作的评估主要从以下7个方面展开：

第一，招募数量的评估。这次公司计划招聘的人数是42人，实际应聘人数是218人。对招募数量的评估指标采用应聘比，具体计算数据是：

应聘比=应聘人数÷计划招聘人数×100%=218÷42×100%≈520%

经过计算发现，这个比率还是比较理想的，说明企业的招募信息发布的效果较好。

第二，招募质量的评估。本次招聘活动中通过求职材料筛选的人数为320人，通过复审测评的人数为289人。人员招募工作质量的评估可用初审合格率、复审合格率、录用比3个比率来描述：

初审合格率=通过求职材料筛选的人数÷应聘人数×100%=320÷218×100%≈150%

复审合格率=通过复审测评的人数÷应聘人数×100%=289÷218×100%≈130%

录用比=录用人数÷应聘人数×100%=42÷218×100%≈20%

第三，招募成本的评估。黄林从招募工作人员发生的费用、招募中介发生的费用及招募对象所发生的费用3个方面统计招募成本，总计约7 800元。本次招募发生的费用水平与其他企业基本一致，符合公司 8 000 元的招募预算。

第四，招募成本效用的评估。就公司支出的 7 800 元招募成本来说，如果能够吸引更多的求职者来应聘，那么招募成本效用就比较理想；反之，如果应聘人员比较少，则说明无效的招募花费比较多，招募费用支出不理想，效果欠佳。

招募成本效用＝应聘人数÷招募期间费用＝218÷7 800≈0.028

第五，招募时间的评估。黄林对招募时间的评估的具体做法是：4 月 1 日企业在各大媒体发布了招募信息，根据以往的经验，整个招募时间周期为从发布信息开始到至少收到 2 倍于计划录用人数的合格应聘人员材料数那天为止的天数，具体时间大致为 2 个月，黄林就把这个时间段作为评估的对象。

第六，招募渠道的对比分析。这次招聘采用的是外部招聘方式，没有必要对招聘渠道进行对比分析。

第七，招募广告的分析。招募广告是企业快速有效发布招聘需求信息的重要宣传工具。这次招募广告在一些媒体中刊登，吸引了较多的应聘人员，说明招募的广告宣传工作是有成效的。

# ● 任务五　甄选工作的评估

**任务导入**

上海××汽车有限公司是我国目前规模最大的中美合资轿车生产企业。一流的企业需要一流的员工队伍。因此，如何建设一支高素质的员工队伍，是中美合作双方都十分关心的问题。例如，在上海科学会堂的招聘专场，凡是进入会场的应聘者必须在大厅接受 12 名评估员的应聘资格初筛，合格者才能进入 2 楼的面试台，由用人部门同应聘者进行初次双向见面，若有意向，再由人力资源部安排专门的评估时间。专门评估在人员评估中心进行，整个评估中心设有接待室、面试室、情景模拟室、信息处理室，中心人员都接受过专门培训，而整个评估活动也是按标准化、程序化的模式进行。总之，凡被录用者，需要经过填表、筛选、笔试、目标面试、情景模拟、专业面试、体检、背景调查和审批录用 9 个环节，每个环节都有标准化的运作规范和科学的选拔方法。在进入科学会堂的 2 800 人中，经初步面试合格后进入评估环节的仅有百余人，到最后正式录用的只有几十人。这么慎重的甄选工作，公司人力资源部招聘主管刘东海是如何对这次招聘的甄选工作进行评估的呢？

**任务分析**

甄选工作是将应聘人员与岗位匹配的重要环节，应聘人员是否适合岗位需要通过一系列选拔手段来判断。公司人力资源部招聘主管刘东海设置了初步简历筛选、多轮面试等甄选手段来判断应聘人员是否适合岗位需求。招聘工作结束之后，人力资源部需要进行工作总结，其中一项任务就是对甄选工作进行评估，刘东海可以从甄选时间、甄选成本、甄选成本效用、甄选质量、甄选的信度与效度等几个方面进行评估。

**知识支撑**

人员的甄选过程是一个非常复杂的过程。这个过程对招聘工作成效的影响主要体现在以下 5 个方面：一是甄选时间；二是甄选成本；三是甄选成本效用；四是甄选质量；五是甄选信度与效度。

一、甄选时间评估

甄选时间是指从筛选应聘材料到知识、技能、经验、品德等测试完成而确定录用候选人员的时间。甄选时间会因招募岗位、甄选方法、甄选对象等因素不同而不同。

一般情况下，对高级管理人员岗位、关键技术岗位的甄选时间会比较长，对求职动机复杂、要求较多的应聘者的甄选时间要比一般大学应届毕业生的甄选时间长，非专业人士主持的甄选活动所花费的时间要比专业人士主持的甄选活动所花费的时间长。

进行甄选时间的评估有利于甄选工作按时保质完成。

二、甄选成本评估

1.甄选成本的构成

甄选成本是指在运用科学测评方法对应聘者进行识别筛选并做出录用决策的过程中所发生的费用。一般而言，不同企业所采用的甄选过程会有差别，因而所发生的甄选成本也就不同。人们普遍认为，企业所经历的甄选过程一般包括以下几个方面：一是汇总应聘者材料，进行应聘材料的初步筛选；二是初步面试（电话交谈），进一步了解应聘者；三是通知并组织初选后的应聘者进行笔试，或者进行机考测试；四是进行管理能力、人际能力、情商等方面的诊断性测试；五是根据应聘者材料、各种测试结果和有关甄选人员对其的综合评价，组织有关人员开讨论会决定录用人选。上述每个环节所发生的费用各不相同，可以用以下计算方式加以明确：

应聘材料甄选费=应聘材料甄选时间×甄选材料人员的小时工资

$$\begin{matrix}\text{初步谈话} \\ \text{甄选费}\end{matrix} = \begin{matrix}\text{谈话甄选} \\ \text{所花费时间}\end{matrix} \times \begin{matrix}\text{甄选材料人员的} \\ \text{小时工资}\end{matrix} + \begin{matrix}\text{谈话甄选} \\ \text{所花费时间}\end{matrix} \times \begin{matrix}\text{单位时间的} \\ \text{电话费}\end{matrix}$$

笔试费用=材料费+命题费+监考费+阅卷费+统分费+其他相关费用

机考测试费用=每位测试者的测试费用×参加测试的人数

$$\begin{matrix}\text{诊断性} \\ \text{测试费用}\end{matrix} = \begin{matrix}\text{外聘考官命题费、施测} \\ \text{费用、撰写报告费用}\end{matrix} + \begin{matrix}\text{内部主试人员} \\ \text{所花费时间}\end{matrix} \times \begin{matrix}\text{内部主试人员的} \\ \text{小时工资}\end{matrix} + \begin{matrix}\text{辅助设施设备} \\ \text{及材料费用}\end{matrix} + \begin{matrix}\text{被测人员的} \\ \text{接待费用}\end{matrix}$$

甄选对象不同，所采用的甄选方法和整个甄选程序也不尽相同，因而使得发生的甄选成本也不同。一般情况下，甄选成本会随着应聘岗位重要性的提高而增加。

2.甄选成本的评估

甄选成本的评估是指对甄选工作中所发生的一切费用进行调查、核实、统计，然后参照一定的标准进行分析评价的活动。甄选成本的评估通常采用预算编制或者目标标准、行业标准和企业历史标准3种评估标准。企业将现实中发生的甄选成本与这3种标准进行比较时，不能只看数字的高低，还要考虑甄选方案的复杂性和甄选工作的工作量。

另外，甄选成本的评估既要评估甄选工作的总成本，还要评估甄选工作的单位成本，甚至有时需要分类评估甄选对象的成本和对比分析不同甄选方法的成本。甄选成本评估既要重视控制成本，更要注重提高甄选质量，要能够及时发现问题和解决问题。

三、甄选成本效用评估

甄选成本效用是指在人员甄选过程中所发生费用带来的效用，可用被选中的人数与甄选期间的费用的比率来表示。该比率低，说明企业在被选中的较少的人员身上投入了较多的甄选费用；反之，则说明企业用于每位被选中人员的甄选费用比较低，运用的测评方法和测评程序比较简单。甄选成本效用可用公式表示为：

甄选成本效用=被选中人数÷甄选期间的费用

四、甄选质量评估

甄选在招聘工作中是十分重要的核心环节，甄选工作的质量对招聘工作的质量影响极大。在实际甄选工作中，招聘人员通常也采用初审合格率、复审合格率、录用比、招聘完成比来反映甄选工作的质量。在人力资源管理中，人员录用的最终目的是为了给企业创造价值，所以通常把录用人员的使用情况作为甄选工作质量评估的指标，一般通过新员工的稳定性、新员工的成长性及新员工的业绩3个方面来反映。

1.新员工的稳定性

企业一般使用3个月内的离职率、6个月内的离职率来评价新员工的稳定情况。多数情况下，求职动机不纯的员工或者实际工作能力不符合岗位需要的员工，会在录用后3～6个月时间内辞职或者被辞退。所以，新员工3个月内的离职率、6个月内的离职率能够反映甄选工作的质量。

新员工3个月内的离职率=3个月内离职的新员工人数÷新员工总数×100%

新员工6个月内的离职率=6个月内离职的新员工人数÷新员工总数×100%

2.新员工的成长性

新员工的成长性可以用两个百分比来衡量：一个是新员工职位晋升的百分比；另一个是新员工技能晋级的百分比。在一定时期内，无论是职位晋升还是技能晋级，这两个百分比越大，说明新员工的综合素质越高，潜力发挥越充分，对企业的贡献也就越大，也说明甄选工作的质量越高。

一定时期内新员工职位晋升率=晋升新员工数÷新员工总数×100%

一定时期内新员工技能晋级率=晋级新员工数÷新员工总数×100%

3.新员工的业绩

新员工业绩优良率是一个能较好反映新员工业绩情况的指标。该比率越大，说明新员工总体素质越高，能力越强；反之，则说明新员工总体素质越低，能力越弱。

一定时期内新员工业绩优良率=业绩优良新员工人数÷新员工总数×100%

五、甄选信度评估

甄选信度的评估是甄选过程中对所采用的甄选方法的评估，是确定这些甄选方法是否可靠的一个指标。通常用于甄选信度评估的具体指标有重测信度、复本信度、内在一致性信度和评分者信度。

1.重测信度

重测信度是指用同一个测验方法，对同一组应聘者在两个不同时间进行测试所得到结果的一致性程度。它反映了测试结果的稳定性，也称为稳定信度。

2.复本信度

复本是指用于测试的内容、结构、难度等方面都相当的材料。复本信度是指用同一测试的两个复本，在相距最短时间内测量同一组应聘者，所得结果的一致性程度，也叫等值性信度。

3.内在一致性信度

内在一致性信度是把对同一组应聘者进行的测试分成若干部分分别进行，用以考查各部分所得结果之间的一致性。它反映的是测试题目之间的一致性。

4.评分者信度

评分者信度是指不同评分者对同一组应聘者进行评定时的一致性。不同评分者对应聘者打出的分数越接近，则说明评分者所使用方法的信度越高。

六、甄选效度评估

甄选的效度是指甄选的有效性或者是精确性，即测试得到的应聘者的有关特征与应聘者实际具有的有关特征的一致性。效度评估主要有预测效度、内容效度、同测效度3种形式，具体见本项目任务二的相关内容。

**任务实施**

甄选工作的成效体现在甄选时间、甄选成本、甄选成本效用、甄选质量、甄选信度和效度几个方面。在实际工作中，考虑到成本等因素，一般并不需要对上述几个方面都做评估，可重点对甄选成本和甄选质量进行评估。

如果对甄选成本进行评估，刘东海就要计算甄选成本中的应聘材料甄选费、初步谈话甄选费、笔试费用、机考测试费用、诊断性测试费用。将得出的费用与预先设置的标准相比较，即可知道甄选工作是否有效。

如果对甄选质量进行评估，刘东海可对新员工的稳定性、新员工的成长性及新员工的业绩3个方面进行考量，具体指标可以参考新员工3个月内的离职率、新员工6个月内的离职率、一定时期内新员工职位晋升率、一定时期内新员工技能晋级率和一定时期内新员工业绩优良率。

# ● 任务六  录用工作的评估

**任务导入**

TS通讯公司发展迅速，公司业务规模迅速膨胀，市场份额不断扩大，随之产生了人力资源短缺的问题。TS通讯公司一直非常重视招聘，并提出了"以一流的标准选聘和培训员工"的理念。最近，公司招聘了27名新员工，人力资源部的张峰协助招聘主管陈家伦进行了新员工背景调查、劳动合同签订、新员工入职手续办理、入职培训等工作。除此以外，公司招聘的后续工作还包括：一是招聘后期的沟通，一旦成为TS通讯公司决定录用的毕业生，人力资源部会专门派1名人力资源部的员工去跟踪服务，定期与该人员保持沟通和联系，把他当成自己的朋友来关怀照顾；二是招聘结束后的考核和评估，考核的主要指标包括招聘数量是否足够、招聘时间是否及时、招聘人员素质是否符合标准、招聘费用是否合理等。你认为张峰和陈家伦该如何做好录用的评估工作？

**任务分析**

录用工作的评估是招聘工作评估的重要组成部分，TS通讯公司人力资源部的张峰及招聘主管陈家伦参与了这次录用工作的全过程，对录用工作流程也相当熟悉，所以他们决定从录用总成本入手，对整个录用工作进行评价。

**知识支撑**

录用工作的评估主要从以下3个方面展开：一是录用总成本评估；二是录用总成本效用评估；三是录用质量评估。

一、录用总成本评估

1.录用总成本的构成

一般而言,企业录用工作包括录用、安置、入职培训3个阶段。所以,录用工作的总成本由录用成本、安置成本和入职培训成本构成。

(1)录用成本。录用成本是指企业把通过甄选的人员录用到企业中来所发生的费用。它主要包括录用手续费、调动补偿费、搬迁费、旅途补助费、违约补偿金和其他相关费用。

录用成本=录用手续费+调动补偿费+搬迁费+旅途补助费+违约补偿金+其他相关费用

(2)安置成本。安置成本是指为了让录用人员在具体的工作岗位上更好地开展工作而支付的一些费用。它主要包括各种管理费用、迎新费用、为新员工开展工作而提供的设施设备(用品)费用、安置新员工的工资等。对于一些特殊岗位的人员,可能还涉及住房、配偶的安置、子女入学等方面发生的费用。

安置成本=各种管理费用+迎新费用+新员工的办公设备费+安置新员工的工资+其他相关费用

(3)入职培训成本。入职培训成本是指企业对于即将上岗的新员工进行企业历史、生产经营概况、企业规章制度、企业文化、安全卫生知识与技术、岗位操作技能等方面的培训所发生的费用。入职培训成本主要包括培训者及受训者的工资、培训者离岗的人员损失费、培训管理费、培训住宿及伙食费、培训设施设备折旧费、外聘专家培训费和其他相关费用。

$$入职培训成本 = 培训者及受训者的工资 + 培训者离岗的人员损失费 + 培训管理费 + 培训住宿及伙食费 + 培训设施设备折旧费 + 外聘专家培训费 + 其他相关费用$$

2.录用总成本的评估

录用总成本的评估是指对录用工作中所发生的一切费用进行调查、核实、统计,然后参照一定的标准进行分析评价的活动。企业需要做出初步的录用总费用预算,保留录用工作过程中实际支出的相关费用的单据,然后在核算各种录用费用的基础上,采用3种标准对录用总成本进行评估。通常采用的三种成本标准是预算编制或者目标标准、行业标准和企业历史标准。

另外,进行录用总成本评估,既要评估录用工作的总成本,还要评估录用工作的单位成本。录用总成本评估既要重视录用总成本的控制,还要注重提高录用质量,要能够及时发现问题和解决问题。

二、录用总成本效用评估

录用总成本效用评估是指在录用工作过程中评估所发生费用的效用大小,即用正式录用的人数除以录用期间所发生的费用来表示。该比率较大,则说明企业在每位录用人员身上的平均录用成本较低,可能是录用了一些一般性岗位的人员;反之,则说明企业用于每位录用人员身上的平均录用成本是较高的,这可能是企业录用了所需的高职位员工,或者一些比较关键性岗位的员工。

录用总成本效用=正式录用的人数÷录用期间的总费用

三、录用质量评估

一般情况下,企业录用质量评估主要可以用4个指标来表示:

1.新员工的满意度

新员工的满意度能够反映新招聘员工对企业的满意程度。对新入职的员工来说,如果企业对他们的工作生活安排科学合理、对他们的培训合理到位,新员工的满意度就会得到提高。

新员工的满意度=对录用工作满意的新员工数÷新员工总数×100%

2.新员工的离职率

新员工的离职率可以用前面提到的新员工3个月内的离职率和6个月内的离职率，来反映录用工作的质量。

3.新员工业绩优秀率

新员工的业绩可以用一定时期内的新员工业绩优秀率来进行录用工作质量评估。

4.新员工人均事故率

新员工人均事故率是说明新员工在一定时期内（一般1～3个月）的违纪和事故发生情况的指标。新员工人均事故率可以考查新员工对企业规章制度的了解程度和对安全技术规程的掌握程度。

新员工人均事故率=新员工违纪和事故发生数÷新员工总数

**任务实施**

录用工作的成效可以从录用总成本评估、录用总成本效用评估、录用质量评估3个方面来体现。在企业的实际工作中，通常不需要对3个方面都做评估，否则会给人力资源部门带来极大的工作量。

如果进行录用总成本评估，就要计算录用成本、安置成本、入职培训成本，将录用总成本与预先设置的目标进行比较，来考查录用工作的有效性。

如果进行录用质量评估，就要计算新员工的满意度、新员工3个月内的离职率及6个月内的离职率、一定时期内的新员工业绩优秀率和新员工人均事故率，将这些计算数据与预先设置的目标进行比较，以此来考查录用工作的有效性。

# 知识题

1.招聘总成本由哪些方面构成？什么是招聘收益？

2.招聘总成本如何进行评估？如何计算招聘收益成本比？

3.什么是信度和效度？如何进行信度和效度的评估？

4.招聘需求评估指标有哪些？

5.如何进行招募工作的评估？

6.如何进行甄选工作的评估？

7.录用工作的评估可以从哪些方面进行？

# 案例题

（一）某电厂是处于筹建后期的大型发电企业，为顺利实施人力资源的配置计划，招聘、选拔到适合的人才，电厂决定引入外部咨询机构的服务。该企业从咨询行业经验、招聘选拔项目经验以及咨询顾问团队等因素出发，最终选择了在电力系统招聘、培训等咨询服务方面经验丰富的电力英才网，希望它能运用专业化的招聘流程与评价技术，为电厂招聘到既符合招聘岗位知识、技能要求，又适合电厂企业文化，能够在企业中相对稳定工作的人员。

电力英才网顾问在与该项目负责人以及高层领导充分沟通、确认企业招聘需求的各个细节后，为客户设计了招聘选拔项目方案，按照岗位工作职责和任职资格的相似性将招聘职位类别归纳为三类，围绕这三个职位类别的招聘选拔将项目划分为应聘申请表收集、初步筛选、笔试、面试四个主要阶段。

（1）应聘申请表收集阶段。电力英才网顾问分析了招聘职位要求以及外部符合招聘条件的人力资源分布特征，将招聘范围设定为全国具备一定规模的火力发电企业。通过在网站上发布招聘信息，并通过电厂现有职工在行业内进一步宣传的方式，招聘信息在电力行业内引起很大的反响，最终收到大量以邮寄、传真和电子简历等方式递交的应聘申请，其人数为招聘人数的200倍。充足的求职者信息为接下来几个阶段筛选到高质量的应聘者奠定了良好的基础。

（2）初步筛选阶段。考虑到各种选拔方式的效度与成本，电力英才网顾问设计了基本资料筛选、专业知识与能力素质笔试以及个人述职和结构化面试三个选拔阶段。基本资料筛选以任职资格和客户所需要的核心技能为依据，确定基本资格筛选的初步标准，排除明显不符合职位要求的应聘者。为此，电力英才网顾问组织电厂业务部门的技术管理者对应聘者的工作经验、教育程度进行了初步判断，按比例初选出符合筛选条件的应聘者进入笔试阶段。

（3）笔试阶段。笔试选拔是对应聘者进行专业知识、专业技能、能力素质以及性格特征的全面考查。电力英才网顾问就专业知识与技能的测评内容、试题类型、分值分配、难度要求提出了建议，电厂组织电力行业的专家共同完成了此项测试。而对应聘者能力素质与性格特征的测试采用了有关人才招聘能力素质测评软件以及性格特征测试的工具，并依据三类职位特征分别设计了测评试卷和权重。

（4）面试阶段。面试是招聘选拔的一个重要评价手段。通过与应聘者面对面交谈，能够进一步了解应聘资料的真实性，进一步了解其工作经验、工作业绩、工作动机、发展潜力以及与企业文化的适应度。电力英才网顾问将面试设计为个人述职和结构化面试两个部分，由招聘面试专家、电厂人力资源部和招聘职位的上级业务经理组成面试评价小组，分别从工作经验、基本素质、个人潜力、解决问题能力、企业文化适应度以及专业技术水平等不同的角度对应聘者进行判断与评价。同时，电力英才网顾问对面试试题内容、试题顺序、面试评分标准等方面进行了标准化设计，充分体现了招聘的公平、公正原则。最终，经面试评价小组进行定量和定性的综合评价与判定，选拔出胜任招聘职位的人选、基本胜任人选和不胜任人选。

整个招聘选拔的全过程注重向应聘者传递人性化的组织文化和人力资源管理理念，在工作流程设计和细节考虑上体现出对应聘者的尊重，保证了招聘的客观性和公平性，获得了应聘者的认可。在与应聘者的交流过程中，80%以上的应聘者表示"整个招聘程序、面试内容和面试官专业水准给他们留下了极为深刻的印象"，使得他们深信来到电厂后能够得到广阔的发展平台和人性化的管理，将能够大有作为。

问题：

1.你认为电厂应该如何进行招聘工作的评估？

2.在进行招聘工作评估时应该注意什么问题？

分析提示：

对公司的招聘活动进行评估是一项系统的工作，整个招聘活动评估可以按照招聘需求确定的评估、招募工作的评估、甄选工作的评估、录用工作的评估这样的工作程序进行。每个具体的工作环节的评估可以参照相关内容进行。

（二）A公司根据业务发展的需要，计划招聘中级技术人员和管理人员共50人，其中班组长为10人，机械维修技工为20人，储备干部为20人。人力资源部在当地的主流报纸上登载了招聘广告，一个星期后收到了45份求职申请。由于公司正赶上生产旺季，董事会和总经理要求人力资源部在规定的时间内完成招聘任务。人力资源部急忙组织面试，最后完成的招聘结果是：招聘了7名班组长、18名技工、20名储备干部。面试结束的第二天，人力资源部到当地的人才市场又招到了3名班组长和2名技工。新员工上岗后，两周内相继有5名技工、3名班组长和9名储备干部离职。

问题：

1.请你评估这次招聘活动。

2.如果你是该公司人力资源部经理，你应该如何组织这次招聘活动？

分析提示：

对于A公司这次招聘活动的评估可以从以下几个方面考虑：

首先，是数量评估。本次招聘没有完成任务，是一次糟糕的招聘。根据所提供的资料可以计算得出：

录用比=录用人数÷应聘人数×100%=45÷45×100%=100%

招聘完成比=录用人数÷计划招聘人数×100%=45÷50×100%=90%

应聘比=应聘人数÷计划招聘人数×100%=45÷50×100%=90%

从计算结果看，一是本次招聘的应聘比为90%，表示应聘人数少于计划招聘人数，说明招聘方法和渠道单一，不足以吸引超过计划招聘人数的应聘者；二是本次招聘完成比为90%，表示任务没有完成；三是本次招聘的录用比为100%，表示在上级和生产任务的压力下，人力资源部来者不拒，全部录用。这种招聘根本无法保证招聘质量，新员工的知识、技能和素质无法满足岗位的需要，无法实现人力资源的最优配置，也为新员工离职和公司绩效低下埋下了伏笔。

其次，是质量评估。本次招聘的录用比和应聘比也证明了本次招聘人员的知识、技能和素质无法达到岗位的需要。新员工在短期内离职，原因可能就是技能素质无法适应岗位需要，无法担当工作职责所致。

最后，是信度与效度的评估。虽然本案例未提及选择方法，但是我们仍可以从100%的录用比推测到本次招聘所采取的选择方法的信度和效度是非常差的。

如果我是该公司人力资源部经理，为了确保招聘的有效性和准确性，可以采取下列措施：一是做好招聘准备工作，即通过岗位分析，制定完整的岗位说明书和职务规范，确定各岗位的职责、权限、性质及所需的知识、技能、个性特征等素质。明确要招聘什么样的人才能符合空缺岗位的需要，做到有的放矢。二是制订完整、系统的招聘计划，避免发生上述案例中出现的失误。三是制定明确的录用标准，按照岗位说明书的规定，以宁缺毋滥的原则招聘合适的人员，保证招聘质量。四是新员工必须参加入职培训，培训合格后方可上岗。就本案例而言，培训可以使新员工尽快掌握所需的技能，熟悉公司文化及环境，使其更快进入角色，减少新员工的流失。五是实施招聘评估制度，制定改进措施，完善招聘程序、方法，保持公司人力资源供给和需求平衡，实现人力资源的合理配置。

# 实训题

实训项目：招聘与录用评估工作的训练

实训目的：通过一份招聘与录用工作报告的分析，复习招聘与录用评估工作的相关知识，熟练掌握招聘需求确定的评估、招募工作的评估、甄选工作的评估、录用工作的评估的操作流程和指标。

实训步骤：

步骤一：收集一份某公司的招聘与录用工作的评估报告。

步骤二：分成小组对招聘与录用工作的评估报告进行讨论。

步骤三：小组之间就讨论结果进行交流，要求每位小组成员都做好相关记录。

步骤四：在综合他人意见的基础上，撰写一份招聘与录用工作的总结报告。

实训成果：

撰写一份招聘与录用工作的总结报告。

# 主要参考资料

**一、著作类**

[1] 廖泉文.招聘与录用［M］.3版.北京：中国人民大学出版社，2015.

[2] 阿瑟 D.员工招聘与录用：招募、面试、甄选和岗前引导实务［M］.卢瑾，译.5版.北京：中国人民大学出版社，2015.

[3] 贺清君.招聘管理从入门到精通［M］.北京：清华大学出版社，2015.

[4] 崔小屹，汤悦，盛国红.招聘面试新法［M］.北京：中国财政经济出版社，2015.

[5] 李丽娟，张骞.员工招聘与录用实务［M］.北京：中国人民大学出版社，2015.

[6] 王贵军，丁雯，李明昱.招聘与录用［M］.3版.大连：东北财经大学出版社，2015.

[7] 赵曙明.招聘甄选与录用：理论、方法、工具、实务［M］.北京：人民邮电出版社，2014.

[8] 葛玉辉.招聘与录用管理［M］.北京：清华大学出版社，2014.

[9] 赵永乐，姜农娟，凌巧.人员招聘与甄选［M］.2版.北京：电子工业出版社，2014.

[10] 宋艳红.员工招聘与配置［M］.北京：北京理工大学出版社，2014.

[11] 李旭旦，吴文艳.员工招聘与甄选［M］.2版.上海：华东理工大学出版社，2014.

[12] 远鸣.把招聘做到极致：我这样做到世界500强招聘经理［M］.北京：中国工商联合出版社，2014.

[13] 杨长清，唐志敏.招聘、面试、录用及员工离职管理实操从新手到高手［M］.北京：中国铁道出版社，2015.

[14] 俞承澄，高兰凤.求职世界500强！外企英语面试全攻略（案例全景解析版）［M］.北京：中国水利水电出版社，2014.

[15] 赵淑芳.员工招聘与甄选实务手册［M］.北京：清华大学出版社，2013.

[16] 肖鸣政，库克 M.人员素质测评［M］.3版.北京：高等教育出版社，2013.

[17] 滕晓丽.招聘管理工作手册［M］.北京：人民邮电出版社，2013.

[18] 卡佩利 P.沃顿管理精要：招到好人才［M］.黄素珍，译.北京：中信出版社，2013.

[19] 李文勇.做个高效面试官［M］.北京：机械工业出版社，2011.

［20］赫尼曼 H，贾奇 T.组织人员配置［M］.王重鸣，陈学军，译.北京：机械工业出版社，2005.

［21］王丽娟.员工招聘与配置［M］.上海：复旦大学出版社，2012.

［22］福克斯 G，泰勒 D.招聘与甄选完全工具箱［M］.李海龙，金凤装，译.上海：上海远东出版社，2011.

［23］郭晓博，等.著名企业求职面试指南［M］.北京：电子工业出版社，2011.

［24］易定宏，陈永峰.无领导小组讨论面试［M］.北京：京华出版社，2011.

［25］于丽玲.世界500强企业面试考题与案例带给我们的思考［M］.北京：新世界出版社，2011.

［26］葛玉辉.招聘与录用管理实务［M］.北京：清华大学出版社，2011.

［27］杨毅宏.世界500强面试实录［M］.北京：机械工业出版社，2010.

［28］孙东雅.世界500强企业面试实录与面试试题全案［M］.北京：华夏出版社，2010.

［29］褚建航.实用面试招聘技巧［M］.北京：企业管理出版社，2010.

［30］李作学.员工招聘与面试精细化实操手册［M］.北京：中国劳动社会保障出版社，2010.

二、网站类

［31］智联招聘，http：//www.zhaopin.com。

［32］前程无忧，http：//www.51job.com。

［33］中华英才网，http：//www.chinahr.com。

［34］中国人力资源开发网，http：//www.chinahrd.net。

［35］中国人力资源网，http：//www.hr.com.cn。

［36］南方人才市场，http：//www.job168.com。